Georg Kirchner

PENDEL UND WÜNSCHELRUTE

Georg Kirchner

PENDEL UND WÜNSCHELRUTE

Handbuch der modernen Radiästhesie

ARISTON VERLAG · GENF

7. Auflage
Printed in Austria 1984

ISBN 3 7205 1153 7

Inhalt

Alles schwingt 9

I. PENDEL UND PENDELSCHWINGUNGEN . . . 23

Viele sind berufen 25
Das physikalische und das mathematische Pendel 37
„Der" siderische Pendel 41
Vorbereitungen zum Versuch 61
Über die Pendelhaltung 65
Der Pendelfaden 69
Der Pendelkörper 72
Der dynamische Kreis 77
Antworten auf Zukünftiges 86
Mentales Pendeln für Meister 96
Pendeln mit dem Zwölfer-Pendel 103
Pendeln nach Diagrammen 107
Männlich oder weiblich? 114
Wer paßt zu wem? 119
Eine Fotografie erzählt 125
Die Pendelzeichen 130
Parapsychologie: Teleradiästhesie 143
Geologie: Auffindung von Bodenschätzen . . . 151
Archäologie: Pendeln über Ruinen 155
Graphologie: Wer war der Schreiber? 159
Kunst: Falsche oder echte Bilder? 175
Musik: Mozart oder Beethoven? 183
Gesundheit: Besser schlafen 185
Medizin: Terrestrische Strahlung als Krankheitsursache 189
Krankheiten und Pendeldiagnose 197
Pendelmethoden zur Erhebung der Diagnose 200

Pendelzeichen für die verschiedenen Krankheiten 207
Die Festlegung der Therapie 218
Acht Regeln für Pendelanfänger 234

II. DIE WÜNSCHELRUTE 237

Sinnbild der Menschlichkeit 239
Die Rutenformen 249
Die Rutenhaltung 254
Die Rutenausschläge 257
Rutenbefunde nach Prof. Dr. Moritz Benedict . . 263
Über die Tiefenbestimmung 269

III. ERFAHRUNGSBERICHTE 279

Rutenkünstler in der Dunkelkammer (Prof. Dr. Moritz Benedict) 281
Erkrankungen über Reizstreifen (Hans Dannert) 283
Die Rute allein genügt nicht (August von Bischoping) 287
Auf Wassersuche für die Industrie (Dr. Peter Treadwell) 290
Im Kampf gegen die Dürre (Charles Graves) 292
Weder Hokuspokus noch Aberglaube (Karl Heinz Petry) 296
Unerklärliche Empfindsamkeit (Wilhelm de Boer) 300
Der Mann mit den Antennen-Händen (Hans Herdeis) 302
Geglückte Bohrung in Claraval (Franz Xaver Ach) 306

Brunnen für das Hallenbad
(Emanuel Dité) 308
Rute und Pendel hinter dem Eisernen Vorhang
(Dr. Nikolaj Sotschewanow) 310
Wuchsstörungen bei Bäumen
durch geopathischen Einfluß?
(Arthur J. Aegger) 312
Schutz gegen Erdstrahlen?
(Wolf Egger) 316
„Elektrische Felder" beherrschen uns
(Walter Lammert) 318

WICHTIGE ANSCHRIFTEN 325

LITERATURHINWEISE 326

Alles schwingt

Wenn die Tessiner Polizei am Ende ihres Lateins angelangt ist und alle ihre Nachforschungen im Sand verlaufen sind, dann kann nur noch einer helfen: der Pendler Riccardo Bonetti in Minusio. So war es auch im Fall der Marta W.

Über eine Woche lang suchte Emilio W. aus Ponte Tresa mit Hilfe der Polizei seine verschwundene Frau. Aber alles war vergeblich. Emilio und die Verwandten dachten schon an das Schlimmste, denn Marta litt häufig an Depressionen. Als der Mann die Hoffnung schon aufgeben wollte, erinnerte er sich plötzlich an Bonetti. Mit einem Paßbild seiner Frau ging er zu ihm. Hellseher und Radiästhet Bonetti holte sein Pendel und eine Landkarte vom Tessin hervor. Dann konzentrierte er sich, preßte mit den Fingern der linken Hand das Bild auf die Landkarte und ließ den Pendel in der rechten Hand kreisen, der auf ein Haus am Rand Luganos in Richtung Agno wies. Die Polizei wurde benachrichtigt und fand tatsächlich die gesuchte Frau an der bezeichneten Stelle.

So war es auch mit einem Ertrunkenen, nach dem die Polizei lange gesucht hatte. Bonetti bezeichnete genau den Ort, wo der Tote im Langensee lag, und dort wurde der Leichnam geborgen.

Oder der Fall des 23jährigen Giuseppe aus Canobbio: Erst hatte man geglaubt, er sei heimlich nach Frankreich ausgerissen. Dann ging man, 16 Tage nach Giuseppes Verschwinden, zu Bonetti, der erklärte: „Giuseppe ist hier auf dem Berg bei Canobbio – er ist tot!“ Man ging auf den Berg und fand den jungen Mann. Er hatte sich erhängt.

Riccardo Bonetti beschreibt seine Fähigkeiten folgendermaßen: „Der Kopf des Menschen ist wie ein Radiosender. Sein Körper ist eine Antenne. Wenn ich mich auf meinen Pendel konzentriere, ist dieser die Empfangsantenne und mein Kopf der Empfänger, der die Radiowellen analysieren muß.“

Besonders verblüffend ist Bonettis Erlebnis mit einem deutschen Arzt, der ihn prüfen wollte. Dazu meint der Pendler aus dem Tessin: „Ich sagte ihm, daß er heimlich, ohne daß es seine

Frau wisse, für einen außerehelichen Sohn Alimente bezahlt. Der Mann wurde kreidebleich, als ich seinen Seitensprung aufdeckte. Seither glaubt er an die Magie des Pendels."

Was der Schweizer Journalist Urs Grassi über diesen Fall berichtete, ist zwar erstaunlich, doch keineswegs unerklärlich. Das beweisen zahlreiche andere Beispiele, von denen wir berichten wollen.

Während des Zweiten Weltkriegs zum Beispiel gab es in Berlin eine ganz offizielle Dienststelle, deren merkwürdige Aufgabe darin bestand, den Pendel über einer Seekarte schwingen zu lassen. Auf diese Weise sollte die Lage versenkter Kriegsschiffe festgestellt werden.

*

Die Wünschelrute und der Pendel waren seit Jahrtausenden Mittel der magischen Künste. Auch in unserem 20. Jahrhundert, in dem die Wünschelrute zum bioelektronischen Indikator und der Pendel (im Unterschied zum mathematischen und physikalischen Pendel mit sächlichem Artikel: *das* Pendel!) zu einem wissenschaftlichen Hilfsmittel der Tiefenpsychologie entwickelt wurden, hat sich der metapsychologische Charakter besonders des Pendels erhalten und weiterentwickelt. Mit Hilfe des Pendels wurden und werden laufend eine Fülle von erstaunlichen Entdeckungen gemacht.

Die Vertreter der modernen Radiästhesie *), die Pendler und Wünschelrutengänger, werden in zunehmendem Maß ernst genommen. Das war nicht immer so. Doch man erinnere sich an den Philosophen Schopenhauer, der gesagt hat:

„Ein jedes Problem durchläuft bis zu seiner Anerkennung drei Stufen. In der ersten erscheint es lächerlich, in der zweiten wird es bekämpft und in der dritten gilt es als selbstverständlich."

Während Pendler Fragen beantworten können wie: Sind diese Edelsteine echt? Paßt dieser Mensch zu mir? Wo ist der

---

*) Der Name für diese uralte Kunst wurde im Jahre 1930 von Abbé Bouly in Frankreich geprägt. Abgeleitet wird er von dem lateinischen Wort *radius* = der Strahl und dem griechischen Wort *aisthanomai* = empfinden. Wörtlich bedeutet er also „Strahlenempfindlichkeit".

Vermißte? Ist er tot oder lebendig? Welches Organ ist krank? – fragen sich die Zweifler: Warum schwingt der Pendel? Warum schlägt die Rute aus? – Darauf soll dieses Buch, das ein Kompendium der modernen Radiästhesie ist und die Geschichte von Pendel und Rute dokumentiert, Antwort geben. Außerdem ist dieses Handbuch als Anleitung für diejenigen gedacht, die durch einfache Versuche sich als Sensitive erkennen und sich in der Kunst des Pendelns oder Rutengehens üben wollen.

Ein erfolgreicher Pendler wird nicht nur geboren, sondern auch erzogen. Ohne angeborene Fähigkeit und ohne den festen Glauben an die geheimnisvolle Kraft hilft kein Üben, so wie auch ohne Üben die vorhandenen Fähigkeiten nicht genutzt werden können. Übung macht den Meister – auch auf diesem Gebiet, von dem Dr. med. Georg Jakob sagt:

„Wir leben heute in einer Welt der dritten Dimension. Hebt nun einer von uns den Kopf in die vierte Dimension, dann verändert sich für ihn die ganze Welt. Es ist absolut möglich, daß ein einzelner einmal seinen Kopf noch höher hebt, in die fünfte Dimension. Was er da erlebt, ist für alle anderen total verrückt.

Energien, die, nicht an Zeit und Raum (die dritte Dimension) gebunden, ihrem Ursprung nach vier- oder fünfdimensional sind, sind nicht wissenschaftlich nachweisbar, da die Wissenschaft der vierten Bewußtseinsstufe dreidimensional ist und nur in diesen drei Dimensionen arbeiten und forschen kann. Die Hinzunahme der Zeit als vierte Dimension halte ich für eine Fiktion, denn die fünfte Bewußtseinsstufe, in der die vierte Dimension zum Bestandteil des Bewußtseins gehört, ist transzendental, mit Überwindung der Zeit (und des Raumes). Wo die Zeit überwunden wird, kann sie nicht als wesentlicher Bestandteil betrachtet werden.

Die Wissenschaft ist nicht so dumm, diese für sie unerforschlichen Kräfte einfach abzulehnen. Sie versucht sogar, ihre Auswirkungen in der dritten Dimension zu erforschen und auf alle Fälle diesen geheimnisvollen Kräften einen Namen zu geben. ‚Psi-Kräfte‘ heißt alles, was nicht in unser heutiges naturwissenschaftliches Weltbild hineinpaßt.

Man nennt die höherdimensionalen Energien auch HD-Energien. Wir jetzigen Menschen müssen uns aus unserer 3-D-Dimension mit 4 D und 5 D begnügen, wobei schon die vierte Dimension nicht mehr wissenschaftlich faßbar ist (auch wenn sie mathematisch errechenbar ist), sondern nur und ganz sicher noch wahrnehmbar. Haben diese höheren Dimensionen mit dem Pendeln etwas zu tun? Sicher, meine ich. Aber daraus eine Erklärung zu fixieren, halte ich für falsch. Wer es hat, begreift es, und wer es nicht hat, lehnt es mit oder ohne Erklärung ab."

*

An die schwierigen, doch beweisbaren Aufgaben des sogenannten Charakterpendelns (über das wir noch eingehend berichten wollen) wagen sich meist nur erfahrene Pendler heran, die oft genug überraschende Erfolge erzielen. So läßt sich zum Beispiel auch der Verbleib von Geräten und Aktenstücken, die verlegt wurden, ermitteln.

Der französische Pendler Le Gall, Oberst in der Armee, enträtselte im Oktober 1947 den Verbleib eines sehr wertvollen Schmuckstücks der Baronin von N., indem er zuerst auf der Landkarte von Europa Frankreich, auf der Karte von Frankreich die Stadt Lyon und auf der Straßenkarte von Lyon ein Eckhaus an zwei Straßen ermittelte. Auf einer genauen Zeichnung der Wohnung wurde das Schmuckstück genau erpendelt – 30 Zentimeter von dem späteren Fundort entfernt.

1944 erpendelte Pierre Tressel den Aufenthalt einer ihn interessierenden Einheit, und zwar auf einer Landkarte vom Maßstab 1:50.000. Außer dem Truppenbestand konnte Tressel die Sammelplätze für Material, Depots, Batterien, die Flugplätze samt der Zahl der Flugzeuge und Transportfahrzeuge feststellen. Ebenso gibt er an, die Stärke des Straßenverkehrs, den Zustand der Straßen und Brücken sowie Tarnbauten in dem betreffenden Gebiet ermittelt zu haben.

Die Radiästhesie vermag sogar Jägern dienlich zu sein. So konnte der Major de la Bastide mit großer Genauigkeit die Standorte von Hirschen, Wildschweinen und Hasen angeben.

Ein erfolgreicher Pendler: Oberst Le Gall.

Wie wir später noch erörtern werden, lassen sich aber auch Heilmittel für erkrankte Personen erpendeln. Ein Pendler ermittelte den Heidegrund in der Lüneburger Heide, wo er angeblich in der Steinzeit gelebt haben will – samt dazugehörigem Steingerät.

Dichtung oder Wahrheit? Bei manchen Fällen wissen wir es nicht genau, andere wiederum sind durch glaubhafte Zeugen belegt oder sprechen durch die Ergebnisse für sich.

*

Ist es beim Pendeln die persönliche Ausstrahlung des Menschen, mit der es der Pendler vor allem zu tun hat, so ortet der Rutengänger insbesondere Erdstrahlen. Auf mehreren großen Straßen gibt es zum Beispiel Strecken, die als Todesfallen gefürchtet werden. An einer als Todeskreuzung berüchtigten Stelle in den Niederlanden – die eigentlich übersichtlich ist, weshalb man keine vernünftige Ursache für die zahlreichen Unfälle hatte finden können – setzte das niederländische Verkehrsministerium Rutengänger ein, die gefährliche Erdstrahlen an dieser Stelle feststellen konnten.

Auf der Straße 11 zwischen München und Moosburg waren innerhalb von knapp 18 Monaten 27 Verkehrstote zu verzeichnen. Nach Ansicht der Polizei wurden die meisten dieser Unfälle durch falsches Überholen auf übersichtlicher Strecke verursacht. Das war zweifellos eine unzureichende Erklärung; denn die Statistik beweist, daß zumeist Autofahrer, die diese Strecke nach Niederbayern genau kannten, an den Unfällen beteiligt waren.

Auch über die Todesstrecke auf der Autobahn Frankfurt – Mannheim wurden interessante Untersuchungen angestellt. Als Ursache für die seinerzeit ständig steigenden Unfallzahlen, die im Jahr 1957 fast die Zahl von 1000 erreicht hatten, wurden zum erstenmal u. a. auch Erdstrahlen angenommen. Hier wurde von einer Todesstrecke und auch von bestimmten Todeskilometern gesprochen.

Um dem Geheimnis, das dieser Autobahnstrecke anhaftete, auf die Spur zu kommen, beauftragte der hessische Minister für Wirtschaft und Verkehr den Ingenieur Dr. Franz Bitzl mit einer verkehrswissenschaftlichen Unfalluntersuchung. Dabei ergab sich, daß auf dieser Strecke pro Tag 21.400 Fahrzeuge gezählt wurden. Die Strecke Frankfurt – Mannheim verzeichnete damals auf jedem Kilometer durchschnittlich 14 Unfälle.

Eine besondere Untersuchung galt der starken Unfallhäufung auf dem Streckenabschnitt Kilometer 510 bis 520. In den untersuchten vier Jahren ereigneten sich auf diesen zehn Kilometern insgesamt 697 Unfälle. Auffällig waren die vielen Unfälle durch Abkommen von der Fahrbahn und durch Schleudern.

An einer unfallträchtigen Stelle der Autobahn Wien – Salzburg wurden ebenfalls Erdstrahlen als Unfallursache vermutet. Der ehemalige Chemiker Rudolf Wenger ließ an dieser Stelle drei Metallschlingen verlegen. Rutengänger Wenger erklärte hierzu, die Schlingen würden die Erdstrahlen neutralisieren. Die Autobahnverwaltung von Linz ließ Wengers Strahlenbannung zu: „Schaden können diese Schlingen auf keinen Fall.“

Rudolf Wenger hatte behauptet, er sei die betreffende Stelle mit einer Wünschelrute abgegangen und habe dabei drei unterirdische Strömungen entdeckt. „Diese Strömungen senden Strahlen aus, die auf das Reaktionsvermögen der Autofahrer einwirken, ohne daß sie es merken“, meinte Wenger hierzu. „Deshalb legte ich den Strahlen Schlingen aus einem Spezialmetall an.“

Ob es Wengers Strahlenschlingen oder vorgenommene Ausbesserungsarbeiten waren – fest steht, daß seither auf dieser schnurgeraden Strecke ein erhebliches Absinken der Unfallquoten festgestellt werden konnte.

Das Vorhandensein von Erdstrahlen wird von der Wissenschaft ebensowenig bestritten wie die Tatsache kosmischer Strahlen. Der Erdball ist mit einem Feld von erdmagnetischen und elektrischen Kräften umhüllt, die sich mit physikalischen Geräten nachweisen lassen. Bei den als gesundheitsschädlich geltenden Strahlen, die sich als Erdstrahlen besonders über Wasser- und Erzvorkommen sammeln, handelt es sich wahrscheinlich um Strahlen, die der Elektrizität ähnlich, aber nicht mit ihr identisch sind.

Es scheint, daß geballt auftretende Erdstrahlen bei den in ihrem Bereich lebenden Menschen Krankheit und Tod hervorrufen können. Auch die Todesstraßen könnten dadurch eine Erklärung finden. Verlaufen die Todesstrecken für Kraftfahrer in Ablösung uralter erdbestrahlter Reizstreifen, die früher als Wild-, Trampel- und Saumpfade den geringsten Bewuchs hatten?

Das Geheimnis der sich immer an derselben Stelle wiederholenden Verkehrsunfälle scheint in der strahlenmäßigen Beeinträchtigung der Reaktionsfähigkeit der Kraftfahrer zu liegen. Rund 60 Prozent der beteiligten Kraftfahrer berichteten bei einer Umfrage „über Halluzinationen in Autobahn-Hypnose". Sie hätten dabei auf Hindernisse reagiert, die nur in ihrer Einbildung bestanden. Echte Hindernisse hätten sie in diesem Zustand ohne Warnung ihres Beifahrers übersehen.

Die Ursachen der „Autobahn-Hypnose" sind noch nicht genau ergründet. Es ist aber zumindest denkbar, daß Strahlen aus der Erde auf bestimmten Todesstrecken, wo sich Unfälle häufen, zusätzlich zu anderen Einflüssen die Konzentrationsfähigkeit und Reaktionsfähigkeit eines Fahrers beeinträchtigen. Hiermit könnte auch die eigenartige Brückenangst zusammenhängen, die manche Fahrer veranlaßt, eine Verkehrsstreife zu bitten, ihren Wagen über eine hohe Brücke zu steuern.

*

Außer den Todesfallen im Straßenverkehr gehören wahrscheinlich auch die statistisch ermittelten „Krebshäuser" zu den strahlenmäßig bedingten Erscheinungen. In derartigen Häusern häuft sich der Krebs als Todesursache.

Der Heidelberger Professor Fritz Hahn hat festgestellt, daß zum Beispiel eine rasche Verminderung der Spannung im elektrischen Feld, u. a. verursacht durch radioaktive Strahlung aus dem Erdinnern, in schweren Fällen sogar zum Stillstand des Kreislaufes führen kann.

Der Münchner Wissenschaftler Dr. phil. und Dr. med. J. Wüst hat sich um die Erforschung der Erdstrahlen besondere Verdienste erworben. In vielen Jahren des Forschens und

Über versteckten Quellen zittert der gegabelte Zweig.
Der Holzschnitt aus dem Jahre 1556 wurde dem Werk von G. Agricola
De re metallica entnommen.

Experimentierens ist es ihm gelungen, Vorrichtungen und Meßgeräte zu konstruieren, mit deren Hilfe er das Bild der Erdstrahlen grafisch festhalten kann. Es hat sich bei diesen Versuchen gezeigt, daß die Strahlen durch Holz- und Zementfußböden nicht verschluckt werden. Durch Metalle läßt sich allerdings teilweise eine Abschirmung erreichen.

Unterirdische Wasserläufe, Aderüberschneidungen, unterirdische Hohlräume und Verwerfungen bewirken einen besonders hohen Strahlungsgrad. Dieser läßt sich u. a. auch mit dem Geigerzähler feststellen. Das in den letzten Jahren und Jahrzehnten gesammelte Material läßt keinen Zweifel mehr daran zu, daß stark bestrahlte Schlaf-, Arbeits- und Wohnstätten schwere Gesundheitsstörungen bei fast allen Menschen hervorrufen können. In bestrahlten Ställen erkranken die dort untergebrachten Tiere, und im Freien wird das pflanzliche Wachstum behindert. Auch über Erdöl- und Hohladern sind Strahlungen ermittelt worden. Inzwischen konnten auch besonders sensitive Pendler Archäologen bei der Auffindung verschütteter Bauten, Gräberfelder usw. erfolgreich helfen.

Die gesundheitlichen Auswirkungen der Erdstrahlen sind außerordentlich vielgestaltig, was allein schon darauf schließen läßt, daß sie besonders auf das Nervensystem einwirken. Professor von Gonzenbach, der sich mutig für die Anerkennung der Zusammenhänge zwischen Bodeneinflüssen und Gesundheit eingesetzt hat, sprach im Zusammenhang mit den Erdstrahlen von eindeutigen Störungen des vegetativen Nervensystems. Am stärksten wirken Reizzonen auf den ruhenden oder sitzenden Menschen, also auch auf den Kraftfahrer am Lenkrad und den Schlafenden in seinem Bett.

Erdstrahlen wirken ebenso auf die Tierwelt ein. Bei Schweinen scheint der Husten auf Erdstrahlenwirkung zurückzuführen zu sein. Tiere weichen allgemein – ähnlich wie Kinder – den Reizzonen der Erdstrahlen aus, wo sie können. Auch das Schrägstehen von Kühen und Pferden im Stall kann als solches Ausweichen gedeutet werden. Hunde meiden zum Beispiel ein für sie vom Menschen an ungünstiger Stelle zurechtgemachtes Lager.

Dr. med. dent. Ernst Busse bezeichnet die biologische Mikrowelle als Schlüssel zur Erklärung vieler okkulter Phänomene. In der Schweizer Zeitschrift *RGS* (Nr. 131, März-April 1976) schreibt er:

„Wenn bisher viele Phänomene, für die die Wissenschaft keine Erklärung fand – denn in der Wissenschaft gilt nur das, was man wiegen und messen kann –, als Phantasiegebilde bezeichnet wurden, so finden diese Phänomene eine Erklärung, nachdem es gelungen ist, die kleinsten Wellenlängen jetzt meßtechnisch nachzuweisen und neuerdings auch selbst zu erzeugen.

Unter Mikrowelle verstehe ich elektromagnetische Ausstrahlung einer Wellenlänge von 0 bis 1 Tausendstel Millimeter und aufwärts.

Jedes Lebewesen schwingt in einer für es typischen Grundwelle. Vielleicht ist diese Grundwelle abhängig von der Länge der Chromosomenfäden. [Chromosomen = Zellbestandteile, Träger des Erbgutes.] Ein Eindringen fremder Wellenlängen in den Organismus kann nun die Ursache von Erkrankungen werden, und zwar immer dann, wenn der Körper sich der fremden eindringenden Wellenlängen nicht erwehren kann. In dieser Weise läßt sich die Einwirkung von Bakterien und Viren erklären, wenn sie in die Zellen eines Organismus eindringen, ebenso die Abstoßungsprozesse bei Transplantationen, wenn das transplantierte Organ in einer fremden Welle schwingt."

Dr. med. Alexander Heermann, Generaloberstabsarzt aus Kassel, schrieb in der Zeitschrift *Fortschritte der Medizin* zu diesem Thema folgendes:

„In der Licht- und Farbenskala reichen die Wachstumsstrahlen vom Ultrarot bis zum Grün, die Hemmungsstrahlen von dort bis zu den Radiumstrahlen in der Tonskala, erstere von der Wellenzahl 18 bis 10.000, letztere von dort bis zu den Ultraschallwellen."

Von den Ultraschallwellen weiß man inzwischen, daß sie Samen im Wachstum hindern, Herzen von Tieren schädigen bzw. diese Tiere töten oder Öl und Wasser in eine kolloide Vereinigung (Emulsion) verwandeln können. Bekannt ist auch die Tatsache, daß man Nerven durch Tonwellen, Licht und Elektrizität beeinflussen kann. Disharmonische Töne können sogar schwere Schädigungen bei dem so bestrahlten Menschen hervorrufen. Dr. Busse, der als erster biologische Mikrowellen für die ärztliche Behandlung verwendet hat, schreibt weiter:

„Der Sympathikus mit seinen Ganglien [Teil des vegetativen Nervensystems mit Nervenknoten] und seinem alles umspannenden Leitungsnetz erweist sich als der Beherrscher des Lebens, als Lenker des Seelischen, des Willens, der künstlerischen Eingebung, des Gemütes, des Unbewußten, als Regler der unterbewußten Funktionen des Körpers. Er bewirkt den Schutz von Infektionskrankheiten mit Hilfe von Mandeln, Nebenschilddrüsen, Thymus, Leber und Milz. Er wird gestärkt durch Hoffnung, positive Suggestion, Glauben und Mut, geschwächt durch Hoffnungslosigkeit und Krankheitsfurcht, und mit ihm vermindert sich die Abwehrkraft des Körpers. Seine Störungen führen zu Lähmungen, Krämpfen, Geisteskrankheiten, Asthma, Augen- und Ohrenleiden, Wachstumshemmungen sowie zu unnatürlichem Wachstum und zahlreichen anderen Krankheiten. Die Folge seiner Abnutzung ist das Altern.

Durch ihn hindurch geht ein Strom, gespeist aus dem Weltall, der, entsprechend dem indischen Prana, im Rücken eintritt und seinen Ausgang im Scheitel nimmt, dem Ort des dritten Auges und der ‚tausendblättrigen Lotosblume‘. Dieses ist keine phantastische Annahme, sondern eine unmittelbar zu Heilzwecken verwendbare und bedeutsame Erscheinung.“

*

Alles schwingt – und diese Schwingungen aufzuspüren, das ist die Aufgabe der Radiästhesie, der Pendler und der Rutengänger. Was schließlich war der Stab Moses anderes als eine Rute, mit der er auf Geheiß des Herrn eine Quelle im Berg fand (Exodus 17, 1-6):

„Auf Geheiß des Herrn zog die ganze Gemeinde der Israeliten aus der Wüste Sin in Tagemärschen weiter; sie schlugen in Rephidim ein Lager auf; das Volk aber hatte kein Wasser zu trinken.

Da haderte das Volk mit Moses; sie sprachen: ‚Gebt uns Wasser zu trinken!' Moses entgegnete ihnen: ‚Wozu hadert ihr mit mir? Warum versucht ihr den Herrn?'

Doch dürstete das Volk nach Wasser; es murrte wider Moses und sprach: ‚Warum hast du uns denn aus Ägypten herausgeführt, um uns, unsere Kinder und unseren Viehbestand vor Durst sterben zu lassen?'

Moses schrie zum Herrn: ‚Was soll ich mit diesem Volk tun? Nur ein wenig noch, dann werden sie Steine auf mich werfen.'

Der Herr entgegnete Moses: ‚Geh dem Volk voraus und nimm mit dir einige von den Ältesten Israels! Nimm auch deinen *Stab,* mit dem du auf den Nil schlugst, in deine Hand und gehe hin!

Siehe, ich werde dort vor dir auf dem Felsen am Horeb stehen! Wenn du auf den Felsen schlägst, so wird aus ihm Wasser hervorquellen, und das Volk kann trinken.'

Also tat Moses vor den Augen der Ältesten Israels."

I.

Pendel und Pendelschwingungen

Viele sind berufen

„Werde ich auch pendeln können?" fragte mich einmal ein Besucher, der mich aufmerksam bei meiner Arbeit betrachtete. Der Pendel, den ich in meiner Hand hielt, schwang in leichten Rechtskreisen über der Fotografie. Ich konzentrierte mich ganz auf die Bewegungen des Pendels, der in immer größeren Kreisen schwang. Dann brach ich das Experiment ab.

„Hier bitte, versuchen Sie es selbst einmal", ermunterte ich meinen Gast. „Halten Sie den Faden so, wie ich ihn gehalten habe. Ganz ruhig, den Ellbogen aufgestützt, die Hand leicht abgeknickt. Versuchen Sie zu erfahren, was es mit diesem Menschen auf sich hat. Fragen Sie den Pendel, der Ihnen vielleicht Antwort gibt, wenn Sie ein Sensitiver sind."

Er versuchte es, setzte sich an den Tisch, nahm den Pendel und hielt ihn über die Fotografie. Zuerst geschah nichts. Dann plötzlich, ganz langsam, begann der Pendel in leichten Rechtskreisen über der Fotografie seine Bahnen zu ziehen. Mein Besucher legte verblüfft den Pendel auf den Tisch.

„Dabei habe ich meine Hand ganz ruhig gehalten. Merkwürdig, daß der Pendel plötzlich zu kreisen begann. Aber was hat das alles zu bedeuten?"

So begann eine tiefe Freundschaft – damals, vor mehr als zwanzig Jahren. Mein Besucher wurde mein Schüler, der mich später in vielem übertraf. Er hatte damals nicht gewußt, daß er ein Sensitiver war, daß er für das Pendeln und Rutengehen begabt war, bis er sich selbst durch einen Versuch von seinen Fähigkeiten überzeugt hatte. Je mehr er sich aber mit der Sache beschäftigte, je besser wurden seine Pendelergebnisse; denn mit dem Pendeln ist es wie mit der Intelligenz, die einem Menschen, der sie hat, auch nichts nützt, wenn sie nicht geweckt wird.

Sanitätsrat Dr. med. E. Clasen stellte fest: „Zunächst muß darauf hingewiesen werden, daß alle Sensitiven nicht auf der linken, sondern nur auf der rechten Seite liegend einschlafen können. Das muß wohl so sein! Der Erdboden der nördlichen Erdhälfte ist positiv-radioaktiv. Kehrt der Sensitive ihm seine ebenfalls positiv-radioaktive linke Seite zu, so ist dies eine gleichnamige Paarung, und diese verträgt er nicht. Sie wirkt lauwidrig, beunruhigend, schlafverseuchend auf ihn. Legt er sich aber auf seine radioaktiv-negative Rechte, so ist der Mißstand behoben; es tritt eine ungleichnamige Paarung ein, negative rechte Seite und positiver Erdboden sind einander zugekehrt, und alles tritt jetzt in Ruhe und Behagen, der Sensitive schläft ungestört ein."

Schon vor mehr als 100 Jahren schrieb Dr. Karl Freiherr von Reichenbach, der österreichische Naturwissenschaftler, dessen Bedeutung erst in unserer Zeit richtig eingeschätzt werden kann:

„Dergleichen gleichnamige und ungleichnamige Paarungen gibt es im täglichen Leben außerordentlich viele, ohne daß man sich dessen bewußt wird. Nach der üblichen Sitte reicht man sich bei der Begrüßung die rechten Hände, man macht also eine gleichnamige Paarung, die ein Sensitiver nicht lange erträgt. Sie wird ihm peinlich, wenn sein Gegenüber die Hand festhält, und dann bald unerträglich, so daß er sich plötzlich losreißt, oft zur peinlichen Überraschung seines Gegenübers. Die Linke würde der Sensitive als kühl und angenehm empfunden haben.

Etwas Ähnliches ergibt sich beim Reiten. Es gibt kräftige junge Männer, die einen unüberwindlichen Widerwillen gegen das Reiten haben. Kein Mensch begreift sie, denn niemand weiß von ihrer Sensitivität. Sitzen sie zu Pferd, so kehren sie dem Tier ihre radioaktiv-gleichnamigen Seiten in größter Ausdehnung zu, und diese gleichnamige Paarung vermögen sie nicht zu ertragen.

Ganz dasselbe Verhältnis ergibt sich, wenn man sich unmittelbar vor oder hinter einen Sensitiven stellt. Dabei kommt dann die rechte Seite an die rechte Seite des Sensitiven, und ebenso stehen sich die beiden linken Seiten gegenüber, so daß eine doppelte radioaktiv-gleichnamige Paarung zustande kommt, die der Sensitive nicht aushält und deshalb schleunigst meidet. Darin liegt auch der Grund dafür, daß diese Sensitiven alle Volksaufläufe und jegliches Gedränge von Menschen ängstlich meiden. Derartige Verhältnisse ließen sich noch manche anführen.

Als weitere Quellen der Radioaktivität haben sich die Wärme

und Elektrizität erwiesen, worauf aber hier nicht weiter eingegangen werden kann. Dagegen wäre noch zu erwähnen, daß die Sensitiven im Dunkelzimmer alle Metalle leuchten sehen, wenn auch nicht alle gleich stark. Die Metalle erscheinen dabei wie glühend, zugleich etwas durchscheinend, als könnte man in sie hineinsehen, und dabei umgeben von einer rauchähnlichen Lichtemanation, die sich durch Anhauchen oder Luftzug zerflattern läßt. Ihre Farben sind dabei aber verschieden. So erglühen Kupfer, Zink, Kalium rot, Zinn und Blei blau, Gold und Platin weiß usw. Einigen Metallen ist ein besonders hoher Grad von Radioaktivität eigen, so zum Beispiel dem Quecksilber. Nähert sich ein Sensitiver einer größeren Spiegelfläche, so findet er über seinen ganzen Körper eine peinliche Quecksilberwirkung ausgegossen. Es ist ihm, als ob ein ekler Hauch ihn anginge; er fühlt sich weggedrückt und weggetrieben; und will er dem Trotz bieten, so ergreifen ihn Magenweh, Übelkeit, Kopfweh, selbst Erbrechen, er muß weichen. Ähnlich geht es mit manchen anderen Metallen, so daß Sensitive vielfach einen Ekel vor Eßlöffeln aus Neusilber, Packfong und ähnlichen Metallgemischen, die meist viel Kupfer enthalten, empfinden und aus demselben Grund keine metallenen Schmucksachen und nicht einmal einen metallenen Fingerhut ertragen; er muß von Elfenbein sein. Solche Menschen sind auch imstande, durch ihr bloßes Gefühl reines Silber oder reines Gold von solchem zu unterscheiden, das mit Kupfer legiert ist.

Eine besonders bemerkenswerte Eigenschaft der Radioaktivität ist ihre Verladbarkeit auf andere Gegenstände, genau wie das bei der Wärme und der Elektrizität der Fall ist. Legt man einem Sensitiven einen beliebigen Gegenstand, zum Beispiel ein Stück Holz, ein Knäuel Garn, ein Stück Zucker oder etwas anderes in die linke Hohlhand zur vorläufigen Prüfung und bringt es dann für fünf bis sechs Minuten vor den Pol eines Kristalles oder Magneten oder in die Hand eines Anwesenden und gibt es darauf dem Sensitiven in die Linke zurück, so wird er es verändert finden. Er wird sagen, daß er es wärmer oder kühler zurückerhalte, je nachdem, jedenfalls so, wie die die Radioaktivität hergebende Quelle, bzw. der Kristall- oder

Magnetpol oder bei direkter Berührung die Hand gewirkt haben würde. Es hat also offenbar eine Verladung der Radioaktivität auf den geprüften Gegenstand stattgefunden. Führt man einen Kupferdraht aus dem Tageslicht in das Dunkelzimmer . . . und bringt nun an das im Freien befindliche Ende des Drahtes einen starken Kristall- oder Magnetpol, oder reibt mit einer Feile darüber hin oder bringt es in ein Glas mit einer Brausepulvermischung, immer sieht der Sensitive im Dunkeln den Draht leuchtend werden und an seinem Ende ein leuchtendes Flämmchen ausströmen. In gleicher Weise geht aus den Finger- und Fußspitzen, aus dem ganzen Körper eine radioaktive Lichtströmung in die Umgebung aus."

Wir zitieren Reichenbachs Ausführungen deshalb so ausführlich, weil er viele Phänomene schon so erklärt hat, wie sie hundert Jahre später durch die Wissenschaft nachgewiesen werden konnten, zum Beispiel durch die Kirlian-Fotografie. Darüber werden wir noch ausführlich sprechen, wenn wir den siderischen Pendel behandeln. Reichenbach führt weiter aus:

„Eine der stärksten Verladungen dieser Art geschieht durch den Atem von Menschen und Tieren (deshalb sollten zu erpendelnde Fotografien von dem Dargestellten am besten angehaucht sein). Wichtiger noch für unsere Zwecke als die Verladung auf andere Gegenstände erscheint ihre Leistungsfähigkeit, wofür schon der Versuch mit dem aus dem Sonnenschein ins Dunkelzimmer geführten Kupferdraht als Beweis angeführt wurde. Stellt man einen Stab her aus einem Holzstecken, einem Metalldraht und einer Wachskerze, an der noch eine Seidenschnur hängt – man kann den Stab ebensogut in beliebiger anderer Weise zusammenbauen – und gibt diesen Stab an seinem Holzende einem Sensitiven in die linke Hand und faßt man selbst die Seidenschnur mit den eigenen rechten Fingern, so wird der Sensitive sehr bald erklären, der Holzstab werde kühl. Legt man aber jetzt die Finger der Linken an die Schnur, so schlägt der Holzstab um und fängt an, lauwarm zu werden.

Bringt man darauf die Seidenschnur an Kristallpole, in die Spektralfarben, in ein Brausepulver, auf Schwefel, überall wird man die der Radioaktivitätsquelle entsprechenden Wirkungen dem Sensitiven zuleiten. Statt des vierfach zusammengesetzten Stabes kann man jeden idioelektrischen (nichtleitenden) Körper benutzen, sie werden alle ebensogut die Radioaktivität leiten wie die Metalle, denn es gibt keinen Isolator für die Radioaktivität. Darin liegt auch die Schwierigkeit, die sie jeder Untersuchung entgegensetzt. Der Sensitive braucht den Holzstab nicht einmal zu berühren, es genügt schon die bloße Annäherung an ihn. Gibt man dem Sensitiven einen Glasstab in die Linke und nähert dem anderen Ende die Finger, einen Kristallpol, eine Flasche mit gärendem Weinmost oder sonst etwas, so wird die sensitive Hand alsbald die entsprechende Reaktion empfinden, wenn auch etwas schwächer.

Wie überall in der Natur, so trifft man auch hier auf duale Gegensätze, wie schon bei den Kristallpolen, den Magnetpolen und den beiden Seiten von Menschen und Tieren gelegentlich mitgeteilt worden ist. Aber nicht bei allen Stoffen findet sich dieser polare Dualismus. So sind alle Alkalien und Alkaloide positiv, dagegen die Haloidsalze, die Mehrzahl der Oxyde und Säuren radioaktiv-negativer Natur, und viele Substanzen in der Mitte stehend.

Schließlich noch eine Bemerkung: Überall wurde zu Gefühlsversuchen die linke Hand der Sensitiven verwendet. Kühl und lau sind relative Einwirkungen äußerer Reize auf eine bestimmte Leibesseite des Sensitiven, auf seiner anderen Seite ist seine Empfindung die entgegengesetzte."

*

Aus diesen Ausführungen geht klar hervor, daß zum Pendeln eine gewisse Veranlagung bzw. Befähigung gehört.

Um pendeln zu können, muß man wenigstens ein geringes Maß an Sensitivität, d. h. Empfindlichkeit und Aufnahmebereitschaft für Radioaktivität besitzen. Versuche zeigen immer wieder, daß sehr viele Menschen sensitiv sind. Der Leser sollte folgende Punkte bei sich überprüfen. Diese Kennzeichen für Sensitivität, die beim Pendeln vorausgesetzt werden sollten, hat Reichenbach durch Befragen zahlreicher Sensitiver aufgestellt:

○ Unruhiger Schlaf, den der Sensitive daran erkennt, daß er beim Erwachen sich nicht ordentlich bedeckt findet, oder daran, daß er öfter sich unbedeckt, vielleicht entblößt und die Bettdecke bei den Füßen oder gar am Fußboden vorfindet.

○ Der Sensitive mag oder kann nicht mit einer anderen Person ruhig in einem Bett zusammenschlafen.

○ Der Sensitive kann nur auf der rechten Seite liegend gut einschlafen und schlafen.

○ Dem Sensitiven ist mehr oder weniger unbehaglich oder peinlich zumute in dichtgedrängter Gesellschaft von Menschen, wie bei Festessen oder im vollbesetzten Theater oder in der Kirche oder bei Volksaufläufen, weshalb er solchen Anlässen aus dem Weg geht, soweit es ihm möglich ist.

○ Wenn ihm bei der Begrüßung die rechte Hand gegeben wird, so verträgt er es nicht, daß diese längere Zeit festgehalten wird; er reißt sich dann einfach los.

○ Auf den Sensitiven wirkt es unangenehm, wenn er Silber- oder Kupfermünzen einige Zeit in der linken Hand halten soll.

○ Wenn der Sensitive ein Glas Wasser in die linke Hand nimmt, so daß er es mit den Fingern umfaßt, und sodann ein Brausepulver darin anrührt, so wird ihm das Glas eiskalt erscheinen.

○ Reibt der Sensitive seine beiden inneren Handflächen kräftig aneinander, so wird ihm die innere Handfläche der linken Hand merklich wärmer erscheinen, die rechte aber nicht.

○ Der Sensitive liebt in den Speisen das Säuerliche, wie Obst, Apfelsinen, nicht zu sauren Salat jeder Art, dagegen meidet er nach Möglichkeit Fett, namentlich süßes, warmes Zuckerwerk, trinkt seinen Kaffee mit nur wenig Zucker bzw., wenn er hochsensitiv ist, ganz ohne Zucker.

○ Während der Nichtsensitive ruhig in seinem Bett schläft, sprechen die meisten Sensitiven im Schlaf. Bei Hochsensitiven kommen dazu noch Gebärdenspiel, Aufrichten im Bett, ja selbst Aufstehen aus dem Bett.

○ Dem Sensitiven ist alles Gelbe oder Gelbrote, z. B. ein blühendes Rapsfeld, unangenehm, dagegen hat er eine ausgesprochene Vorliebe für die blaue Farbe.

Nicht immer brauchen alle Kennzeichen gleichzeitig bei einem Sensitiven vorhanden sein. Der Grad der Fähigkeit zum Pendeln ist individuell verschieden. Als Sensitiver kann schon derjenige gelten, auf den nur fünf der vorgenannten Kennzeichen zutreffen. Hochsensitiv ist der zu nennen, bei dem neun bis elf Kennzeichen zutreffen.

Dr. med. E. Clasen meint ergänzend: „Bei der Veranlagung zum Pendeln kommt noch ein anderes wichtiges Moment hinzu, nämlich die psychische Einstellung zu der Sache. Wer sich von vornherein aus Verstandesgründen oder wegen seiner von der Hochschule mitgebrachten „wissenschaftlichen“ Vorstellungen ablehnend gegen das Pendeln verhält, weil er es als „Schwindel“ oder etwas Lächerliches betrachtet, wird niemals pendeln können.“

Mit dem Pendeln sollte man deshalb nicht beginnen, ehe man der Sache volles Vertrauen entgegenzubringen vermag; denn beim Pendeln spricht die Seele, der seelische Zustand des Pendlers, ein ungeahnt gewichtiges Wort mit, ohne daß er sich dessen bewußt wird. Jeder Zweifel an der Sache gefährdet die Möglichkeit des Gelingens. Es geht mit dem Pendeln wie mit der Liebe. Es fällt jedermann schwer, jemanden zu lieben, gegen den man früher eine unbegründete Voreingenommenheit oder Abneigung empfunden hatte.

*

Jeder Lebende ist radioaktiv. Radioaktivität gehört zu den unweigerlichen Attributen des Lebens, ohne die weder Mensch noch Tier zu bestehen vermöchte. Der Sensitive unterscheidet sich vom Nichtsensitiven nur durch seine das übliche Maß der Radioaktivität um ein Geringes übertreffende Kraft, geradeso wie das beim Sehen, Hören usw. auch vorkommt. Darum zählen die Sensitiven auch gar nicht zu den seltenen Ausnahmemenschen – ganz im Gegenteil. Reichenbach erwähnte beiläufig, er habe im Lauf eines Jahres mit etwa 500 Sensitiven gearbeitet. Sensitive seien überall häufig anzutreffen, man brauche nur danach zu suchen. Die meisten der Leser dieses Buches werden ebenfalls dazugehören. Daß eine Schulung notwendig ist, um die Sensitivität als erste Bedingung weiter zu fördern, wird jedermann einsehen.

Auch astrologische Spannungsverhältnisse geben Aufschluß über etwaige Pendeleignung. Beim Pendeln verhält es sich so wie bei anderen psychischen, insbesondere parapsychischen Fähigkeiten. Es muß eine individuelle Prädisposition vorhanden sein, um Können und Meisterschaft über dem Durchschnitt zu erreichen. Im Hinblick auf die besondere Eignung zum Pendeln ist in einem Horoskop das neunte Haus besonders aufschlußreich und positiv zu werten, wenn Uranus und Neptun darin günstig stehen oder es wohlwollend aspektieren. Es ist natürlich nicht unbedingt notwendig, daß die vorerwähnte günstige Konstellation im Horoskop zu finden ist, vielmehr treten periodenweise in bestimmtem Taktmaß und Rhythmus auch transitorische Effekte auf, aus denen sich eine besondere Disposition ergibt. Jedoch ist nach Meinung der Astrologen die Stellung oder Aspektierung der beiden Planeten Uranus und Neptun von grundlegender Bedeutung.

Aus der Emanationslehre ist bekannt, daß beim Pendeln vier Strahlungsspannungen zusammenwirken bzw. Einfluß ausüben: Spannungskräfte, die vom Gegenstand unter dem Pendel ausgehen, die von der stofflichen Beschaffenheit des Pendels (Pendelmasse), von der Umgebung aus Nähe und Ferne und von der Person ausgehen, welche das Pendel hält oder berührt. Die dadurch entstehende Veränderlichkeit ist willkürlich und reflexiver Art. Das ist stets zu beachten, will man Fehlgriffe und Irrtümer vermeiden. Darum sind alle Resultate, selbst wenn sie in ihrem Endergebnis übereinstimmen, in ihrer Erlangung nur relativ zu nehmen. So erklären sich auch die Abweichungen der Pendelbahnen und Diagramme bei manchen Sensitiven.

Die Deutung der schwingenden Pendelbahnen ist deshalb im wesentlichen für jeden Pendler eine Erfahrungstatsache.

Jeder Pendler muß erst seine individuellen Pendelschwingungen, welche für ihn Geltung haben, feststellen. Trotz Eignung und Schulung sind daher noch strengste Objektivität und

Besonnenheit, unbedingte Wahrhaftigkeit, Ausdauer und Selbstbeherrschung geboten.

Jedes Experiment sollte eingehend und mehrmals überprüft werden, wobei die Versuchsbedingungen verändert und erschwert werden sollten. Außerdem ist es vorteilhaft, zu verschiedenen Zeiten, bei verschiedenen Konstellationen und Stimmungen zu üben. Schwärmerei und unangebrachte Gefühlsduselei sind zu vermeiden.

Über die Pendelfähigkeit sagt Hans Steinberger *(RGS* Nr. 131, Seite 63):

„Auch Rutengänger haben schon geklagt, nicht pendeln zu können. Ursache ist dann oft nur, daß dies mit der falschen Hand versucht wird. Als Faustregel gilt, daß im allgemeinen Rechtshänder besser bzw. überhaupt nur mit der rechten und Linkshänder mit der linken Hand pendeln können. Dies mag beim einzelnen aber auch umgekehrt sein. Deshalb ist es ratsam, grundsätzlich durch Versuche festzustellen, ob die rechte oder die linke Hand besser geeignet ist.

Gelegentlich wäre wohl auch zu berichten, wie man sich bei den verschiedenen Aufgaben verhalten soll, z. B. bei der Feststellung, ob bestimmte Nahrungsmittel, Getränke usw. biologisch einwandfrei sind und gegebenenfalls in welchem Maß, ob man selbst auf bestimmte Medizinen oder Heilmittel wie andere Personen positiv anspricht oder nicht."

E. Laub schreibt in der gleichen Ausgabe der erwähnten Zeitschrift (Seite 72 ff.):

„Die biologische Forschung hat einwandfrei bewiesen, daß das menschliche Gehirn pausenlos äußerst feine, aber dennoch meßbare elektrische Wellen ausstrahlt. Wenn daher der Experimentierende auch nur den stillen Wunsch hegt, der Pendel möchte diese oder jene Figur beschreiben, so werden sofort bestimmte Nervenreflexe ausgelöst, die das Instrument tatsächlich in die gewünschte Schwingungsform versetzen. Was aber kann uns ein erhaltenes Resultat nützen, wenn wir an seiner Richtigkeit zweifeln müssen? Wir arbeiten mit dem Pendel, um die Wahrheit zu ergründen, nicht aber um uns in Selbsttäuschung zu verstricken. Objektive Ergebnisse können wir daher nur dann erzielen, wenn wir bei unseren Versuchen geistig völlig passiv bleiben."

Laub betont, daß Passivität auf keinen Fall mit Interesselosigkeit gleichgesetzt werden darf. Außerdem muß der Pendelnde warten können, d. h. er muß sich davor hüten, einsetzende Schwingungen bewußt oder unbewußt zu verstärken. Vor allem heißt Passivität beim Pendeln Ausschalten von störenden Gedanken. Laub, selbst ein erfahrener Pendler, fährt in seinen Ausführungen fort:

„Eine weitere Quelle von Fehlresultaten sind Vermutungen. Wir legen einem ungeübten Pendler eine Männerhandschrift vor, deren Züge jedoch von einer ausgeprägten Feinheit und Zierlichkeit sind. Der angehende Radiästhet hat die Aufgabe, das Geschlecht des Schrifturhebers [darüber später in diesem Buch] ausfindig zu machen. Infolge des ausgesprochen weiblichen Duktus läßt sich unser Schüler zu der Vermutung verleiten, es müsse sich um eine Damenhandschrift handeln. Es würde sich erübrigen zu erwähnen, daß er dadurch natürlich auch ein falsches Pendelresultat erzielt."

Ein Pendler darf also niemals mit einer vorgefaßten Meinung an seine Arbeit gehen.

*

Sicher sind Sie als Leser oder Leserin dieser Zeilen neugierig und wollen möglichst bald ausprobieren, ob Sie sensitiv sind, ein zum Pendeln geeignetes Medium. Gedulden, beruhigen Sie sich; denn bevor Sie den ersten Pendelversuch starten, sollten Sie ruhig und gelassen sein. Zunächst können Sie sich auf einfache Weise einen Versuchspendel anfertigen, der Ihnen zeigen wird, welche Fähigkeiten in Ihnen schlummern.

Nehmen Sie Ihren Ehering oder einen sonstigen Metallring (aus Silber, Gold oder Eisen) und binden Sie ihn an einen 15 Zentimeter langen Seidenfaden. Legen Sie nun einen zu bependelnden Gegenstand (z. B. eine Fotografie, ein Kleidungsstück) auf den Tisch. Nun nehmen Sie Ihren Pendel – es kann auch Ihre Taschenuhr sein – so in die Hand, daß der Faden oder die Uhrkette zwischen Daumen und Zeigefinger gehalten wird. Das Handgelenk ist gebeugt und der Ellbogen aufgestützt, damit der Pendel unbeeinflußt und ungehindert schwingen kann.

Die Bewegungsmöglichkeiten des Pendels, die Sie jetzt beobachten können, sind: Kreis- oder Ellipsenbewegungen im Uhrzeigersinn oder gegen ihn, gerade Schwingungen von links nach rechts, vom Pendelnden weg und auf ihn zu.

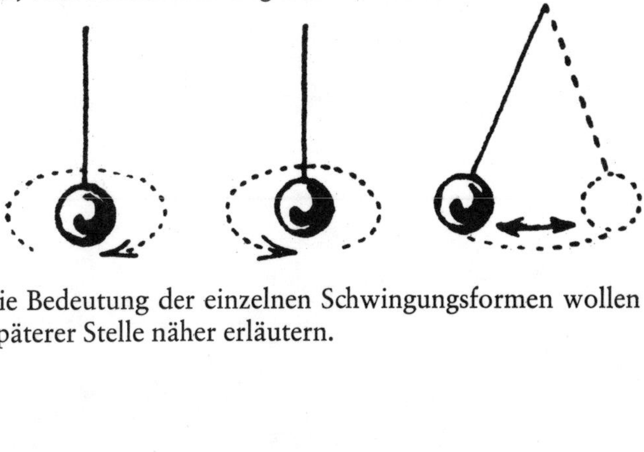

Die Bedeutung der einzelnen Schwingungsformen wollen wir an späterer Stelle näher erläutern.

Wenn dieser erste Versuch, den Sie unternommen haben, erfolgreich war, wenn Sie zudem noch die besprochenen Kennzeichen für Sensitivität an sich feststellen konnten, dann ist es ganz sicher, daß Sie zum Pendeln befähigt sind und durch weitere Übungen ein erfahrener Pendler werden können.

Bevor wir uns jedoch weiter mit der Praxis beschäftigen, wollen wir uns über den Unterschied von physikalisch-mathematischem Pendel und siderischem Pendel informieren. Wir werden also erfahren, was den Unterschied zwischen „Pendel" und „Pendel" ausmacht: was *der* Pendel und was *das* Pendel ist.

Das physikalische und das mathematische Pendel

Die Nacht ist lau. Draußen lärmen noch immer die jungen Leute, rufen sich beim Namen und laufen einander nach. Padua im Jahr 1609. Galileo Galilei, Professor der Mathematik, Mechanik und Physik, sitzt über seinen Aufzeichnungen, während sein Famulus Andrea Sarti gerade die Versuchsanordnung wegräumt, mit der der Meister einige Tage lang seine Beobachtungen und Messungen angestellt hat.

„Wären nicht die vielen Privatschüler, so könnten wir morgen den Milchmann nicht bezahlen", meint der Schüler zu seinem Meister.

„Ich hab's, Andrea. Endlich, ich hab's!" ließ sich der Gelehrte vernehmen, ohne auch nur im mindesten auf die berechtigten Hinweise seines Adepten zu achten.

„Was habt Ihr? – Doch nicht etwa wieder einen Eurer Gichtanfälle?"

„Dummkopf! Was wohl? – Die Pendelgesetze, woran wir die ganze Zeit gearbeitet haben. Es war also doch nicht alles umsonst, die ganze Arbeit der letzten Jahre. Ich weiß noch genau, wie alles begann. Es war damals im Jahr 1583 zu Pisa, als ich zum erstenmal von Ostilio Ricci, dem Mathematiker, über die Entdeckungen von Euklid und Archimedes hörte und mich mit geometrischen Studien beschäftigte. Wie es sich gehörte, ging ich jeden Sonntag in den Dom zur Messe. Die Predigt langweilte mich in den meisten Fällen. Meine Blicke wanderten die Pfeiler empor und mein Geist beschäftigte sich mit der kühnen Architektur. Da gewahrte ich einen Deckenleuchter, der langsam und regelmäßig – wie es schien – hin- und herschwang. Das brachte mich ins Grübeln. Verstehst du, Andrea? Die Neugier steht immer an erster Stelle eines Problems, das gelöst werden will. Die Neugierde läßt die Fragen stellen, weil wir immer mehr wissen wollen, als wir tatsächlich kennen. Die Fragen aber lassen uns nachdenken, bis wir schließlich eine Lösung gefunden haben."

Andrea ist neugierig näher gekommen und sieht auf das Pult

seines Lehrers, das mit zahlreichen Zetteln und Aufzeichnungen bedeckt ist. Galilei tippt ihm mit dem Zeigefinger auf die Schulter und fragt ihn eher scherzend als ernst:

„Der Schüler wiederhole, was wir bisher über das physikalische Pendel ermittelt haben. Also los, Andrea!“

„Wie es der Herr und Meister befiehlt. Das Vertikal- oder Lotpendel, wie wir es auch nennen, ist ein schwerer Gegenstand aus irgendeiner Masse, aufgehängt an einem Faden. Zunächst liegt bei diesem Pendel das Bestreben nach einer Ruhelage vor, das heißt, Trägheit und Schwere in Erdzentrumsrichtung. Nur ein äußerer Anlaß, Anstoß oder konstant zugeführte Kraft bringt Schwingungen hervor. Wird nun aber die Triebkraft bzw. der Anlaß ausgeschaltet, tritt Pendelruhe ein. Die Luft wirkt bremsend, da Reibung verursacht wird.“

Und nun erklärt ihm der geniale Forscher und Wissenschaftler, der bereits mit 25 Jahren Professor für Mathematik in Pisa war und seit 1592 in Padua lehrte, seine Pendelgesetze. Das Jahr 1609 war wohl das fruchtbarste seines Lebens. Er entdeckte in diesem Jahr die Fall- und Pendelgesetze und konstruierte sein erstes Fernrohr. Aber erst 1638 veröffentlichte er die Ergebnisse seiner Erkenntnisse.

Man unterscheidet das physikalische und das mathematische Pendel. Beide haben gleiche Schwingungsgesetze. Die Grundformel der Schwingungsgesetze des Galilei lautet:

„Die Schwingungsdauer (ungleich langer Pendel) ist der Quadratwurzel aus der Intensität der Schwere umgekehrt proportional. Die Schwingungsdauer eines Pendels ist der volle Hin- und Rückgang auf den Ausgangspunkt.“

Die Formel, um die vollständige Schwingung zu berechnen, lautet:

$$T = 2\pi \sqrt{\frac{L}{g}}$$

T steht für die Zeit in Sekunden, für die ganze Schwingung vor und zurück. L bedeutet die bekannte Fallbeschleunigung, welche für jeden Ort errechnet werden muß. Aus dieser Formel

Zeitgenössisches Porträt von Galileo Galilei, * 15. 2. 1564 in Pisa,
† 8. 1. 1642 in Arcetri bei Florenz.

läßt sich jede Pendellänge bzw. Schwingungsdauer des Pendels berechnen.

So läßt sich auch das sogenannte Sekundenpendel nach der abgeleiteten Formel bestimmen:

$$L = \frac{g}{\pi^2} \quad \left(\text{da } \pi\sqrt{\frac{L}{g}} = 1 \text{ ist}\right)$$

Damit ist das Pendel ein Mittel, die Intensität der Erdschwere, also die Anziehungskraft zu bestimmen. Die Substanz des Pendels beeinflußt die Schwingungsdauer, ein Beweis, daß die Schwerkraft auf alle Stoffe gleich stark wirkt. Das ist bewiesen durch Versuche im luftleeren Raum.

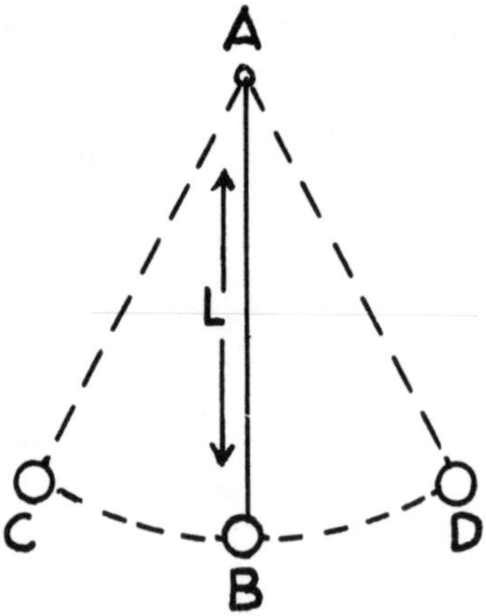

A–B Pendel in Ruhelage und Pendellänge (wie auch A–C, A–D). B–C, B–D bzw. C–D, D–C = Hin- und Rückgang des Pendels.

Das Sekundenpendel hat weiter ergeben, daß die Erde nach den Polen zu abgeplattet ist. Diese Beobachtung wurde von Richter bereits 1672 gemacht. Er fand Zeitgrößenunterschiede verschiedener Orte und schloß daraus richtig, daß die Erdschwere vom Äquator zum Pol sich vermindern müsse. Anhand der hier wiedergegebenen Abbildung wird die Ableitung der ersten gegebenen Formel des physikalischen Pendels deutlicher.

„Der“ siderische Pendel

„Verzeihen Sie Mylord, ich sehe Sie lächeln und weiß sehr gut, daß Sie mir meine leidenschaftliche Aufmerksamkeit auf diese Dinge, an die Sie keinen Glauben haben, nur als weiser Mann und als Freund nachsehen; aber es ist mir unmöglich, von hier zu scheiden, ohne das schöne Kind auch die Pendelschwingungen versuchen zu lassen.

Es konnte niemals fehlen, wenn die Sache zur Sprache kam, daß der Lord nicht seine Gründe dagegen abermals wiederholte, welche der Begleiter bescheiden und geduldig aufnahm, aber doch zuletzt bei seiner Meinung, bei seinen Wünschen verharrte. Auch er gab wiederholt zu erkennen, daß man deswegen, weil solche Versuche nicht jedermann gelängen, die Sache nicht aufgeben, ja vielmehr nur desto ernsthafter und gründlicher untersuchen müßte; da sich gewiß noch manche Bezüge und Verwandtschaften unorganischer Wesen untereinander, organischer gegen sie und abermals untereinander offenbaren würden, die uns gegenwärtig verborgen seien.

Er hatte seinen Apparat von goldnen Ringen, Markasiten und anderen metallischen Substanzen, den er in einem schönen Kästchen immer bei sich führte, schon ausgebreitet und ließ nun Metalle, an Fäden schwebend, über liegende Metalle zum Versuche nieder. Ich gönne Ihnen die Schadenfreude, Mylord, sagte er dabei, die ich auf Ihrem Gesichte lese, daß sich bei mir und für mich nichts bewegen will. Meine Operation ist aber auch nur ein Vorwand. Wenn die Damen zurückkehren, sollen sie neugierig werden, was wir Wunderliches hier beginnen.

Die Frauenzimmer kamen zurück. Charlotte verstand sogleich, was vorging. Ich habe manches von diesen Dingen gehört, sagte sie, aber niemals eine Wirkung gesehen. Da Sie alles so hübsch bereit haben, lassen Sie mich versuchen, ob es mir nicht auch anschlägt.

Sie nahm den Faden in die Hand; und da es ihr Ernst war, hielt sie ihn stet und ohne Gemütsbewegung; allein auch nicht das mindeste Schwanken war zu bemerken. Darauf ward Ottilie veranlaßt. Sie hielt den Pendel noch ruhiger, unbefangener, unbewußter über die unterliegenden Metalle. Aber in dem Augenblick ward das Schwebende wie in einem entschiedenen Wirbel fortgerissen und drehte sich, je nachdem man die Unterlage wechselte, bald nach der einen, bald nach der anderen Seite, jetzt in Kreisen, jetzt in Ellipsen, oder nahm seinen Schwung in graden Linien, wie es der Begleiter nur erwarten konnte, ja über alle seine Erwartung.

Der Lord selbst stutzte einigermaßen, aber der andere konnte vor Lust und Begierde gar nicht enden und bat immer um Wiederholung und Vermannigfaltigung der Versuche. Ottilie war gefällig genug, sich in sein Verlangen zu finden, bis sie ihn zuletzt freundlich ersuchte, er möge sie entlassen, weil ihr Kopfweh sich wieder einstelle. Er, darüber verwundert, ja entzückt, versicherte ihr mit Enthusiasmus, daß er sie von diesem Übel völlig heilen wolle, wenn sie sich seiner Kurart anvertraue. Man war einen Augenblick ungewiß; Charlotte aber, die geschwind begriff, wovon die Rede sei, lehnte den wohlgesinnten Antrag ab, weil sie nicht gewillt war, in ihrer Umgebung etwas zuzulassen, wovor sie immerfort eine starke Apprehension gefühlt hatte."

Diese Schilderung, die von tiefer Kenntnis der Pendelmagie zeugt, stammt von keinem geringeren als von Johann Wolfgang von Goethe und ist in seinen *Wahlverwandtschaften* im zweiten Teil, 11. Kapitel, nachzulesen. Der Geheime Rat aus Weimar kannte die Technik des Pendelns sehr genau und wußte um die geheimen Gesetze, die dabei wirksam wurden. Er registrierte sogar die Kopfschmerzen von Ottilie, die wie alle Sensitiven häufig unter diesem Übel litt.

Nach dieser Pendel-Geschichte, die der deutsche Dichterfürst der Nachwelt hinterlassen hat, sprechen wir mit männlichem Artikel von dem Pendel, wenn wir einen siderischen Pendel meinen, während die Naturwissenschaftler ihr Pendel mit sächlichem Artikel *das* mathematische Pendel nennen.

*

Allgemein betrachtet ist der Pendel ein Körper, der unter

Ein wissender Pendler: Johann Wolfgang von Goethe,
*28. 8. 1749 in Frankfurt am Main, † 22. 3. 1832 in Weimar.
Abbildung nach dem Kupferstich von Daniel Chodowiecki
nach der Originalzeichnung (1776) von G. M. Krems.

dem Einfluß der Schwerkraft um eine über seinem Schwerpunkt liegende horizontale Achse oder auch allseitig um einen Aufhängepunkt schwingen kann. Das Wort siderischer Pendel kann sowohl aus dem Griechischen als auch aus dem Lateinischen abgeleitet werden: *sideros* heißt griechisch Eisen, was auf das Metall des Pendels hinweisen könnte; *sidera* heißt lateinisch Gestirne und weist auf den Einfluß der Himmelskörper auf das menschliche Leben hin. Bereits der große Arzt und Naturforscher Paracelsus (Aureolus Philippus Theophrastus Bombast von Hohenheim, 1493 – 1541) sprach von einem siderischen Leib als Ergänzung zum materiellen Körper. Doch schon lange vor Beginn der christlichen Zeitrechnung war der Pendel bei vielen Völkern des Altertums, besonders auch bei den Griechen und Römern, als Orakelmittel bekannt. Darüber wollen wir später in einem gesonderten Kapitel ausführlicher berichten.

Jahrhundertelang wurde zum Wahrsagen ein an einem Faden aufgehängter Ring benutzt. Auch der „Ring der Nibelungen", mit dessen Hilfe der im Rhein versenkte Goldschatz wieder aufgefunden werden sollte, war ein Pendel.

Außer im Nibelungenlied begegnen wir dem Pendel auch in schriftlichen Zeugnissen des späteren Mittelalters. Von Anfang des 13. Jahrhunderts an bekämpfte die christliche Kirche die weitverbreitete Pendelweissagung durch päpstliche Verordnungen.

Erst Ende des 18. Jahrhunderts wurde der Pendel wiederentdeckt. Im Jahr 1798 beobachtete der Straßburger Professor für Medizin Gerboin auf einem Spazierweg, wie ein spielendes Kind einen hohlen Holzpendel in der Hand hielt. Dieser bewegte sich hin und her. Gerboin stutzte und bat das Kind, nachdem er ihm eine geraume Weile zugesehen hatte, den Pendel ganz ruhig in der Hand zu halten. Das Kind bemühte sich darum, aber nach kurzer Zeit begann der Pendel wieder zu schwingen – erst ganz leicht, dann immer stärker, obwohl das Kind seine Hand nicht bewegte.

Gerboin eilte erregt nach Hause und stellte dort eigene Versuche mit dem Pendel an. Dabei stellte er fest, daß der Pendel über verschiedenen Körpern ganz unterschiedlich schwang. Als Ursache nahm der Gelehrte ein „elektrisches Fluidum“ an.

Der Münchner Physikprofessor Ritter stellte einige Jahre später fest, daß der Pendel über dem Nordpol eines Magneten sich nach links, über einem Südpol nach rechts in kreisende Bewegung setzte. Ferner entdeckte er, daß sich ein Pendel u. a. über Kupfer, Silber, Äpfeln, Orangen, auch Stirn und Augen so drehte wie über einem Nordpol, dagegen über Zink, Wasser, Nase und Mund wie über einem Südpol. Die weitere Geschichte des Pendels wollen wir später verfolgen. Kehren wir also zu den Gesetzmäßigkeiten zurück.

Die Forschung hat natürlich nach ähnlichen Gesetzmäßigkeiten wie beim physikalischen Pendel für den siderischen Pendel gesucht und solche teilweise auch gefunden. Als eine grundlegende Tatsache fällt dabei auf, wie in wandelbarer Form Beobachtungen und Naturwahrheiten als falsch verstanden, unerklärlich oder transzendent sich durch die Jahrhunderte schleppen. Am Anfang nur „die überhitzte Phantasie“ einiger Köpfe, von der Wissenschaft verfolgt und verhöhnt, erlangen derartige „befremdende Erkenntnisse“ mit wachsendem Tatsachenmaterial einige Popularität und finden schließlich, dank vernünftiger Hypothesen, endlich Bestätigung und Anerkennung.

Alle großen Fortschritte, auch neuerer Zeit, sind früher einmal nur „Aberglaube“, nur „Humbug“ gewesen und wurden ins Fabelreich menschlicher Phantasie verwiesen. Diese Tatsache läßt sich sowohl auf dem Gebiet der parapsychologischen Forschung als auch in der Elektrotechnik oder beim Magnetismus und ebenso auch in der Pendelforschung beobachten. Die Sicht aller Phänomene bleibt der Anschauung der jeweiligen Epochen unterworfen. Was im Altertum Götterwalten, Kraft und Kampf war, wandelte das Mittelalter in Gott und Teufel. Und in neuerer Zeit glaubte man bereits, mit Psyche, Kraft und Stoff alle Fragen lösen zu können.

Die Strahlungen des Weltalls, die den Kosmos durchfluten und auf Erde und Mensch treffen, sind unzweifelhaft in Einsteins Sinn wahrnehmbar, d. h. in Wahrheit vorhanden. Aus diesem Urkraftstrahlungsprinzip leiten einige Forscher auch die Erscheinungen des siderischen Pendels ab und erklären die mit ihm zusammenhängenden Phänomene. Wissenschaftlich sind Chemie und Physik die Grundlage jeder Forschung in fortschrittlichem Sinn. Aber diese Zweige beschäftigen sich vornehmlich nur mit den Strahlungen anorganischer Stoffe, wie diese beim Magnetismus, bei der Elektrizität, bei Wärme, Licht, Schall usw. auftreten und meßbar sind. Erst die (durch Reichenbach angeregte) Erforschung der unsichtbaren Strahlen organischer Stoffe wies darauf hin, daß wir auch in diesem Fall von einer Strahlungsphysik sprechen können.

Die X-Strahlen von Röntgen, die Alpha-, Beta-, Gamma-, Delta-Strahlen des Radiums, die P- und N-Strahlen, die ultravioletten Strahlen und Y-Strahlen – sie alle sind bewiesen und doch für gewöhnlich „unsichtbar". Ebenso unsichtbar ist ein neues Teilchen, das die Welt aufhorchen ließ, als man es im Jahre 1974 entdeckte. Physiker, Kybernetiker und Neurologen haben sich in den letzten Jahren auf ein abenteuerliches Gebiet der wissenschaftlichen Forschung gewagt: In Versuchen mit Sterbenden haben sie nachgewiesen, daß es eine bisher unbekannte Energie gibt, die im atomaren Bereich wirksam wird und als Träger des menschlichen Geistes bezeichnet werden kann. Diese den physischen Tod überdauernde sogenannte „Psinergie" scheint jetzt wissenschaftlich nachgewiesen worden zu sein. Wie das Nachrichtenmagazin *Der Spiegel* im November 1974 (Nr. 49) meldete, werteten Atomphysiker die Nachricht von der Entdeckung eines neuen Elementarteilchens als wissenschaftliche Weltsensation, denn seine Eigenschaften passen nicht in das heute gängige physikalische Weltbild. Das neue Elementarteilchen, das die Wissenschaftler Psi nannten, hat alle Eigenschaften, die von der Psinergie gefordert werden.

Das Delpasse-Experiment von James Bedford und Walt B. Kensington beschreibt diese sensationelle Entdeckung im Zwischenreich von Tod und Leben, von Leben und Tod. Der Delpasse-Effekt, nach dem Kybernetiker Jean Jacques Delpasse benannt, erklärt ein energetisches Phänomen, das im Gehirn sterbender Menschen auftritt. Delpasse gelang es, eine Gedankenenergie bei Sterbenden festzustellen, die als Bestandteil des Gesamtbewußtseins auf einem Monitor sichtbar gemacht werden konnte. Der Nachweis dieser Energie auf der Schwelle des endgültigen Todes beruht im Prinzip auf dem Nachweis von Gehirnströmen durch das Elektroenzephalogramm (EEG), was bereits 1924 dem deutschen Neurophysiologen Hans Berger gelungen war.

Amerikanische Wissenschaftler im Stanford Research Institute haben bewiesen, daß Gedanken tatsächlich Energie sind. Die Physik lehrt, daß Energie unvergänglich ist. Der Analogieschluß ist statthaft: Wenn Gedanken Bestandteile des menschlichen Geistes sind und Gedanken Energie erzeugen, Energie aber nicht vergänglich ist, dann sind gedachte Gedanken und somit der menschliche Geist ebenfalls nicht vergänglich – also unsterblich.

Dem Neurologen William Jongh van Amsynck gelang es schließlich, die Psinergie bei einem Sterbenden und selbst noch nach dessen Tod zu erhalten und nachzuweisen, diese also zu konservieren. Damit scheint es zum ersten Mal gelungen zu sein, den menschlichen Geist (die Seele) vom Körper zu trennen und mit physikalisch-wissenschaftlichen Methoden einwandfrei nachzuweisen. Was bisher nur den Phänomenen nach erwiesen, jedoch unerklärbar schien, könnte durch die Psinergie jetzt erklärt werden: Telepathie, Hellsehen, Präkognition, Psychokinese, außerkörperliche Erfahrung (vorwissenschaftlich „Astralwanderung") und schließlich auch Pendelbewegung und Rutenschlag.

Doch kehren wir wieder zur kosmischen Strahlungskraft zurück. Manche Parapsychologen glauben, daß der Kosmos eine Strahlungskraft (Weltäther!) als Universalprinzip enthält, die durch verschiedene Modifikationen in die Erscheinungswelt tritt: aufbauend und zerstörend. Jede Bewegung, von der kleinsten bis zur größten, setzt eine Kraft voraus als Impuls und Ursache. Kräfte aber sind in exoterischem Sinn bewegte Substanzen, in esoterischem Sinn Strahlungen des Äthers!

Jede Kraft setzt ursprünglich ein Potential, ein Spannungsverhältnis voraus. Dieses Potential hat naturgesetzlich das Bestreben nach Entspannung, Ausgleich und Neutralisierung. Der Druck wird mit einem Gegendruck beantwortet. So entsteht oft der Eindruck gehäufter Energie oder Kräftestauung, da Ausgleich und Neutralisierung Gesetzen unterworfen sind (Gewitter, elektrischer Strom etc.).

Die meisten Kräftestauungen verlaufen in ihrem Ausgleich jedoch fortschreitend, d. h. Entladung und Ausgleich erfolgen sogleich einem aufgehäuften Kräftepotential (Licht, Wasserkraft, Wärme etc.). Zu diesen Erscheinungen zählen jene Forscher auch den Pendel.

„Alle Körper strahlen", sie strahlen allerdings verschieden stark. Ein Pendel, der über ein Metall gehalten wird, wird in Schwingungen gesetzmäßiger Art versetzt. Eine solche Bewegung aber setzt eine Kraft voraus und diese wiederum ein Spannungsverhältnis von Druck und Gegendruck. Angesichts des physikalischen Pendels und ähnlicher Erscheinungen könnte man zu dem Schluß kommen, daß dieser Pendelbewegung irgendeine kinetische Antriebskraft zugrunde liegen muß, da der Pendel ja eine Arbeitsleistung vollbringt. Auffallend ist dabei, daß der siderische Pendel nicht einseitig richtunggebend schwingt, sondern merkwürdige, gesetzmäßige Schwingungskurven anzeigt, die sich mit der wechselnden untergelegten Substanz, mit Stoff oder Körper, verändern. Die Physik versagt hier bereits mit ihren Erklärungen. Denn eine einfache Richtungskraft (wie die des Magnetismus) könnte den Pendel nur zum seitlichen Ausbiegen bringen, nie aber zu dauernder Bewegung.

Die Elektrizität führt uns schon näher. Hier erfolgt nach den Gesetzen der Polarität Anziehung und Abstoßung. Und zwar Anziehung durch + —, Sättigung durch + + und Abstoßung infolge nunmehriger Gleichnamigkeit der Pole. Ähnliche Wirkungen, so sagen die erwähnten Forscher, müssen dem siderischen Pendel zugrunde liegen. Allerdings tritt beim siderischen Pendel erst dann dauernde Bewegung ein, wenn ein wechselndes Potential, also Polarität, hinzukommt. Erst dann entsteht eine Amplitude.

Diese Bewegungsimpulse können an sich nicht in den Gegenständen liegen, denn der Pendel bleibt in Ruhe und wird von den vielen Stoffen um, über und unter ihm nicht beeinflußt, auch nicht von den kosmischen Strahlungen, dem unermeßlichen Ätherdruck – sonst würde er nie zur Ruhe kommen können. Erst wenn der Emanation etwas Animalisches hinzutritt, schwingt der Pendel, und zwar physikalisch. Diese Amplitude hat ihren Ursprung somit im menschlichen Körper, in seiner Ausstrahlung oder – wie Reichenbach diese Energie nannte – im Od.

Experimente haben gezeigt, daß die menschliche Odkraft, verstärkt durch Elektrizität – also mehr auf chemische Wirksamkeit gerichtet –, ebensolche Ströme, Kraftlinien und Schichtungen polarer Art aufweist, wie wir dies vom Magnetismus her kennen. Deshalb kann man folgern, daß der Magnetismus vornehmlich Ätherwirkung darstellt. Die sichtbaren Spanbilder magnetischer Felder (Eisenspäne an einem Magneten) lehren, daß die Indifferenzzone das Wesentliche des Magnetismus ist und die Pole nur als Ausströmungspunkte zu betrachten sind.

Diese eigentlich wirkende Antriebskraft, diese Ätherkraft, welche die Elektronen, Ionen und Atome der Substanzen zur gesetzmäßigen Bewegung bringt, sucht sich zur Entfaltung der Wirksamkeit die günstigsten Angriffsflächen, wie etwa der elektrische Strom die Leiter bevorzugt oder der physikalische Magnetismus den Stahl. Das eigentlich Wirkende liegt also außerhalb der Dinge. Alle Dinge aber, so auch der menschliche Körper, sind nur Transformatoren dieser Außenkräfte. Deshalb sind wir als Körper nur Transformator, Polungsapparat für den Äther.

Transformierung ist das Geheimnis jeglicher Bewegung. So ist also auch der Pendel nur Transformierungsapparat des menschlichen Odes: Damit ist er aller falschen Mystik entkleidet und seine Bewegung naturgesetzlich erklärt.

Wir senden Strom in einen Motor und erhalten Drehung, Kraft, Bewegung. Wir senden Od in den Pendel und erzielen dasselbe Ergebnis, d. h. mechanische, gesetzmäßige Bewegung. Was ist daran wunderbar und unerklärlich? Und diese Pendelschwingungen folgen den physikalischen Gesetzen. Wenn Reichenbachs Odkraft tatsächlich der jetzt „entdeckten" Psinergie gleichzusetzen ist, dann ist das Geheimnis gelüftet.

Der Pendel zeigt in seinen Bewegungen die Tendenz, vornehmlich in Kreisen und Ellipsen zu schwingen – wie auch die Planeten am Himmel –, während die Sonnen scheinbar gerade Wege laufen. Die Kometen dagegen haben große Differenzen in den Ellipsenradien und zeigen langgestreckte Bahnen. Das bedeutet: Vollkommen sind die Planeten, sie pendeln in Kreisen. Unvollkommen sind die Sonnen als Geradläufer, sie sind archaisch. Als Mittelwesen sind die Kometen zu betrachten.

Die Regeln der Planeten und Sonnen mit ihren Ellipsen und Kreisbahnen, die Pendelformeln und Schwereformeln deuten alle auf das große Geheimnis der Zahl π, die eine universelle Rolle spielt. Da der Pendel im Prinzip Kugelgestalt und Kreisfunktion enthält, wird diese Beziehung noch deutlicher, zumal auffallende Ähnlichkeit zwischen π^2 und g, der Fallbeschleunigung, zu finden ist.

Wenn nun in diesem transzendenten π als Matrize die Kugel- und Kreisform enthalten ist, so liegt auch darin das Geheimnis der Konstruktion des Äthers und im Äther selbst die ganze Matrize von allem, was an Formen, Kräften und Prinzipien auf Erden zu finden ist. Im Makrokosmos liegt als Urabbild der Mikrokosmos. Das alte Gesetz der okkulten Wissenschaften: „Wie oben, so unten!" wird wirksam, gebunden an die Zahl π.

Nach Professor Arnold Sommerfeld gilt für das mathematische Pendel die Formel:

$$T = 2\pi \left(\sqrt{\frac{l}{g}} + \frac{1}{4} \sin^2 \frac{\alpha}{2} + \frac{9}{64} \sin \frac{4\alpha}{2} + \ldots \right)$$

T = Schwingungsdauer; π = konstante Zahl 3,14; l = Pendellänge; g = Beschleunigung der Schwerkraft; α = Ausschlagwinkel des Pendels.

Der Arzt und Naturforscher Aureolus Philippus Theophrastus Bombast von Hohenheim – Paracelsus (1493–1541) – sprach von einem siderischen Leib als Ergänzung zum materiellen Körper.

Wir können diese Gleichung für das mathematische Pendel benutzen, da infolge der geringen Masse des Pendels sein Trägheitsmoment vernachlässigt werden kann. Wenn der Ausschlagwinkel des Pendels 10 Grad nicht überschreitet, sind die Glieder mit der Sinusfunktion zu vernachlässigen, während diese bei einem Ausschlagwinkel, der größer als 10 Grad ist, berücksichtigt werden müssen. Für den Untersuchungsort ist die Beschleunigung der Schwerkraft g konstant, so wie auch die Pendellänge für den Pendler konstant ist. Wir erhalten aus dieser Gleichung die Schwingungsdauer als Funktion des Ausschlagwinkels.

Versuche, die in den Jahren 1946/47 von Professor Tromp an den Instituten für Physiologie und Physik der Universität Leiden in Holland durchgeführt wurden, bewiesen eindeutig, daß der Pendel durch magnetische Felder beeinflußt wird – sowohl durch elektrische Ströme als auch durch magnetische Felder. Durch Annäherung des Südpoles eines Hufeisenmagneten an den Pendel konnte eine Abweichung erzielt werden, wobei das Experiment besonders gelang, wenn der Magnet über den Arterien der Hand des Pendlers gehalten wurde. Wie schon Cardin feststellte, bewegen sich nämlich die Erythrozyten (rote Blutkörperchen) in Richtung des Südpoles eines homogenen magnetischen Feldes, wenn diese sich in einer isotonischen Zuckerlösung befinden. Cardin machte seine Versuche mit Kalbsblut.

Wenn der Pendel frei aufgehängt wurde und sich nicht in der Hand eines Sensitiven befand, konnte keinerlei Effekt beobachtet werden. Erst die Hand des Pendlers macht das mathematische Pendel zum siderischen Pendel. Die folgende Gleichung von Lorentz bringt den wissenschaftlichen Beweis und beschreibt die Kraft, welche das elektromagnetische Feld auf ein Elektron ausübt:

$$m \frac{d\vec{v}}{dt} = e\vec{E} + \frac{e}{c}\left[\vec{v}\,\vec{H}\right] - \frac{2e^2}{3c^2} \cdot \vec{v}$$

m = Masse des Elektrons; v = Geschwindigkeit des Elektrons; t = Zeit; e = Ladung des Elektrons; E = elektrische Feldstärke; H = magnetische Feldstärke; c = Lichtgeschwindigkeit.

Die Elektronen befinden sich im Körper des Pendlers. In dieser Gleichung steht links mit $m \frac{dv}{dt}$ der Ausdruck der Kraft, während rechts vom Gleichheitszeichen drei Kräfte stehen: e E die elektrische Kraft, $\frac{e}{c}[vH]$ die magnetische Kraft und die sogenannte Bremsstrahlung $-\frac{2e^2}{3c^3} \cdot v$.

Die Bremsstrahlung mit dem Minuszeichen gibt die Kraft eines Elektrons des Pendlers an, welche auf das elektromagnetische Feld wirkt. Die Bremsstrahlung wirkt gleichzeitig auf den Pendel, da sich der Pendel außerhalb des Körpers des Sensitiven befindet. Muskel- und Nerventonus des Pendlers wirken direkt auf den Pendel ein. Ihre Steigerung bewirkt eine beschleunigte Herztätigkeit und damit auch eine Beschleunigung des Blutkreislaufes. Im Blut aber befinden sich die Erythrozyten, die alle eine negative elektrische Ladung aufweisen. Bei beschleunigtem Blutkreislauf erhöht sich auch die Geschwindigkeit der mitgeführten Erythrozyten und ihrer Elektronen, wobei neue elektrische Ströme entstehen und noch das äußere elektromagnetische Feld auf die Elektronen der Erythrozyten einwirken.

Diese Ströme nun, hervorgerufen durch eine Steigerung des Muskel- und Nerventonus des Sensitiven, wirken auf den Pendel, wobei der Körper des Pendlers sozusagen als Verstärker der schwachen äußeren Ströme und der Pendel als Indikator für alle erwähnten Ströme anzusehen ist.

Welche Wirkung das Pendeln auf den Sensitiven hat, zeigt u. a. die Tatsache, daß an dem Pendler nach einigen Versuchen Ermüdungserscheinungen auftreten. Der Organismus wird also beim Pendeln stark beansprucht. Messungen während der Versuche haben gezeigt, daß sich die äußeren elektrischen und magnetischen Reize während der Experimentdauer nicht ändern.

Obwohl hierdurch das Phänomen des Pendelns erklärt werden kann, vermuten einige Forscher noch eine weitere Kraft, die beim Pendeln wirksam wird; sie hat ebenfalls eine wissenschaftliche Deutung erfahren. Es handelt sich hierbei um die 1942 entdeckten polarisierten elektromagnetischen Wellen, die nach ihrem Entdecker, dem schwedischen Physiker Hannes von Alfvén, benannt worden sind. Diese Wellen pflanzen sich in Flüssigkeiten, die eine elektrische Leitfähigkeit besitzen, in verschiedenen Richtungen fort. In der Zeitschrift *RGS* Nr. 129 (Seite 297) heißt es darüber:

„Die Kraftlinien des magnetischen Feldes in Flüssigkeiten verlaufen öfters parallel zu den Kraftlinien der hydrodynamischen Kräfte der Flüssigkeit. Änderungen des Flüssigkeitsdrukkes verändern die Entfernungen der hydrodynamischen und magnetischen Kraftlinien der Flüssigkeit. Bei Änderungen des magnetischen Potentials der Flüssigkeit entstehen neue Wellen von Alfvén.

Die Wellen von Alfvén wurden auch im menschlichen Blutserum gefunden. Das magnetische Potential der Wellen von Alfvén im Blutserum steht in einer gegenseitigen Wirkung mit dem elektro-magnetischen Potential der Erythrozyten. Diese Tatsache hat Professor Czizewskij bestätigt. In dieser Weise entsteht im Blut ein Gleichgewichtszustand zwischen der Energie der Wellen von Alfvén und der Energie der Elektronen der Erythrozyten. Die Wellen von Alfvén können im menschlichen Körper auch durch andere Faktoren ausgelöst werden, zum Beispiel durch Medikamente, die auf magnetische Potentiale des Nervensystems einwirken. Den Beweis dieser Tatsachen bringen magnetochemische Untersuchungen."

Da sich die Wellen von Alfvén praktisch in allen Geweben des menschlichen Körpers (die ja flüssige Gebilde darstellen) fortpflanzen, werden sie auch mittels der Finger des Sensitiven auf den Pendel übertragen – und zwar gleichzeitig mit Reizen des äußeren elektromagnetischen Feldes, die unmittelbar auf die Elektronen der Erythrozyten gewirkt haben. Da die äußeren Reize im Organismus in einem gewissen Sinn umgearbeitet und verstärkt und dann auf den Pendel übertragen werden, ist es möglich, daß eine direkte Auswirkung der äußeren Reize auf den Pendel gar nicht stattfindet oder nur von geringer Bedeutung ist. Schließlich dürfte es außerdem interessant sein,

Aura eines Blattes durch die Auraprint- oder Kirlian-Fotografie sichtbar gemacht. Sensitive können dieses Phänomen mit bloßem Auge erleben.

daß eine direkte Wirkung magnetischer Felder auf das Vorderhirn der Wirbeltiere von dem russischen Physiologen Kholodov beobachtet worden ist. Im vorerwähnten Artikel der Zeitschrift *RGS* heißt es in einer Bemerkung zur Vereinheitlichung der Meßergebnisse des Pendels:

„Zwecks Vermeidung der Wirkung des eigenen Feldes des Pendels auf die Ergebnisse sollte der Pendel nicht aus ferromagnetischen und antiferromagnetischen Stoffen, z. B. Eisen, Nickel, Kobalt, Mangan u. a. hergestellt werden", da der Pendel außerhalb magnetischer Felder keine magnetischen Eigenschaften aufweisen darf. Manche Radiästheten werden dieser Ansicht allerdings heftig widersprechen.

Eine inzwischen wissenschaftlich unbestrittene Tatsache ist die Strahlung zumindest aller organischer Stoffe und Lebewesen. Bei jeder lebenden Zelle bildet sich zwischen Zellkern und Zellmembran ein elektrischer Dipol. Diese elektromagnetische Strahlung kann sowohl durch einen siderischen Pendel geortet als auch durch eine Auraprint- bzw. Kirlian-Fotografie (so benannt nach dem weltbekannten russischen Forscherehepaar Semjon D. und Valentina Kirlian, die 1958 erstmals die Methode beschrieben, Fotografien elektromagnetischer Felder mittels hochfrequenter Ströme herzustellen) sichtbar gemacht werden.*) Eine eingehende Untersuchung dieses Phänomens und die Beschreibung der Sichtbarmachung der menschlichen Aura findet der interessierte Leser u. a. in dem Buch *Marah* von Dr. Walter Stark (Genf 1975).

Wie immer man auch zu den einzelnen Strahlungstheorien und wissenschaftlich nachgewiesenen Strahlungen stehen mag, der geniale Pionier Dr. Karl Freiherr von Reichenbach war der erste Forscher, der den Nachweis der Radioaktivität in jedem organischen Wesen – ob Mensch, Tier oder Pflanze – lieferte, aber auch in der ganzen anorganischen Natur, in Metall, Kristall und Gestein, ferner im Licht, vor allem im Sonnenlicht und in jedem chemischen Vorgang. Reichenbachs

---

*) Tornim, ein Magnetiseur, machte schon 1891 gelungene Versuche, die Handstrahlen zu fotografieren.

Odlehre, die lange Zeit in wissenschaftlichen Kreisen belächelt worden war, konnte knapp hundert Jahre später von Kirlian „sichtbar“ nachgewiesen werden. Die Benennung fiel verschieden aus, die Sache ist geblieben. Um eine Benennung verlegen, nannte Reichenbach die allgegenwärtige Kraft nach dem altnordischen Gott Odin (der Allgegenwärtige und alles Durchdringende) vorläufig Od. Diese Odstrahlung entspricht haargenau der Aurastrahlung, die Kirlian fotografisch gezeigt hat. Reichenbach berichtet:

„Führen Sie einen guten Mittelsensitiven oder einen Hochsensitiven in die Finsternis der Dunkelkammer, nehmen Sie eine Katze, einen Vogel, einen Schmetterling (wenn Sie ihn erlangen können) und einige blühende Blumentöpfe mit. Nach Verlauf einiger Stunden werden Sie wunderbare Dinge erleben. Die Blumen werden aus dem Dunkel heraustreten und wahrnehmbar werden. Erst werden sie in Form einer verschwommenen Wolke sich aus der allgemeinen Finsternis herausheben, später werden sich hellere Stellen darin bilden. Endlich werden sie auseinandergehen, die einzelnen Blüten werden unterscheidbar werden, immer heller erscheinend werden, Gestalten sich erkennen lassen.“

Was hier nur der Sensitive erkennen kann, das macht heute die Kirlian-Fotografie allen Zweiflern deutlich. Damit dokumentiert sich aber auch die besondere Veranlagung und Begabung des Sensitiven. Reichenbach fährt fort:

„Als ich Professor Endlicher, den berühmten Wiener Botaniker, der mittelsensitiv war, einen solchen Topf vorgesetzt hatte, rief er mit Erstaunen: ‚Es ist eine blaue Blume, es ist eine Gloxinie.‘ Er hatte sie in absoluter Finsternis gesehen und nach Form und Farbe erkannt. Ohne Licht kann man aber im Dunkeln nicht sehen; es muß also Licht dagewesen sein, um die Pflanze mit solcher Deutlichkeit wahrnehmen zu können. Und woher kam das Licht? Es kam in der Tat aus der Pflanze selbst, sie leuchtete. Fruchtknoten, Staubgefäße, Staubbeutel, Blumenkronen, Schaft, alles zeigte sich fein leuchtend; selbst das Laub konnte, wenn auch matter, erblickt werden. Alles erscheint in einer zarten Glut, die Genitalien am deutlichsten, der Schaft heller als das Laub. Ihre Katze, Ihr Vogel, Ihr Schmetterling, alle werden in der Finsternis zum Vorschein kommen, Teile derselben werden leuchtend werden und sich mit ihnen hin und her bewegen.

Aber bald werden Sie von dem Sensitiven die Erklärung empfangen, daß er – Sie selbst sehe. Erst werden Sie ihm erscheinen wie ein ungestalter Schneemann, bald wie ein Geharnischter mit hohem Helm, endlich furchtbar wie ein leuchtender Riese. Lassen Sie die sensitive Person auch sich selbst beschauen! Sie wird mit einiger Betroffenheit sich selbst leuchtend finden, nicht bloß ihre Arme, ihre Beine, ihre Brust, ihren Leib durch die Kleider hindurch, alles wird sie in feiner Glut schimmernd erblicken.

Richten Sie Ihre Aufmerksamkeit auf die Hände. Erst werden sie einem grauen Rauch ähneln, dann werden sie einem Schattenriß auf schwach erhelltem Grund gleichen; endlich werden die Finger selbstleuchtend auftreten, sie werden das durchscheinende Ansehen haben, das sie gewinnen, wenn man seine Hand dicht vor eine Lichtquelle hält. Die Hand wird länger erscheinen, als sie wirklich ist; an jedem Finger wird sich eine leuchtende Verlängerung befinden, und es wird von seiner Spitze eine Leuchte ausströmen, die nach Umständen halb bis ganz so lang ist wie der Finger selbst.

Wenn die erste Verwunderung über die Selbstleuchte aller Menschen sich gelegt haben wird und Sie wollen die Frage auf die Farbe richten, so werden Sie vielleicht mit neuer Überraschung hören, daß diese zwischen verschiedenen Teilen des Körpers nicht gleich sei, daß die rechten Hände in blauem Feuer leuchten *), während die linken gelbrot erscheinen, und daß eben darum jene dunkler, diese heller seien; daß der gleiche Unterschied zwischen beiden Füßen stattfinde, daß selbst die ganze rechte Seite des Gesichts dunkler, bläulicher, ja daß die ganze rechte Seite des Leibes bläulich und etwas dunkler, die linke aber rötlichgelb und merkbar heller sich darstelle. Unver-

*) Der Pendler, der nach Reichenbach vor allem die blaue Farbe als angenehm empfindet, pendelt deshalb ja auch mit der rechten Hand!

züglich muß Ihnen beifallen, daß Sie hier auf dieselben Farbengesetze von Blau und Rot stoßen, die Ihnen am Kristall, im Sonnenlicht und in den Magnetflammen begegnet sind.

Besonders der menschliche Leib, wie auch der der Tiere, zeigt sich auf der ganzen linken Seite, wie wir schon wissen, positiv-radioaktiv, auf der ganzen rechten Seite negativ-radioaktiv. Am stärksten spricht sich dies in den Finger- und Zehenspitzen aus. Der Mensch ist also der Breite nach polarisiert.

Zur Bestätigung eignet sich folgender Versuch. Man legt einem Sensitiven einen Bogen reines mittelblaues Papier vor und läßt ihn dasselbe abwechselnd bald mit dem rechten, bald mit dem linken Auge betrachten, indem er jeweils das andere Auge verdeckt hält. Er wird den Anblick mit dem linken Auge angenehm, mit dem rechten aber unangenehm empfinden. Das linke Auge ist positiv-radioaktiv, die blaue Farbe wirkt negativ. Es trafen also ungleichnamige Kräfte aufeinander, und das wirkt angenehm. Im anderen Fall – wenn das rechte Auge in das negative Blau schaute – trafen gleichnamige Kräfte aufeinander, und die Wirkung auf die Empfindung war widrig. Kontrolliert man den Versuch mit einem Stück orangegelben Papieres, so werden Sie dieselben Ergebnisse erhalten, aber auf dem anderen Auge."

Erstaunliche Entdeckungen, die Reichenbach vor mehr als hundert Jahren machte. Er hat auch den Pendelfaden im Dunkelzimmer auf seine etwaigen Lichterscheinungen beim Gebrauch untersucht und dabei feststellen können, daß sowohl Pendelfaden wie Pendelkörper hellblau oder hellrot, je nach der Hand des Pendlers, leuchtend werden. Das ist ein weiterer Beweis für die vom Pendel aufgenommene bzw. weitergeleitete Strahlung der ihn haltenden Hand.

Über die menschliche Aura berichtete der Londoner Arzt Dr. med. Walter J. Kilner vom St.-Thomas-Hospital, daß man diese über einen Schirm sehen könne, der aus zwei planen Glasplatten besteht und zwischen denen eine Lösung von Kohlenteerfarbe (Dicyaninblau) eingefüllt wird. Dr. Kilner, nach dem dieser Schirm benannt wurde, sah eine dreigeteilte Aura:

eine äußere, eine innere und das sogenannte ätherische Doppel. Alexander Hondorff schreibt darüber:

„Das ätherische Doppel erscheint ihm wie ein sehr schmales schwarzes Band über alle Rundungen des Körpers hinweg. Es hat eine Ausdehnung von 1/16 bis 1/8 Zoll (1 Zoll = 2,54 cm). Die innere Aura liegt dem schmalen Band an und dehnt sich etwa 5 Zoll oder 13 Zentimeter vom Körper der Person aus. Sie folgt ebenso wie das ätherische Doppel den Konturen des Körpers. Die äußere Aura hat eine größere Weite, ähnlich einem Ballon liegt sie um den Menschen herum und läuft an den Füßen spitz zu. Ihre Ausdehnung ist verschieden groß, bei Frauen immer größer als bei Männern, im Durchschnitt 8 Zoll oder 20 Zentimeter jenseits der inneren Aura. Somit beträgt die Durchschnittsaura beim Menschen etwa 30 bis 40 Zentimeter. Es gibt aber auch Menschen, die Strahlkräfte bis zu 1,5 Meter haben, wie beispielsweise ein Arzt bei dem bekannten Heiler Gröning festgestellt hat."

Dr. Kilner betonte, man könne die Aura am besten sehen, wenn man längere Zeit in diffuses Tageslicht geschaut habe und dann anschließend einen Menschen durch den Schirm betrachte.

Vorbereitungen zum Versuch

Über den O r t, an dem man seine Pendelversuche unternimmt, heißt es, daß er ruhig sein soll. Der Sensitive soll nicht abgelenkt werden und Muße haben, sich zu konzentrieren und ganz auf das Experiment einzustellen. Ferner soll er metallene Gegenstände, die er an sich oder bei sich trägt, ablegen. Manche Forscher halten allerdings diese Maßnahme nicht für notwendig. Wir sind jedoch der Ansicht, daß man zu Anfang in der beschriebenen Weise verfahren soll. Später stören diese Gegenstände weniger, weil die Kenntnisse und Einstellungsfähigkeit des Pendlers durch Übung immer besser werden.

In einem älteren Pendelbuch (*Magische Briefe* Nr. 5, Wolfenbüttel 1926) heißt es:

„Nimm einen hölzernen Tisch (ohne Tischkasten), isoliere ihn gegen erdmagnetische Strahlungen, indem du die Füße auf Glasuntersätze stellst. Alle zu gebrauchenden Gegenstände lege in Reichweite auf einen anderen Tisch. Als Unterlage benutze ebenfalls Isolierschichten, z. B. Glas, Linoleum, Gummi usw. Gut ist aus besonderen Gründen eine blaue Glasplatte, welche noch auf einer etwas größeren Gummi- oder Linoleumplatte ruht. Damit schaltest du manche Fehlerquellen zu Anfang aus und hast mit weniger Störungen zu rechnen. Du setzest und stellst dich in den magnetischen Meridian, also nach Süden gerichtet."

Über die V e r s u c h s a n o r d n u n g, insbesondere die Isolierung, die geeignete Unterlage und die Sitzrichtung des Pendlers bemerkt Hans Steinberger (*RGS* Nr. 131, Seite 63):

„Für exaktes Arbeiten soll man sich eine neutrale Unterlage schaffen. Am einfachsten mit zwei Blatt unbedrucktem Schreibpapier. Als bekannt darf vorausgesetzt werden, daß auch Papier bipolar ist, d. h. auf einer Seite positiv und auf der anderen negativ. Dies ist durch Testen mit dem Pendel leicht festzustellen. Legt man nun die beiden Papierblätter mit einer positiven und einer negativen Seite zusammen, dann hat man eine neutrale Unterlage, d. h. der Pendel schlägt darüber nicht mehr aus.

Wie soll man beim Pendeln sitzen? Möglichst mit dem Rükken nach Norden. Allenfalls auch nach Osten, dagegen nicht nach Westen oder gar nach Süden."

Sanitätsrat Dr. med. E. Clasen *(Die Pendel-Diagnose,* S. 46 f.) meint, daß über die Frage, wie der Pendler an einem Tisch sitzen soll, keine Einigkeit herrscht:

„Die Pendler, die sich eines sogenannten ‚siderischen' Pendels bedienen, also eines Pendels, dessen Ausschläge als von den Gestirnen abhängig gedacht werden, verlangen, man solle beim Pendeln mit dem Gesicht nach Süden gerichtet sitzen. Nur wird diesen ‚siderischen' Pendlern die Erklärung schwerfallen, warum nicht jedermann pendeln könne, wenn die Pendelbewegungen von dem Einfluß der Gestirne abhängig sind. Dazu schreibt mir ein Pendler u. a.:

‚Nun möchte ich erwähnen, daß man eben durch einen Willensakt seine Aufmerksamkeit ganz und gar auf gewisse Vorgänge hinlenken und dabei anscheinend andere Einflüsse gänzlich unwirksam machen kann. Ihre aktive Pendelmethode wird deshalb auch gar nicht von den Gestirneinflüssen beeinflußt.' Und warum verlangen dann diese selben siderischen Pendler auch noch, man müsse sensitiv sein, um die Fähigkeit zum Pendeln zu besitzen?

Ich für meine Person komme vollkommen aus ohne diesen siderischen Einfluß; ich pendele seit Jahren und habe noch nie die Feststellung machen können, daß das Sitzen in einer bestimmten Himmelsrichtung einen fördernden oder hindernden Einfluß auf die Schwingungen des Pendels ausübe. Auch die Forderung, man solle an einem Tisch pendeln, in und an dem keinerlei Metall vorhanden sei, ebenso wie die, man solle jedes Metall, das man am Körper trage, am Ende wohl gar noch seinen Trauring oder, wie Dr. Voll spottend fragt, seine Zahnplomben vor dem Pendeln entfernen, geht sicher zu weit und hat höchstens für schwache Pendler vielleicht einigen Wert."

Über die vollständige Entspannung des Körpers als Voraussetzung für ein erfolgreiches Pendeln sagt Alexander Hondorff (*Der Pendel enthüllt das Verborgene,* Seite 22):

„Wenn der Körper verkrampft ist, können sehr leicht unbewußte Muskelzuckungen auftreten, die den Pendel in unregelmäßige Schwingungen versetzen und somit einen falschen Ausschlag ergeben. Dann sollte man seine Gedanken sammeln, die wirren Bilder des Tages, die vielgestaltigen Eindrücke verscheuchen und sich auf sich selbst konzentrieren. Damit ist nicht ein Konzentrieren um jeden Preis, also ein verkrampftes Konzentrieren auf eine bestimmte Sache gemeint, sondern eher ein Sich-Fallenlassen, bei dem der Verstand aber keineswegs ausgeschaltet sein sollte. Ob man diesen Zustand mit ruhigem, bewußtem Ein- und Ausatmen oder einer anderen Entspannungs- und Konzentrationsübung erreicht, spielt keine Rolle. Hauptsache, daß man den Pendel ruhig, sicher und völlig unbefangen in der Hand hält und sich durch nichts ablenken läßt."

Was immer auch in der Literatur über die Vorbereitungen und Voraussetzungen zum erfolgreichen Pendeln gesagt worden sein mag, immer werden die in der Praxis gesammelten persönlichen Erfahrungen jedes einzelnen Pendlers den Ausschlag geben, wie der Pendler seine Vorbereitungen am günstigsten zu treffen hat. Das sind letzten Endes Fragen, die jeder für sich individuell beantworten muß. Auffallend und wichtig ist allerdings, daß sich der Sensitive beim Pendeln in einem besonderen Bewußtseinszustand befinden soll, in dem die Gedanken zum Stillstand gekommen und alle Sinneseindrücke abgeschaltet sind. Dies ist aber zugleich eine Hauptbedingung für die Vollbringung jeglicher echter parapsychischer Leistung, insbesondere für das Funktionieren der ASW, also der außersinnlichen Wahrnehmung (Hellsehen, Telepathie) – wie Dr. Milan Ryzl, der große Forscherpionier der Parapsychologie und Erfinder wirksamer Psi-Entwicklungsmethoden, in seinem aufsehenerregenden Werk *ASW-Training – Psi-Methoden zur Weckung und Aktivierung des sechsten Sinnes* (Genf 1975) gültig dargelegt hat. Dieser von der Physik herkommende Wissenschaftler betont im übrigen ebenfalls die Wichtigkeit des Vertrauens in die Gabe und einer ausgeglichenen Gemütsverfassung zur Zeit des Experiments. Ausführlich beschreibt er (S. 114 ff.), wie man den erstrebenswerten Zustand der Entspannung und Konzentration, in dem „man zu denken vergißt", zielsicher erreicht.

Über den geeigneten Zeitpunkt bemerkte – obgleich die moderne Radiästhesie die Meinung vertritt, daß praktisch jeder Zeitpunkt zum Pendeln geeignet ist, vorausgesetzt, der Sensitive kann sich genügend auf den Versuch einstellen – Professor Leopold Oelenheinz in seinem Buch *Der Wünschelring* (1920):

„Im allgemeinen werden die Morgenstunden für die Vornahme der Pendelversuche am wenigstens geeignet sein. Schon weil da der Körper und der Geist (der ganze Mensch) noch nicht die volle Beweglichkeit erlangt haben, noch nicht so anpassungsfähig sind, wie in den späteren Tagesstunden. Unmittelbar nach den Mahlzeiten ist der Augenblick ebenfalls nicht günstig. Gegen Nachmittag und Abend, auch vor Mitternacht, scheint die bestgeeignete Zeit zu sein. Helles, trockenes Wetter ist jedenfalls günstig."

Dieser Wissenschaftler wies auch darauf hin, daß die Mondphasen einen Einfluß auf den günstigen oder ungünstigen Ausfall von Pendeluntersuchungen haben mögen. Ihm erscheint die Zeit im zunehmenden Mond, zumindest die Zeit um den Vollmond oder kurz danach, geeigneter zu sein als jene vor dem Neumond.

Sicher ist, daß Sensitive auf die einzelnen Mondphasen in besonderer Weise reagieren. Die Mondsüchtigkeit bei Vollmond ist bei ihnen geradezu sprichwörtlich. Um diese Zeit schlafen Sensitive besonders unruhig.

Über die Pendelhaltung

Über die Pendelhaltung haben die verschiedenen Autoren der Pendelliteratur nahezu eine einhellige Auffassung, wenn sie auch teilweise verschiedene Begründungen anführen. Die Faust wird geschlossen, der Zeigefinger ausgestreckt.

Einige Praktiker bevorzugen nun folgende Aufhängung: Die Schlinge des Pendels wird um das erste Glied des Zeigefingers, ungefähr am Nagelmond, befestigt, allerdings nicht zu fest, um Blutzirkulation und Innervation nicht zu stören. Generell soll mit der rechten Hand gependelt werden, auch wenn es sich um einen Linkshänder handelt. Die linke Hand soll frei nach hinten gehalten und locker gespreizt werden, damit Daumen und Finger sich nicht berühren, was infolge der Eigenpolarität der Finger sonst Störungen verursachen würde.

Die häufigste Art der Pendelhaltung ist demgegenüber jedoch die Fadenhaltung ohne Schlinge zwischen Daumen und Zeigefinger der rechten Hand, die im Handgelenk gebeugt wird. Allerdings pflegt auch hier jeder Pendler auf Grund seiner Erfahrung die für ihn am besten geeignete Methode zu bevorzugen.

Im Gegensatz zu der Auffassung, daß die übrigen Finger zu einer Faust geschlossen werden sollen, damit nicht die radioaktive Ausstrahlung der Fingerspitzen verlorengehe, schlägt Reichenbach vor, die drei Finger ausgestreckt an den Zeigefinger zu legen, so daß ihre Emanation an der Hand vorbeigehe. Bei dem Einschlagen der drei Finger zur Faust schwäche die Emanation der zurückgebogenen Finger die radioaktive Kraft, die Strahlung der Hand, wie ein magnetischer Rückstrich. Dr. Clasen ist mit Dr. Voll der Ansicht, daß der Pendel sofort stillstehe, sobald man irgendeinen Gegenstand in die linke Hand nehme, die ja auf dem Rücken liegt oder nach rückwärts gebogen ist und bei dem eigentlichen Pendeln nicht unmittelbar beteiligt wird. Diese Wahrnehmung hat schon Reichenbach beschrieben. Dr. Clasen schreibt über seine eigenen Versuche:

„Wenn ich meinen Pendel an die Spitze eines hölzernen Federhalters hänge und letzteren nun als Handgriff benutze, so läßt sich mit diesem verlängerten Pendel genau so gut und ausgiebig pendeln wie mit dem gewöhnlichen Pendel. Aus diesem allem läßt sich wohl der Schluß ziehen, daß man den Pendel halten kann, wie man will, wenn man ihn nur auf irgendeine Weise mit der rechten Hand hält; und vor allem: wenn man überhaupt pendeln kann, bedarf es keiner weiteren Künsteleien der Pendelhaltung. Darum wird es wohl am besten sein, bei der alten Art des Pendelanfassens zwischen Daumen und Zeigefinger zu bleiben, und das um so mehr, als alle die anderen Arten nur schwache Pendelausschläge gestatten bzw. ermöglichen. Für starke Pendler bleibt jedenfalls die Haltung des Pendels zwischen Daumen und Zeigefinger das einzig Brauchbare . . ."

Ingenieur L. Straniak glaubt durch Versuche festgestellt zu haben, daß es sowohl positiv- wie negativgeladene als auch taube Finger gibt. Der Faden, der von einem tauben und einem wie auch immer geladenen Finger gehalten wird, kann demnach keinen Pendelausschlag zeigen. Hingegen wird der Pendel sofort reagieren, wenn der Faden von zwei gleichpoligen Fingern gehalten wird. Liegt der Faden zwischen einem negativen und positiven Finger, so wird sich ebenfalls keine übermäßige Reaktion zeigen, da durch diese Situation der Stromkreis geschlossen ist. Hondorff kommt schließlich zu dem Schluß, man solle unbedingt die Finger durchwechseln und es auch mit der linken Hand versuchen, wenn sich bei der üblichen Haltung kein Erfolg einstelle. *Der* Finger sei denn auch der geeignetste, bei dem der Pendel am heftigsten reagiere:

„Man kann natürlich auch den Faden über einen Finger hängen, ohne ihn mit dem Daumen festzuhalten, und schließlich kann man den Faden in einem Ring befestigen und diesen über die Fingerspitzen ziehen. Damit schließt man am besten die unbewußten Zuckungen der Finger aus."

In der Regel wird der Ellenbogen der rechten Hand, die den Pendel hält, auf die Tischplatte aufgestützt, wobei die Hand

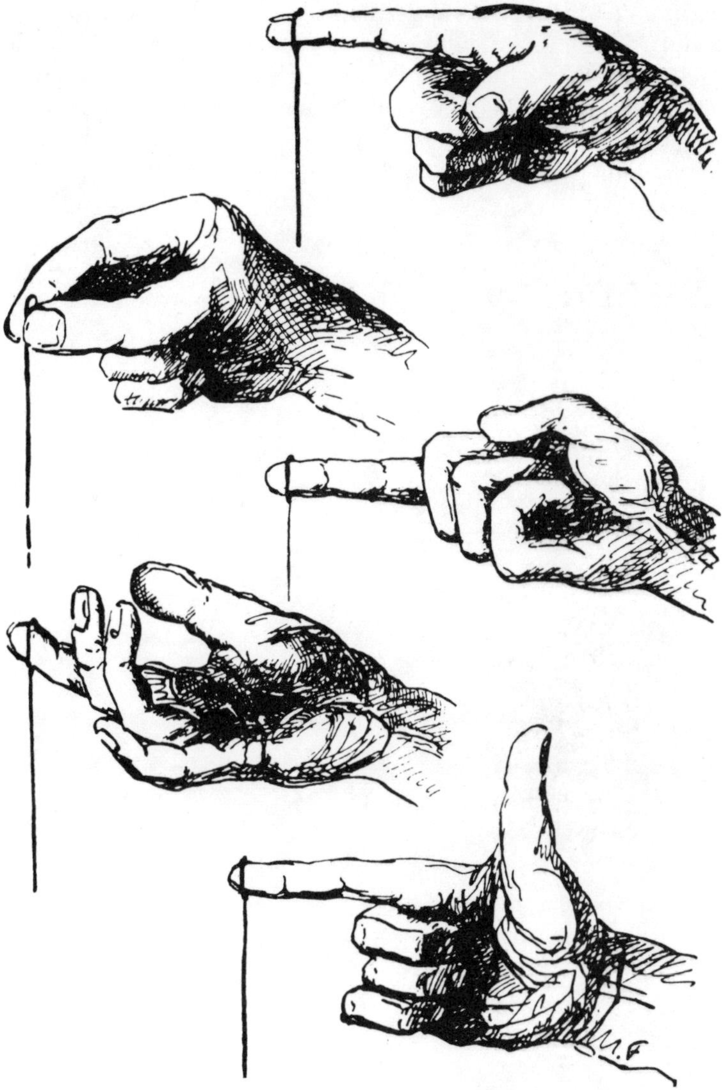

Verschiedene Arten der Fadenhaltung beim Pendeln.

leicht abgewinkelt ist und der Faden locker gehalten wird. Professor Wolff empfiehlt eine andere, weniger ermüdende Methode. Dabei stützt der Pendler beide Arme auf den Tisch, legt beide Daumen an die Schläfen und den Finger, an dem die Pendelschnur hängt, an die Nasenwurzel. Auf diese Art und Weise kann man einen ruhigen Standpunkt einnehmen.

Der Pendelfaden

Art und Länge des Pendelfadens unterscheiden sich bei den verschiedenen Radiästheten, die eine längere Praxis haben und über die Pendelherstellung Auskunft gegeben haben, erheblich. Einige vertreten die Ansicht, der Faden müsse glatt sein und dürfe – wegen der vielen Fasern, die die Strahlenenergie ableiteten und schwächten – nicht aus Wolle hergestellt werden. Sie bevorzugen Frauen- oder Pferdehaar.

Gegen die Verwendung von Haar sprechen allerdings zwei Gründe: Einmal besteht die Gefahr des Zerreißens, wenn der Pendel sehr stark rotiert und die Zentrifugalkraft zu stark wirkt. Sodann hat schon Reichenbach darauf hingewiesen, daß die Verladung oder Überleitung der Radioaktivität in hohem Maß von der Größe der sie überleitenden Fläche abhängt. Das Frauenhaar hat eine viel kleinere Oberfläche als ein normaler Bindfaden.

Eine sehr ausführliche und genaue Beschreibung des Pendelfadens gibt Dr. Clasen, die wir hier ungekürzt wiedergeben wollen:

„Durch die Öse des aus Kupferdraht gefertigten Pendelkörpers wird ein dünner, glatter Bindfaden von 35 bis 40 Zentimeter Länge hindurchgesteckt bis zur Mitte, und dieser doppelte Bindfaden etwa ein Zentimeter von der Öse entfernt in einen einfachen Knoten geschlagen. Ein ebensolcher Knoten wird sechs Zentimeter von der Öse gemacht, und ein dritter in der Entfernung von knapp 14 Zentimeter. Diesem letzten Knoten gibt man einen möglichst großen Umfang durch doppelte Verknotung oder dergleichen. Endlich kommt noch ein vierter Knoten, 1,5 Zentimeter hinter den dritten. Dieser Zwischenraum zwischen den beiden letzten Knoten dient zum Anfassen des Pendels zwischen Daumen und Zeigefinger. Hinter dem letzten Knoten wird der Doppelfaden abgeschnitten."

Bleierne Pendelkörper sollten nach Dr. Clasen in folgender Weise befestigt werden:

„Hier wird entweder ein dünneres Doppelband hindurchgesteckt oder ein glattes dickeres Band und in dem Pendelkörper dadurch befestigt, daß man es durch einen am unteren Ende hineingesteckten Stift aus Holz oder Metall, oder einen passenden Drahtstift, dem hinterher der Kopf mit einer Zange abgeknipst wird, festklemmt. Das obere Ende des Pendelbandes wird mit denselben Knoten versehen, wie es bei dem Kupferpendelband beschrieben worden ist. Dem aus dem unteren Ende hervorragenden Stift gibt man am besten eine Länge von 1 bis 1,5 Zentimetern.“

Da bei Versuchen das Pendelband gelegentlich sehr starker Bewegungen hinter einem Fingerknöchel oder an einem Fingernagel hängenblieb, ließ sich der Mediziner von einem Drechsler folgenden Handgriff aus Buchsbaumholz anfertigen:

„Aus einem Holzbrettchen von 6 bis 7 Millimetern Dicke wurde ein Stück von etwa 12 Millimetern Breite und 28 bis 30 Millimetern Länge herausgeschnitten und mit einer Längsbohrung in der Mitte von 1,5 bis 2 Millimetern im Lichten versehen. Die Innenwand dieser Bohrung muß möglichst gut geglättet sein, und das eine Ende der Bohrung wird ein ganz klein wenig trichterförmig erweitert, eigentlich nur so viel, daß die scharfe Ecke am Ende der Bohrung fortfällt. Diese trichterförmige Öffnung muß aufs sorgfältigste auspoliert werden, damit dem Pendelband möglichst wenig Reibung geboten ist. Das andere Ende dieses so entstandenen Körpers läßt man von beiden Seiten her etwas verschmälern und alle Kanten sorgfältig etwas abrunden.“

Der so fertiggestellte Handgriff wird nun so an dem Faden befestigt, daß an diesem zunächst nur die beiden ersten Knoten gemacht werden. Nun wird der Faden in den Trichter geführt und am anderen Ende wieder herausgezogen und durch einen an diesem Ende des Handgriffes in die Bohrung hineingesteckten Holzpflock eingeklemmt. Handgriff und Faden sollen aber zusammen nicht länger als 14 Zentimeter sein.

Hans Steinberger ist der Ansicht, daß sich weder Kettchen noch Nylonfaden zum Pendeln eignen. Für das leichtere Pendeln empfiehlt er einen kräftigen Leinenzwirn, für das schwere eine dünne Leinen- oder Hanfschnur. Benutzt man einen besonders leichten Spiralpendel, so genüge auch ein nicht zu dünner Naturseidenfaden. Er selbst verwendet eine Fadenlänge von 25 Zentimetern mit sechs bis acht Knoten, so daß der Pendel je nach Bedarf verkürzt oder verlängert werden kann. Damit der Faden länger hält, soll er kräftig mit Bienenwachs eingerieben werden.

Alexander Hondorff meint demgegenüber, daß auch Gold- oder Silberkettchen geeignet seien, wobei er die Länge des Pendelfadens mit 25 bis 30 Zentimetern angibt.

„Aber", so rät er, „jeder muß seine ideale Länge am besten selbst herausfinden. Im allgemeinen soll der Pendel einige Zentimeter über dem Tisch baumeln, wenn man den Ellenbogen auf den Tisch gestützt und den Faden an der abgewinkelten Hand über einen Finger geschlungen hat. Ein Geländependel muß selbstverständlich einen längeren Faden besitzen, etwa einen Meter lang, je nach der Größe des Menschen, und aus einem robusten Material bestehen, möglichst eine Metallkette."

Der Pendel zu medizinischen Zwecken, der frei über dem Körper eines Menschen schwingen soll, wobei der Radiästhet vor dem liegenden Patienten steht, hat in der Regel eine Länge von 30 bis 35 Zentimetern. Darüber bemerkt jedoch Dr. Clasen:

„Dadurch wird man aber gezwungen, stehend zu pendeln, was außer anderen Nachteilen namentlich auch den hat, daß man gehindert ist, das Ergebnis des Abpendelns der einzelnen Körperorgane sofort schriftlich festzuhalten, was doch für die ärztliche Untersuchung von größtem Wert ist, weil man dadurch in den Stand gesetzt wird, die Ergebnisse der zu verschiedenen Zeiten vorgenommenen Untersuchung miteinander zu vergleichen und auf diese Weise einwandfrei die fortschreitende Heilung zu beobachten. Anderseits wird durch die Länge des Pendelbandes gar nichts gewonnen."

Der Pendelkörper

Die Ansicht ist vorherrschend, daß im Grunde jeder Stoff als Pendelmasse benutzt werden kann: Gold, Silber, Eisen, Messing, Bronze, Kupfer, Glas, Bernstein usw.

Astrologen empfehlen aber, einen Pendel aus dem Stoff zu benutzen, der dem Sensitiven astrologisch in sympathischer Weise entspricht. Die folgende (gekürzte) Tabelle entnehmen wir dem Buch von Hedy Brusius *Edelsteine bringen Glück* (Genf 1975), Seite 86 bis 87:

Tierkreis	*Geburtsdatum*	*Planeten-beherr-scher*	*Wochentag*	*Metall*	*Farbe*
Widder	21. 3. – 20. 4.	Mars	Dienstag	Eisen	Rot
Stier	21. 4. – 20. 5.	Venus	Freitag	Kupfer	Gelb
Zwillinge	21. 5. – 21. 6.	Merkur	Mittwoch	Queck-silber	Violett
Krebs	22. 6. – 22. 7.	Mond	Montag	Silber	Grün, Weiß
Löwe	23. 7. – 23. 8.	Sonne	Sonntag	Gold	Orange
Jungfrau	24. 8. – 23. 9.	Merkur	Mittwoch	Bronze	Blau, Violett
Waage	24. 9. – 23. 10.	Venus	Freitag	Kupfer	Gelb, Rosa
Skorpion	24. 10. – 22. 11.	Mars	Dienstag	Eisen	Rot, Schwarz
Schütze	23. 11 – 21. 12.	Jupiter	Donnerstag	Zinn	Blau, Purpur
Steinbock	22. 12. – 20. 1.	Saturn	Samstag	Blei	Braun, Rot
Wassermann	21. 1. – 19. 2.	Saturn/ Uranus	Samstag	Blei	Indigo
Fische	20. 2. – 20. 3.	Neptun/ Jupiter	Donnerstag	Zinn	Grau, Blau

Allgemein gilt Messing als radiästhetisch besonders empfindlich. Ein Pendel aus diesem Metall sollte nicht schwerer als 10 bis 15 Gramm sein. Geeignete Pendel können aber auch aus Elfenbein oder sogar aus Nüssen bestehen. Ferner sind Minera-

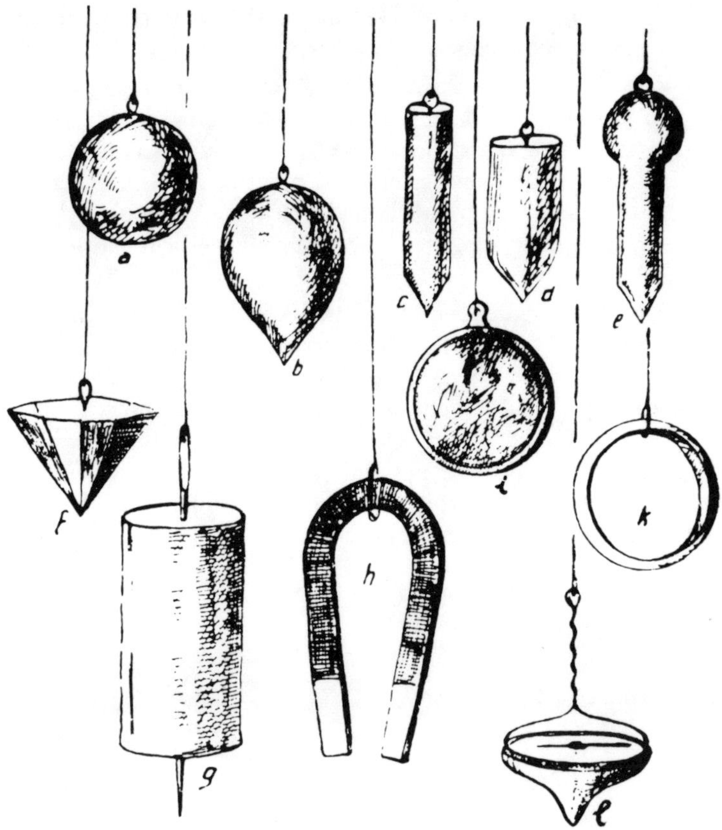

Unterschiedliche Pendelformen: a Kugel-Pendel – b Tropfen-Pendel – c Stäbchen-Pendel – d und e konische Pendel – f Prisma-Pendel – g Röhre mit Nadel – h Hufeisenmagnet – i Münze – k Ring – l Pendel mit Kompaß.

lien wie Jade und Bernstein, auch Hartgummi oder Hölzer und Kork durchaus verwendbar. Hans Steinberger weist darauf hin, daß Fruchtzapfen der Föhre, Latsche und Lärche einen besonders guten Pendel abgeben.

In keinem Fall sollte das Gewicht eines Pendels über zwanzig Gramm hinausgehen, denn schwerere Pendel ermüden zu schnell die Hand des Pendlers. Schwache Pendler können manchmal sogar nicht einmal einen leichteren Pendel in Bewegung setzen. Gelegentlich soll der Pendel, aus welchem Material er auch bestehen mag, der Sonne bzw. dem Tageslicht ausgesetzt werden.

Das größte Angebot an Pendeln bietet die Firma Kirchner & Wilhelm in Stuttgart, Heusteigstraße 70 a. Sie stellt Hohlpendel und massive Pendel aus Bernstein, Messing, Kupfer, Teakholz, Gold und Silber her. Außerdem werden noch Candy-Pendel sowie Halbedelstein-Pendel, beispielsweise aus Amethyst, in Silber gefaßt mit silberner Kette, angeboten. Als besondere Neuheit ist noch der Zwölfer-Pendel zu erwähnen, auf den wir später noch zurückkommen werden.

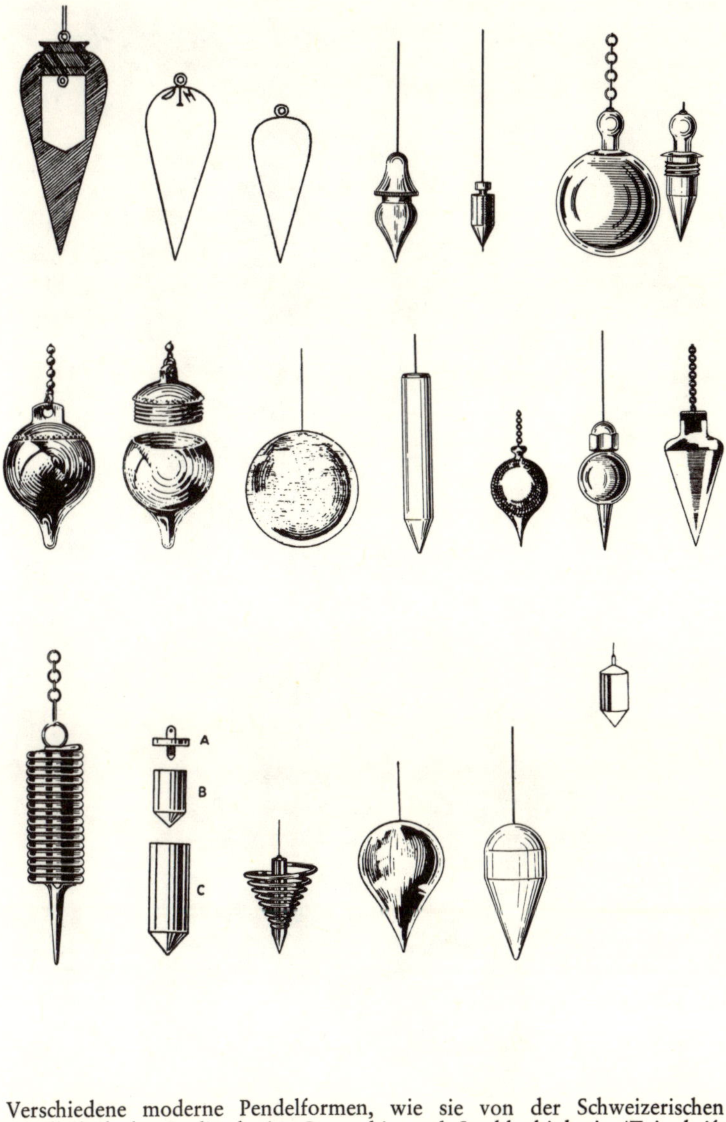

Verschiedene moderne Pendelformen, wie sie von der Schweizerischen Gesellschaft für Radiästhesie, Geopathie und Strahlenbiologie (Zeitschrift *RGS)*, St. Gallen, angegeben werden.

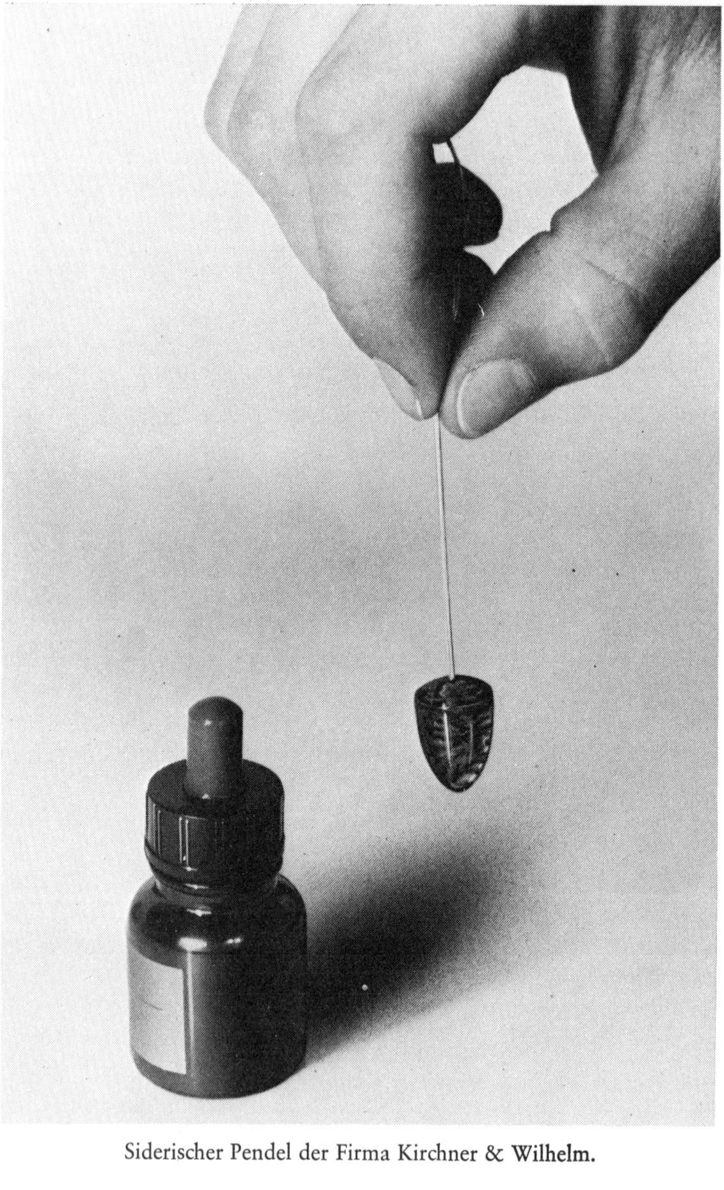

Siderischer Pendel der Firma Kirchner & Wilhelm.

Der dynamische Kreis

Um die Richtung der Pendelschwingungen, ihre Schwingungsformen und ihre Stärke messen zu können, bedarf es eines einheitlichen Maßes; nur so ist jede Pendelabweichung zu erkennen und zu bestimmen. Der Anfänger sollte sich daran gewöhnen, seine Ergebnisse zu notieren, um statistisches Material zu sammeln, die eigene Entwicklung zu verfolgen und die Ergebnisse mit anderen gesicherten Forschungsergebnissen zu vergleichen. Die Bahnen des Pendels sind zwar auf Kreis, Ellipse und Striche beschränkt, doch die Veränderlichkeit dieser Figuren ist sehr groß.

Im Jahr 1860 entwickelte Professor Johann Carl Bähr aufgrund eingehender eigener Versuche den dynamischen Kreis, mit dem er der Radiästhesie einen geeigneten Maßstab übergab. Jeder Körper kann nach Art seiner Schwingung und nach dem Grad, in welchem er schwingt (zwischen 0 Grad und 360 Grad), abgependelt werden. Wir geben hier einige Beispiele, von denen ausgehend jeder Pendler weitere Versuchsreihen aufbauen kann.

Legt man beispielsweise unter den Pendel ein Stückchen Gold, so gewahrt man eine ruhige Rechtsdrehung und gute, weite Kreise – je nach Reinheit des Goldes. So pendeln nach Dr. Langbein auch Radium, Uran, Kalzium, Kupfer, Mangan und Platin. Um die spezifischen Abweichungen dieser Kreise zu kontrollieren, fertige man nach beigegebenem Muster eine Zeichnung auf Pappe mit radialer und zentrischer Einteilung. Diese lege man unter den Pendel, das zu untersuchende Material in die Mitte des Kreises. Auf diese Weise kann man jede Abweichung und jede Bewegung registrieren. Pendelt man in gleicher Weise Silber ab, so erhält man eine kreisartige Linksdrehung mit Neigung zur Ellipse. In dieser Weise schwingen auch Eisen, Nickel, Aluminium, Schwefel, Blei, Kadmium u. a.

So erhält man die Grundschwingungen der beiden größten Polaritäten: Gold – Silber, Sonne – Mond, solar – lunar, männlich – weiblich, Geist – Seele, positiv – negativ. Immer wieder begegnet man diesem Ergebnis: Rechtskreis männliche, Linksellipse (Nord–Süd auf den Pendler zu) weibliche Kraftausstrahlung. Hat der Sensitive auf diese Weise einige Metalle erpendelt und richtige Ergebnisse erlangt, kann er das Pendeln mit verschiedenen anderen Substanzen versuchen. Daraus ergeben sich unzählige Möglichkeiten, wenn diese Versuche auf organische Substanzen, chemische Verbindungen, Fossilien, Eßwaren, Pflanzen, Duftstoffe oder Heilkräuter ausgedehnt werden.

Ein weiterer Schritt ist die Abpendelung von Farben. Farben sind Ätherwellen verschiedener Frequenz, wobei die Pendelbahnen die Theorie der transzendentalen Äthermatrizen (deren Medium die Gruppierung der Elektronen sind) zu beweisen scheinen. Für erste Versuche kann man Papierstreifen mit übergestrichenen Aquarellfarben oder farbiges Papier mit den Grundfarben verwenden. Alle erpendelten Ergebnisse werden zweckmäßigerweise in Tabellen mit genauer Angabe der Versuchsanordnung (insbesondere Datum, Zeit, Art, Ort, Milieu, Stimmung und Konstellation) erfaßt.

So gerüstet, kann der Anfänger langsam vom Schwingungspendeln zum Gradpendeln übergehen. Die Abbildung auf Seite 81 zeigt den dynamischen Kreis nach Professor Bähr, der die ganze Natur in zwei charakteristische Körpergruppen (eine positive und eine negative) einteilte, die er in einem Kreis vereinigte. Der senkrechte Strich gilt als positiv, als Bejahung, der waagrechte Strich als negativ, als Verneinung. In dem in 360 Grad eingeteilten Kreis legte Bähr fest, daß 0 Grad dem Südpol entspricht und die eine Gruppe dem Pendel die Richtung 0 Grad bis 180 Grad gibt. Der logischen Einteilung nach entspricht dabei 180 Grad dem Nordpol. Die waagrechte Strichbewegung in Richtung 90 bis 270 Grad führt den Pendel von Osten nach Westen.

Bei Gold und Silber, die Professor Bähr als absolut-positive Elemente bezeichnete, ergaben seine Versuche einen Pendelausschlag von senkrechter (positiver) Bejahung in Richtung 0 Grad bis 180 Grad. Um weitere genauere Bestimmungen machen zu können, erpendelte er nun alle Stoffe in der Weise,

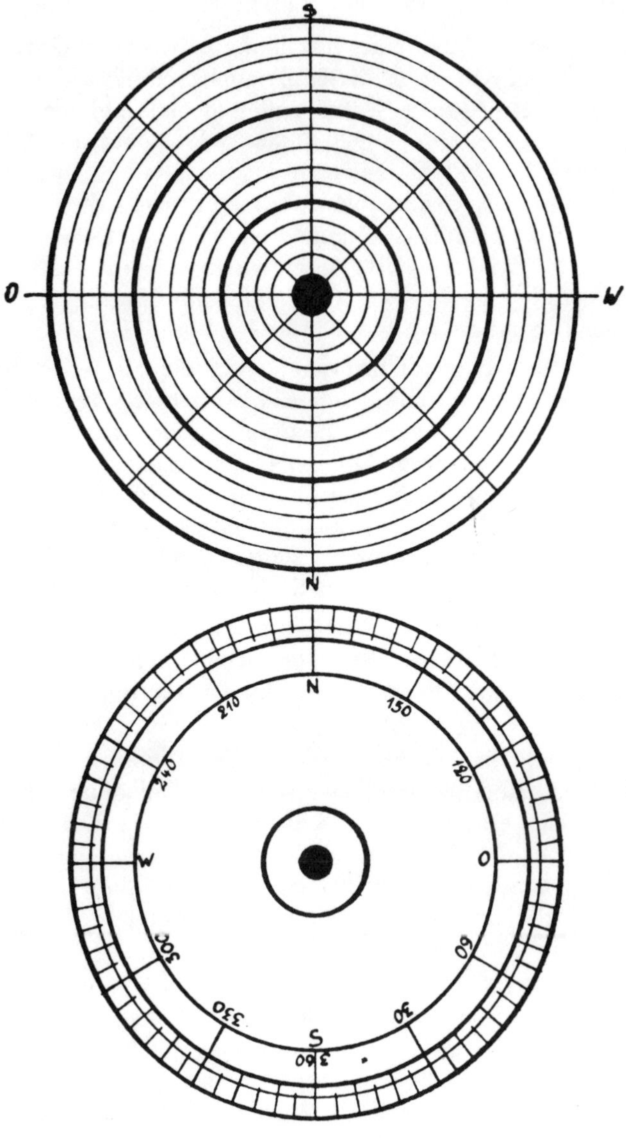

Meßkreise mit radialer und zentrischer Einteilung.

daß er sie in die Mitte eines linksläufig in 360 Grad eingeteilten Kreises legte. Mit Hilfe dieses dynamischen Kreises stellte er fest, daß kein Stoff positiver reagierte als Gold, das er mit 0 Grad ansetzte. Im Vergleich dazu wich Silber um 45 Grad nach links ab, wodurch bewiesen erschien, daß Silber negativer als Gold ist. Die Gegenprobe führte zu dem gleichen Ergebnis. Setzte er Silber mit 0 Grad an, so wich Gold um 45 Grad nach rechts ab. Gold reagierte also wieder positiver als Silber. Wasserstoff reagiert wie Gold; deshalb wurde Gold und Wasserstoff auf die Norm 0 Grad festgelegt.

Durch den dynamischen Kreis und die Stoff-Tabelle, die Professor Bähr aufstellte, kann der erfahrene Pendler jeden Stoff unter seinem Pendel bestimmen, auch wenn er durch bloßen Augenschein des Materials nicht feststellen konnte, um welchen Stoff es sich handelt, den er untersuchen soll. Durch Vergleiche wird er herausfinden, welchen Stoff er zu untersuchen hat, ob Mineral oder Pflanze. Durch genaue Beobachtung kann man sehen, ob der Stoff mehr negativ oder positiv ist.

Professor Mohlberg, der unter dem Pseudonym Candi bekannt wurde, schrieb in seinem fiktiven Briefwechsel *Briefe an Tschü:*

„Das erste Kreisviertel (0 bis 90 Grad), begrenzt von Gold und Wasserstoff (0 Grad) einerseits und Palladium (90 Grad) andererseits, erfaßt außer den absolut-positiven Elementen die Embryonen (Nahrungsmittel, Keime, Blüten, Blütenblätter, Äther, aromatische Öle, feine Gewürze und Eidotter). Es befinden sich also im ersten Kreisviertel die Stoffe, die dem Hühnchen im Ei und dem Pflanzenkeim in seinen Umhüllungen die erste Nahrung geben.

Das zweite Viertel (90 bis 180 Grad), umstellt von Palladium (90 Grad) und Schwefel (180 Grad), umschließt einige absolut-negative Elemente (Schwefelverbindungen positiver Elemente, kohlensaure Natron- und Talkverbindungen, Steinkohle, Holz, Gummi, edle Weine, fette und flüchtige Öle, Stärke, Butter, Milch, Rohrzucker und Eiweiß).

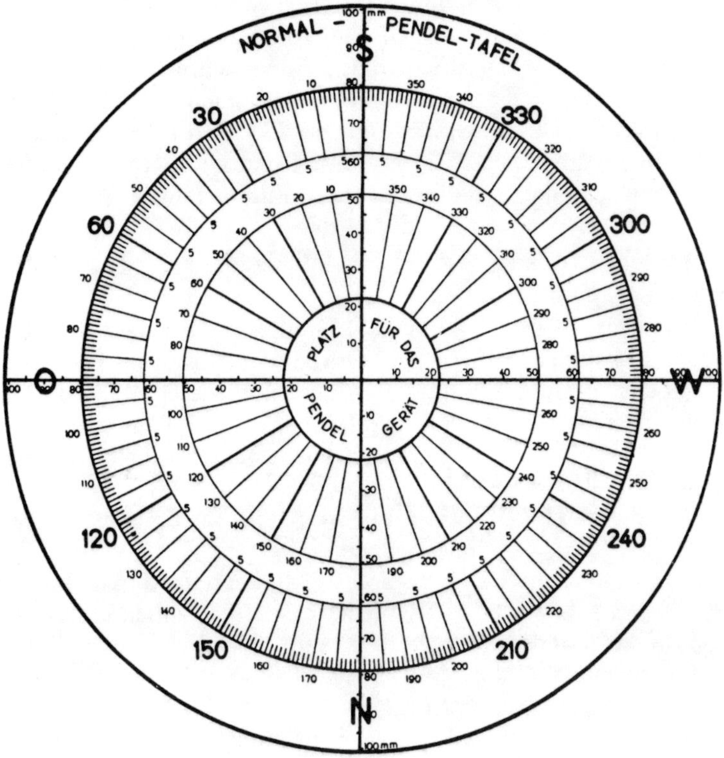

Der dynamische Kreis nach Professor Johann Carl Bähr.

In der Mitte des zweiten Kreisviertels, das sämtliche Nahrungsmittel für die höher organisierten Geschöpfe einschließt, steht das Eiweiß (135 Grad) um 90 Grad vom Eidotter entfernt (45 Grad). Zu den kohlenstoffreichen, stickstofffreien Nahrungsmitteln, die dazu dienen, die Atmungs- und Zersetzungsprozesse zu unterhalten und die tierische Wärme zu erzeugen, gehören Stärke, Zucker und Fette. Sie stehen in der ersten Hälfte dieses Kreisabschnittes (90 bis 135 Grad). Die schwefel- und stickstoffhaltigen Nahrungsmittel und eiweißartigen Stoffe dagegen, die die Ernährungs- und Bildungsstoffe enthalten, gruppieren sich teilweise in der Mitte.

Wichtig ist eines: Von 90 bis 180 Grad ist der Sektor der gesunden Nahrungsmittel.

Das dritte Viertel (180 bis 270 Grad) enthält neben wenigen absolut-positiven Stoffen die Oxyde der positiven Elemente (Schwefelverbindungen negativer Elemente, Kiesel-, Kalk-, Kali-, Talk-, Natron-Verbindungen, Salze, narkotische Pflanzen, Spirituosen, Essig, schwere Weine, starke Gewürze, Tabak, Eischale und menschlicher Speichel).

Wichtig ist: 180 bis 270 Grad ist der Sektor der Nervenreizstoffe.

Das vierte Viertel (270 bis 360 Grad), begrenzt durch Quecksilber bzw. Stickstoff (270 Grad) einerseits und Sauerstoff (360 Grad) andererseits, nimmt nur absolut-negative Stoffe auf (Sauerstoff, Chlor, Jod, Quecksilber, starke Säuren, Edelsteine, anorganische und organische Gifte, Nahrungsstoffe der Pflanzen, fruchtbare Erden, tierische Exkremente, Wurzeln und menschliche Exkremente).

Wichtig ist: „270 bis 360 Grad ist der Sektor der Gifte.“

Candi – der nicht wie Bähr den spezifischen Grad des Goldes als Norm setzt – geht nicht immer von 0 Grad aus, besonders dann nicht, wenn er verschiedene Dinge miteinander vergleichen will:

„Soll unsere Anna zum Beispiel wissen, wie sich Astraöl, Haselnußöl, Teesamenöl qualitativ zu Olivenöl verhalten, so kannst du meinetwegen Olivenöl (das im dynamischen Kreis

Bährs auf 115 Grad steht) als Normaltest auf Null setzen. Dann orientierst du dich auf seine Rivalen (die anderen Öle), einen nach dem anderen, und schaust, bei welchem von beiden dein Pendel in einer Schwingungsrichtung am weitesten von 0 Grad ausweicht. Dann weißt du, daß je größer der Winkel im Gegenuhrzeigersinn (negativ), um so schlechter das Öl ist. Und umgekehrt: je größer der Winkel im Uhrzeigersinn (positiv) ist, um so besser ist das Öl. Wahrscheinlich wird das Teesamenöl schlechter als Olivenöl sein, d. h. nach links ausschlagen . . .“

Candi probierte diese Methode an verschiedensten Stoffen, mit Vorliebe an Tabak, Zigarren und Zigarretten aus und ist seiner Versicherung zufolge „nie schlecht gefahren“.

Pendel aus:	Schwingt über:					
	Eisen	Nickel	Zink	Kupfer	Blei	Legierung
Messing	⤢	↻	↔	↻	↻	↻
Magnes.	⤢	⤢	↕	↻	↺	↕
Kautschuk	⤢	↕	↻	↔	↻	↻
Gallapfel	↕	⤢	⤢	↔	↻	↻
Glas	↻	⤢	⤢	↻	↻	↻
Stahl	↕	⤢	↻	↔	○	○
Silber	⤢	⤢	⤢	↔	○	○

Farbe:	Pendel aus:						
	Messing	Magnesium	Kautschuk	Gallapfel	Glas	Stahl	Silber
hellblau	↔	↺	↻	↕	⤢	↔	○
dunkelblau	↻	↻	↔	↻	↕	↺	⤢
grün	↺	↺	⤡	⤡	↻	↻	↻
rot	↻	⤢	↻	↻	↺	↻	↻
schwarz	↺	↺	↔	↕	↔	↻	↺
Karmin	⤢	↻	↕	↻	↻	↻	↔

TABELLE DER DYNAMISCHEN WERTE

Wasserstoff	0°
Gold	0°
Diamant	5°
Silber	45°
Eidotter	45°
Zink	67,5°
Legierung aus halb Silber, halb Kupfer	77,5°
Palladium	90°
Uran	100°
Reis	100°
Kandiszucker	100°
Gewöhnliches Messing ca.	105°
Kupfer	112,5°–120°
Iridium	120°
Zinn	125°
Aluminium	130°
Bohne	132°
Platin	135°
Honig	135°
Eiweiß	135°
Nickel	140°–142°
Kobalt	145°
Blei	150°
Gußeisen	150°
Engl. Stahl	152,5°
Eisen	157°
Phosphor	175°–177,5°
Selen	175°
Schwefel	180°
Destill. Wasser od. Regenwasser	180°
Gefror. Wasser, Schnee, Eis	202,5°
Anilinrot	215°
Anilinblau	217,5°
Anilinorange	222,5°
Anilinviolett	230°
Anilinbraun	240°
Chrysolith	247,5°
Opal	247,5°–260°
Indigoblau	255°
Kochsalz	260°
Koffein	265°
Bergkristall, rein	267°–267,5°
Thein	267,5°
Quecksilber	270°
Stickstoff	270°
Gemeiner Quarz	270°
Chalzedon	270°
Urin	270°
Achat	275°
Grauer Turmalin	272,5°
Roter Turmalin etwa	280°
Gemeiner Beryll	285°
Edler Beryll	290°
Topas	290°
Schwarzer Turmalin	290°
Lapislazuli	290°
Granat	292,5°

Humusboden	292,5°
Morphin	292,5°
Jaspis	295°
Edler Granat	295°
Rauchtopas	297,5°
Smaragd, seladongrün	297,5°
Aquamarin	300°
Smaragd, schöngrün	302°–302,5°
Chrysoberyll	305°
Hyazinth, blaßrot	305°
Jod	310°
Korund, grau	310°
Rubin	312°–315°
Hyazinth, dunkelrot	315°
Türkis	315°
Kobaltblau	315°
Menschliche Exkremente	315°
Saphir	322°–322,5°
Schwefelsäure	330°
Magneteisenstein	330°
Chlor	355°–357°
Brom	355°
Sauerstoff	360°

Antworten auf Zukünftiges

„Unter Kaiser Valens hat ein gewisser Prokop, ein unruhiger Kopf, der von jeher auf jede Gelegenheit, Unheil zu stiften, begierig war, zwei Hofkassenbeamte, Anatolius und Spudasius, angegeben, sie hätten einen gefährlichen Anschlag auf das Leben des kaiserlichen Kammerdirektors Comes Fortunatianus im Sinn, der von ihnen wegen begangener Unterschlagungen Ersatz verlangte."

So beginnt der kaiserliche General und Geschichtsschreiber Ammianus Marcellinus im 29. Buch, Kapitel 1, aus dem Jahr 371 über den oströmischen Kaiser Valens, der 378 nach Christus starb, seinen Bericht. Während des merkwürdigen Prozesses ließ Comes Fortunatian einen einfachen Mann namens Palladius und einen Sterndeuter, Heliodor, verhaften, weil er glaubte, diese wüßten etwas von dem finsteren Plan. Durch Marcellinus erfahren wir zum erstenmal von seinem siderischen Pendel, der damals zu mystischen Zwecken verwendet wurde. Der Bericht (zitiert nach Professor Leopold Oelenheinz aus seinem Werk *Der Wünschelring*, Leipzig 1920) fährt fort:

„Als man scharf in Palladius drang, begehrte er auf und meinte, die Sache wegen Comes Fortunatian sei eine ganze Kleinigkeit; wenn er nur reden dürfe, wolle er ganz andere schreckliche Dinge angeben, die dem ganzen Staat Zerrüttung drohten. Schließlich gab er an: der Altpräsident Fidustius nebst Irenäus und Pergamius hätten einen abscheulichen Frevel begangen, sie hätten insgeheim erkundet, wie der heiße, der nach Valens Kaiser werde. Man nahm daraufhin Fidustius sofort fest. Er wagte es nicht zu leugnen, gestand vielmehr, wie er unglücklicherweise dazu gekommen sei. Mit Hilfe zweier Wahrsager, des gedienten Gardesoldaten Hilarius und des Patricius, habe er allerdings den Namen des künftigen Herrschers zu erforschen gesucht. Die durch geheime Künste von den Göttern erhaltenen Offenbarungen hätten zwar vorausgesagt, daß ein trefflicher Mann Nachfolger werde, aber die Ratfrager werde ein trauriges Ende ereilen. Es war mehr als

Vermutung, wenn man auf den zweiten Staatssekretär Theodoros, einen geborenen Gallier, einen bei Vorgesetzten und Untergebenen gleich hoch geschätzten Mann, im Sinn der Weissagung riet. In der Marter gestand Fidustius nämlich, daß er diese Offenbarung dem Theodor durch den berühmten Gelehrten Eukarius habe zukommen lassen, der kurz zuvor stellvertretender Statthalter in Asien geworden worden war. Eukarius wurde auf diese Aussage hin, ungeachtet seines Amtes, auch gefangengesetzt. Sämtliche Akten wurden dann dem Kaiser Valens vorgelegt. Diesen ergriff unbeschreibliche Wut. Schmeichlerische Höflinge wußten sie zu steigern. Sie redeten dem Schwachkopf ein, wenn er befehle, müßten ihm sogar die Gestirne gehorchen.

Valens befahl, den Theodor aus Konstantinopel herbeizuschaffen. Inzwischen wurden auf bloße Vermutungen hin auch andere angesehene Männer in Massen verhaftet. Die öffentlichen Gefängnisse und zu Gefängnissen eiligst hergerichtete Privathäuser vermochten kaum die zum Ersticken zusammengepreßten Scharen der Verdächtigen zu fassen. Theodor wurde mehr tot als lebendig eingebracht.

Wenn es auch Tatsache war, daß oft, und auch zu dieser Zeit, des Kaisers Leben durch Verschwörungen in Gefahr war, es war doch unverantwortlich von ihm, daß er Schuldige und Unschuldige gleich hämisch und übereilt verfolgen ließ und, ehe die Richter gesprochen, schon über die Strafe entschied. Über die in unserer Sache Verhafteten ging es nun mit allen Gewaltmitteln, mit Folterbänken, schweren Bleikugeln und Geißeln her.

Pergamius, der mittlerweile auch verhaftet worden war, als Mitschuldiger des Fidustius, war der erste, der verhört wurde. Niederträchtig von Gesinnung strömten ihm die Namen von Mitschuldigen zu Tausenden nur so aus dem Mund. Wegen seiner dadurch bewiesenen Boshaftigkeit ward er hingerichtet und nach ihm ganze Scharen. Schließlich schritt man zu Theodors, des Statthalters, Vernehmung. Man hatte es damit so eilig, als gelte es, bei den Olympischen Spielen einen Sieg zu erringen.

Aber zunächst mußte man die beiden Wahrsager Hilarius und Patricius, die das meiste wissen mußten, verhören. Ihre Aussagen über den Verlauf der Sache deckten sich nicht ganz. Einige Zangenrisse auf der Folterbank taten die nötige Wirkung. Da man in ihrer Behausung einen Dreifuß fand, wurden sie in die Enge getrieben. Er war als Corpus delicti bei der Vernehmung aufgestellt worden.

Hilarius gestand: »Allerdings haben wir das unglückliche dreibeinige Tischchen nach Muster des Delphischen Dreifußes zu einer unglücklichen Stunde aus Lorbeerruten zusammengeflochten – haben es dann durch geheime Zaubersprüche und unter vielen langwierigen Vorbereitungen feierlich geweiht, schließlich zum Rücken [in Bewegung: Tischrücken] gebracht.

Der vorgeschriebene Hergang aber beim *Pendeln,* wenn wir zur Erforschung der verborgenen Dinge zusammenkamen, war folgender: Wir stellten den Dreifuß in der Mitte eines von oben bis unten mit arabischen Wohlgerüchen ausgeräucherten Hauses auf. Auf den Dreifuß setzten wir eine aus verschiedenen metallischen Stoffen kunstreich legierte runde Schale, auf deren äußersten Rand herum die vierundzwanzig Buchstaben des Abc in Schreibschrift in genau abgemessenen Abständen eingraviert waren.

Dann trat einer von uns, mit einem linnenen Gewand bekleidet, mit ganzleinenen Socken an den Füßen, einen Turban um den Kopf gewunden, eine Rute von einem glückbringenden Baum haltend, unter Beobachtung der üblichen Feierlichkeiten über den Dreifuß mit der Schale. Aber erst, wenn er der Erhörung seiner Gebete zu der Gottheit, die den Menschen die Gabe der Weissagung verleiht, gewiß zu sein glaubte, hielt er dann einen an einem sehr dünnen karpathischen Faden befestigten geweihten Zauberring darüber, bis er zum Schwingen kam. Und wenn nun dieser spielende Ring von Zeit zu Zeit [sprungweise] an gewissen Buchstaben stillstand, entstand so nach und nach ein sechsfüßiger Vers [Hexameter] als Antwort auf die gestellte Frage. Der Vers hatte genau wie die Verse der delphischen Priesterin oder wie das Orakel der Branchiden [Nachkommen des Branchus, eines Sohnes von Apollo, die erbliche Priester in Milet waren] seine gehörige Silbenzahl und sein Versmaß.

Der Nachfolger des jetzigen Regenten sollte, so erzählt man sich allgemein, ein in jeder Hinsicht vortrefflicher Mann sein. Als wir nun unsere Vorrichtung darüber fragten und der Ring auf die zwei Silben ‚The–o' und dann den Endbuchstaben ‚s' nach und nach anspielte, rief einer der Teilnehmer: ‚Nach dem Ratschluß des Schicksals ist kein anderer verheißen als Theodorus!' Weiter setzten wir unsere Forschungen nicht fort, überzeugt, daß wir den rechten Mann gefunden hätten. Theodorus hat mit der ganzen Sache nichts zu tun.«

Theodor, darauf vernommen, erklärte der Wahrheit gemäß, daß er die ihm vom Statthalter Eukarius zugekommene Nachricht dem Kaiser mehr als einmal habe entdecken wollen. Schließlich habe er aber davon abgestanden, da der ganzen Sache doch keine unerlaubten Herrschgelüste zugrunde lägen.

Eukarius sagte bei strengsten Folterqualen dasselbe aus. Es ging schließlich Bericht über die gerichtliche Vernehmung an den Kaiser Valens. Durch kaiserliches Reskript wurden alle ohne Ausnahme nebst ihren angeblichen Anhängern des Todes für schuldig befunden und dann im Angesicht einer ungezählten Volksmenge erdrosselt."

Offensichtlich hat man schon in römischer Zeit gependelt und dem Pendel vertraut. Trotz der unschuldigen Opfer wurde damals das Schicksal nicht geändert; der Pendel behielt mit seinem „Theo-s" recht. Der Nachfolger von Valens hieß zwar nicht *Theodorus,* aber *Theodosius,* der später als „der Große" in die Geschichte einging. Valens kam im Jahr 378 nach der Schlacht von Adrianopel auf der Flucht vor den Westgoten elendiglich in einer brennenden Hütte ums Leben.

Über die Erforschung der Zukunft durch Pendeln heißt es in einem slawischen Lied:

> Unterm Ahorn dort am Pfade,
> zog die Maid den Ring zu Rate.
> Wird er kommen bald mein Lieber,

von der Reise fern herüber?
Ringlein, sprich, erklär' dich drüber!
An dem Fenster stand sie, dachte,
bis das Schicksal her ihn brachte –
fort ließ sie das Ringlein rollen,
um sich hinter ihm zu trollen.

In Mittelfranken befragen die Mädchen folgendes Liebesorakel: Sie lassen einen goldenen Ring an einem ihrer Haare über einem Glas kreisen. So viele Mal es am inneren Rand anschlägt, so viele Jahre müssen sie noch auf ihren Liebsten warten.

*

Ernsthafte Pendler lehnen heute zumeist jeden magischen oder spiritistischen Gebrauch des Pendels ab und verweigern auch Aussagen über Zukunftsfragen, die man ihnen stellen könnte. Anderseits erklären andere Pendler, es sei nicht einzusehen, warum der Pendel nicht auch zur Erkundung der Zukunft eingesetzt werden könnte – vorausgesetzt, daß Vergangenheit, Gegenwart und Zukunft nur eine Frage der Zeitdefinition ist im Sinn des neuentdeckten Psi-Teilchens, von dem wir bereits sprachen. Ein Sensitiver „müßte" auch auf Zukunftsfragen mit seinem Pendel eine Antwort „wissen". Vor allen Dingen steigen ja – wie die Mehrheit der Radiästheten und auch der Parapsychologen sagt – die Antworten beim mentalen Pendeln (auf das wir noch zurückkommen werden) aus dem Unbewußten auf: der Pendel wäre dabei nur ein Indikator.

Die heute mit wissenschaftlichen Mitteln betriebene Parapsychologie hat den Phänomenen nach die Tatsächlichkeit der außersinnlichen Wahrnehmung (ASW), also der Telepathie und des Hellsehens, auch zukünftiger Ereignisse (Präkognition), eindeutig erwiesen. Ein sensitiver Pendler, der präkognitiv begabt ist, mag daher mit dem Pendel als Hilfsinstrument im Idealfall auch Zukünftiges erfahren.

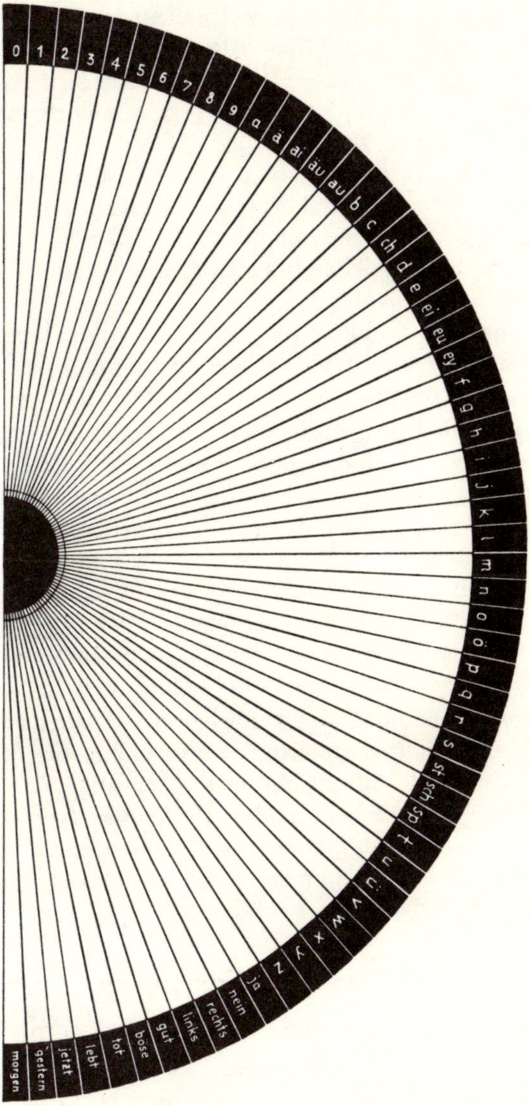

Herkömmliche spiritistische Pendel-Tafel
(nach Alexander Hondorff: *Der Pendel enthüllt das Verborgene*).

Für das spiritistische Pendeln, welches Aussagen aus dem Jenseits vermitteln soll, war bisher eine Frage-Antwort-Tafel mit Zahlen, Buchstaben und einigen feststehenden Antworten üblich, wie sie auf Seite 91 abgebildet ist. Hondorff meint darüber:

„Ist man von der spiritistischen Annahme überzeugt, daß es ein Jenseits gibt und daß körperlose Wesenheiten, meist die Seelen von Verstorbenen, mit dem Menschen in Verbindung treten wollen, so mag der Gebrauch des Pendels zum Zweck der Kommunikation sinnvoll sein."

Dem kann man wohl auch zustimmen – ohne hier auf den Meinungsstreit der spiritualistischen Theorie und der animistischen Erklärung paranormalen Geschehens einzugehen.

Beim spiritistischen Pendeln wird der Pendel in das Zentrum des Halbkreises gehalten, wobei man durch bekannte Manipulationen, etwa eine starke Wunschvorstellung, mit dem Jenseits Kontakt sucht. Das Medium konzentriert sich auf eine bestimmte Wesenheit, mit der es eine Verbindung herstellen will. Wenn sich diese mit „Ja" gemeldet hat, fragt das Medium die Wesenheit nach dem Namen, wonach der Pendel in Richtung der entsprechenden Buchstaben ausschlagen wird. Auf die gleiche Weise spielt sich das weitere Frage-Antwort-Spiel ab.

Eine Vereinfachung dieser Tafel kann nach alter kabbalistischen Überlieferung angefertigt werden. Entsprechend den Angaben von Jules Silver, einem Kenner alter Zahlenmagie und moderner Numerologie und Verfasser von *Numerologie – Die Kabbala des 20. Jahrhunderts* (Genf 1976), entspricht jedem Buchstaben eine Zahl und umgekehrt. Der Zahlenschlüssel nach dem alten hebräischen Alphabet lautet:

(I)

1	2	3	4	5	6	7	8
A	B	C	D	E	U	O	F
I	K	G	M	H	V	Z	P
Q	R	L	T	N	W		
J		S			X		
Y							

Während dieses alte System nur acht Zahlenentsprechungen kennt, ordnet das moderne System der Numerologie neun Zahlen die fortlaufenden Buchstaben des Alphabets zu:

(II)	1	2	3	4	5	6	7	8	9
	A	B	C	D	E	F	G	H	I
	J	K	L	M	N	O	P	Q	R
	S	T	U	V	W	X	Y	Z	

Für welches System man sich auch entscheiden mag (jeder erpendelten Zahl kann man dann entsprechend einen Buchstaben zuordnen), immer wird man eine Antwort erhalten. Ferner entsprechen die geraden und ungeraden Zahlen der magischen Vorstellung alter Zeiten:

○ Gerade Zahlen: nein, links, böse, materielles Leben, weiblich, schwach.

○ Ungerade Zahlen: ja, rechts, gut, geistiges Leben (nach dem Tod, Mystik), männlich, stark.

Dieses Denken gründet sich auf der Vorstellung, daß alles Sein nur durch Gegensatzpaare im Universum existent ist. Numerologisch gesehen sind die ungeraden Zahlen interessanter als die geraden. Die Tabelle der Gegensatzpaare nach alten, auf griechische Vorbilder zurückgehenden Vorstellungen geben wir in nachfolgender Übersicht zur Kenntnis; die Neun ist dabei die göttliche, die heilige Zahl:

1 aktiv, zielstrebig, mächtig, mitleidlos, führend, erneuernd

2 passiv, empfänglich, schwach, mitfühlend, untergeordnet

3 brillant, froh, künstlerisch, glücklich, leichter Erfolg

4 schwerfällig, langsam, unschöpferisch, unglücklich; harte Arbeit, Versagen

5 vielseitig, abenteuerlustig, nervös, unsicher; Sexualität

6 einfach, ruhig, häuslich, gesetzt; Mutterliebe

7 Weltabgewandtheit, Mystik, geheimnisvoll

8 weltzugewandt, materieller Erfolg oder Mißerfolg

9 geistige und spirituelle Errungenschaften.

Im Anschluß an die vorstehenden Ausführungen erscheint, bevor wir uns mit dem mentalen Pendeln befassen wollen, ein Hinweis angebracht: Dieses Buch verfolgt die Absicht, dem Leser zu zeigen, was es mit dem Pendeln auf sich hat und wie es funktioniert. Wie man die Phänomene benennt und erklärt, erscheint dagegen weniger wichtig, zumal es eine allgemeingültige Theorie – wie für das Hellsehen oder andere parapsychische Phänomene oder auch zum Beispiel für die Elektrizität – ohnedies noch nicht gibt und im übrigen jeder Dritte die Phänomene anders erklärt. Wichtig ist, daß es diese Phänomene gibt, ob man sie nun spiritualistisch, animistisch oder kosmologisch erklären möchte. Völlig unwichtig ist die Tatsache, daß sogar manche begabte Praktiker oft recht abstruse Erklärungen bereithalten. Dies dürfte Sie nicht stören – im Neuland jüngster Forschung ist das immer so – und sollte Sie eher ermutigen, Ihre eigenen Versuche zu machen und – wenn Sie dies wollen – Ihre eigenen Erklärungen zu finden.

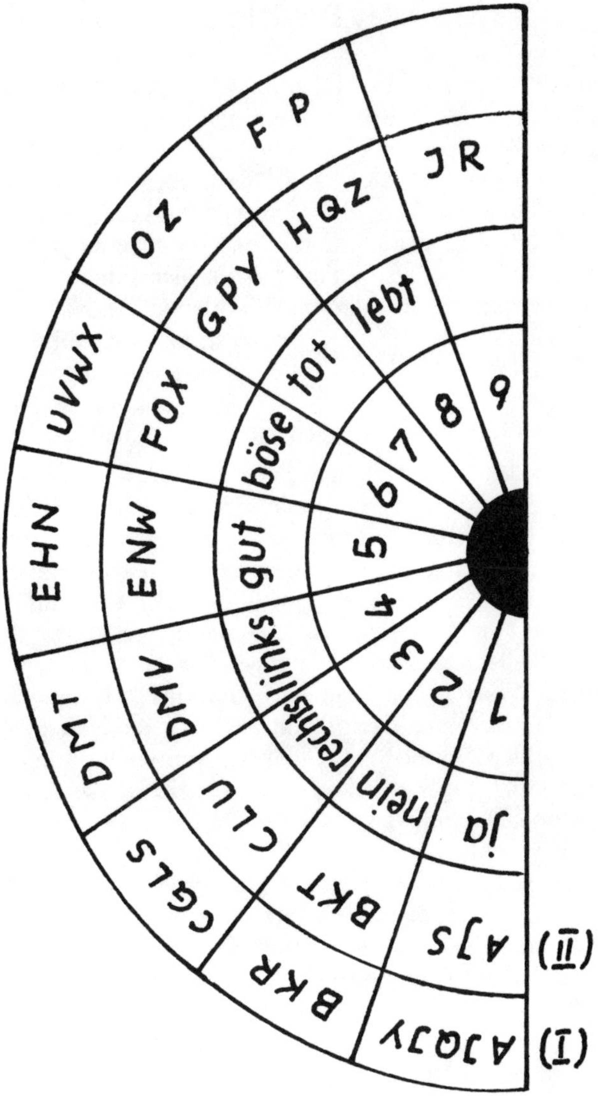

Moderne numerologische Pendel-Tafel (nach Jules Silver: *Numerologie*).

Mentales Pendeln für Meister

Als die höchste Form der Radiästhesie gilt das mentale oder geistige Pendeln. Dabei kommen alle Antworten des Pendelns aus dem Sensitiven selbst, wobei äußere Einflüsse so gut wie ausgeschlossen sind. Der Pendel wird allein zum Indikator des Unbewußten, aus dem die Wahrheit hervordringt. Im Unterbewußtsein weiß der Mensch alles, was er je durchlebt und an sich erfahren hat; nur versteht er es nicht, dieses gespeicherte Wissen abzuberufen, d. h. ins Wachbewußtsein zu holen. Wie der große Psychologe C. G. Jung dargetan hat, gibt es nicht nur ein Unterbewußtsein, das alle unsere verdrängten Erlebnisinhalte, für uns vergessen, aufspeichert, sondern sogar ein kollektives Unbewußtes, das allen Menschen gemeinsam ist.

Indem der Mensch im Lauf der Jahrhunderte lernte, logisch zu denken und seinen Tagverstand zu schärfen, verkümmerte der ihm angeborene Instinkt, verlernte der Mensch, auf Ahnungen und Signale aus den Tiefen des Unterbewußtseins zu hören. Aber es ist nicht immer vernünftig, was der Verstand des Menschen rät – im Gegenteil, denn der allein vom Verstand geleitete Intellektuelle verhält sich oft gegen die Natur und die Natürlichkeit. Was das Tier sich noch bewahrt hat, das scheint der Mensch von heute weitgehend verloren zu haben: eben den Instinkt, den Warner vor Gefahren, die innere Stimme. Nicht immer (oder sogar nur höchst selten) deckt sich das, was uns diese innere Stimme zu sagen hat, mit dem, was wir logischen Verstand nennen. Deshalb haben wir die innere Stimme verdrängt zugunsten des logischen Verstandes. Sehr oft aber – und wenn überhaupt, dann meist erst hinterher – fällt uns auf, daß gerade unser Verstand uns verleitete, unvernünftig zu handeln. Zahlreiche Beispiele beweisen das.

Da rät uns eine innere Stimme, nicht mit einem bestimmten Flugzeug zu fliegen. Der logische Verstand aber sagt: „Dummes Zeug. Was soll schon passieren? Warum sollte ich ausgerechnet nicht mit diesem Flugzeug fliegen? Kein vernünftiger Grund spricht dafür, eine andere Maschine zu nehmen." Also machen wir uns auf den Weg. Der Verstand siegte über den Instinkt. Aber unsere Uhr ging zufällig eine Stunde nach. So erreichten wir unser Flugzeug nicht mehr. Wir sind ärgerlich und warten auf die nächste Maschine. Erst am folgenden Tag lesen wir in der Zeitung, daß das Flugzeug, das wir verpaßt haben, abgestürzt ist. Unsere innere Stimme hatte recht behalten. Unsere Logik hätte uns in den Tod getrieben, wenn nicht ein glücklicher Umstand dazugekommen wäre . . .

Wie oft hören wir davon, daß Menschen an Pilzvergiftung gestorben sind. Da gehen sie in den Wald und suchen Pilze, in den Händen ein Pilzbuch, um giftige und ungiftige Exemplare voneinander unterscheiden zu können. Aber viele Pilze sehen sich so ähnlich, und so wandern gelegentlich auch giftige Exemplare in den Korb. Oft irren wir uns. Der Verstand kann den Instinkt nicht ersetzen und scheitert bisweilen kläglich. Was keinem Tier zustoßen würde, weil es instinktmäßig die giftigen Pflanzen meidet, das passiert dem Menschen.

Eigenartigerweise häufen sich über Grundwasserströmungen und Quellen Krebstodesfälle, wie wir noch später nachweisen werden. Der Mensch, der an solchen gefährdeten Stellen wohnt, hört in den seltensten Fällen auf seinen warnenden Instinkt. Man fühlt sich merkwürdig „unwohl", unternimmt aber nichts, um einen Wohnungswechsel herbeizuführen. Tiere dagegen meiden solche gefährliche Stellen, weil sie instinktiv die Gefahr, die von ihnen ausgeht, spüren. Andererseits bauen Ameisen ihre Hügel über unterirdischen Wasserkreuzungen. Wenn ihre Bauten zerstört werden, wandern sie zielgerichtet den unterirdischen Wasseradern entlang, bis sie wieder auf eine Kreuzung stoßen, wo sie wiederum beginnen, einen ihrer Wohnhügel aufzubauen.

Radiästheten sind nun der Ansicht, daß der Pendel ein hervorragender Mittler zwischen dem Unterbewußtsein und dem Wachbewußtsein des Menschen sein kann. Das aber ist nur bei hochsensitiven Menschen der Fall, und es bedarf einigen Trainings, daß das Unterbewußtsein durch mentales Pendeln zum Ausdruck kommt.

Der Franzose Emile Christophe, der von Professor Mohlberg (alias Candi) als der „Vater der mentalen Radiästhesie" bezeichnet wurde, hat folgendes Grundprinzip von vier geistigen Faktoren für erfolgreiches mentales Pendeln aufgestellt:

1. OM = *Orientation mentale:* geistige Orientierung; Ziel und Zweck der Nachforschungen müssen bestimmt werden.
2. CM = *Convention mentale:* geistige Abmachung, wie die Aussage ermittelt werden soll.
3. IM = *Interrogation mentale:* geistige Fragestellung, wobei man das Problem ins Bewußtsein dringen lassen und es dort aufnehmen muß.
4. CO = *Concentration des ondes:* Konzentration der Wellen, d. h. die Nachforschungen ausführen, nachdem man alles noch einmal auf die Richtigkeit überprüft hat.

Candi sagt in seinem Buch *Briefe an Tschü:*

„Die geistige Einstellung ist der vor jeder Untersuchung bewußt und geistig ausgesprochene Wunsch, für die Ausstrahlung des gesuchten Gegenstandes empfindsam zu werden. Somit wird die konzentrierte Aufmerksamkeit des Geistes auf den Empfang dieser Strahlen gerichtet mit dem Wunsch, alle anderen Strahlen auszuschalten. Durch diese verstandesmäßige Einstellung entsteht eine geistige Abdichtung und Trennschärfe gegen alles, was nicht Gegenstand der radiästhetischen Untersuchung ist. Die kurze gültige Arbeitsformel der geistigen Einstellung lautet: Ich wünsche – nicht ich will – empfindsam zu werden zum Beispiel für die Ausstrahlung des Wassers oder jenes verlorenen Gegenstandes mit Ausschluß jeder anderen Strahlung.

Der radiästhetische Forscher hat nun seine volle Aufmerksamkeit auf den so formulierten Wunsch zu richten, ohne den Geist mühsam anzustrengen. Kurz, er stelle innerlich alles beiseite, was mit dem augenblicklichen Suchen nichts zu tun hat."

Für die Beantwortung der Frage soll die geistige Abmachung das geeignete Verständigungsmittel aussuchen. Es müssen also

DIE „SPRACHE“ DES MENTALEN ODER GEISTIGEN PENDELNS

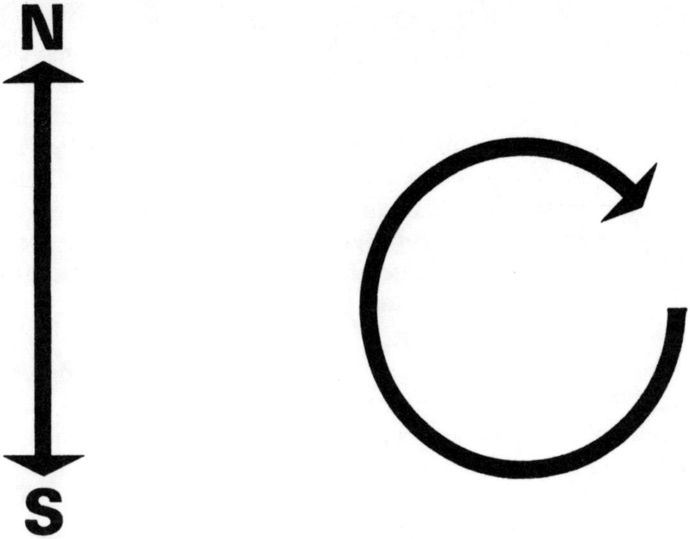

Senkrechte Strichbewegung (Nord–Süd) und Kreisen des Pendels nach rechts als positive Antwort und Bejahung einer gestellten Frage.

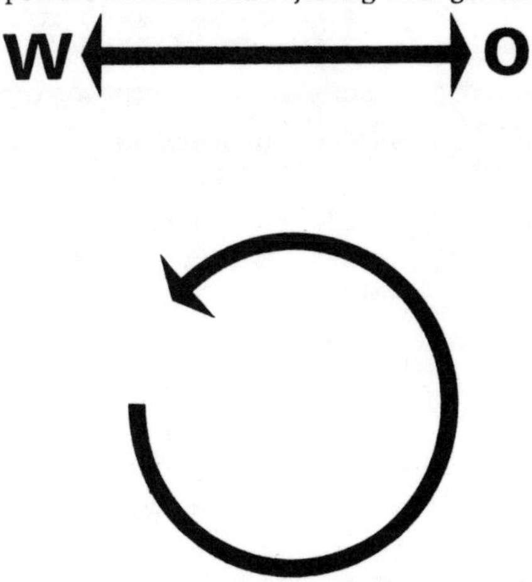

Waagrechte Strichbewegung (West–Ost) und Kreisen des Pendels nach links gegen den Uhrzeigersinn als negative Antwort und Verneinung einer gestellten Frage.

für den Pendel Zeichen „vereinbart" werden, die dieser beschreiben kann und die anderseits allgemeinverständlich sind. Zu diesen willkürlich, aber logisch ausdeutbaren Zeichen gehören die senkrechte Strichbewegung und das Kreisen des Pendels nach rechts im Uhrzeigersinn. Diese beiden Zeichen – die senkrechte Strichbewegung steht für das bejahende Kopfnicken – gelten als positiv, wobei durch sie gestellte Fragen bejaht werden. Demgegenüber entspricht die waagrechte Strichbewegung dem verneinenden Kopfschütteln und gilt wie die Bewegung des Pendels links herum im Kreis gegen den Uhrzeigersinn als negativ und Verneinung einer gestellten Frage.

Mit diesen Zeichen der Bejahung und Verneinung, für positive und negative Antworten, für + und —, für Zustimmung und Ablehnung können nahezu alle Dinge auf mentaler Basis erpendelt werden. Voraussetzung ist, daß der Sensitive sich ganz auf die bereits erwähnten vier geistigen Faktoren einstellt und sich völlig frei von Vorurteilen machen kann.

Echt oder falsch, tot oder lebendig, verträglich oder unverträglich, richtig oder unrichtig, passend oder unpassend, gut oder böse? – Es gibt keine Frage, die in dieser Weise nicht beantwortet werden kann. Die Fähigkeit des reinen geistigen Pendelns kann durch folgenden Versuch erprobt werden:

Lassen Sie durch eine Vertrauensperson zwei Gläser füllen, tragen Sie ihr auf, das eine mit reinem Wein, das andere mit etwas Wasser und Wein zu füllen. Beide Gläser werden nun auf den Tisch gestellt. Unter den Gläsern liegen Nummern (Glas 1 und Glas 2). Die Vertrauensperson schreibt nun auf einen Zettel, der vor dem Versuch in einen Kasten gesteckt wird, welches von den beiden Gläsern den mit Wasser vermischten Wein enthält.

Nun beginnen Sie mit dem Abpendeln des ersten Glases. Fragen Sie sich konzentriert und ohne jedes Vorurteil: „Ist dieses Glas mit reinem Wein gefüllt?" Wenn der Pendel die Frage z. B. eindeutig bejaht, dann machen Sie die Gegenprobe und fragen: „Ist dieses Glas mit verwässertem Wein gefüllt?" Nun müßte der Pendel Ihre Frage verneinen. Ähnlich verfahren Sie mit dem zweiten Glas, wobei Sie sich allerdings davor hüten müssen, die Antwort schon vorher – entsprechend den beiden Antworten zum ersten Glas – zu programmieren. Es könnte ja immerhin sein, daß die Vertrauensperson entweder beide Gläser mit reinem Wein oder beide Gläser mit verwässertem Wein gefüllt hat. Wenn Sie alle Voraussetzungen für mentales Pendeln erfüllen, müßten Sie die richtigen Antworten erpendeln können; aber, wie gesagt, das geistige Pendeln erfordert eine hohe Sensitivität und viel Übung.

Schon Dr. Clasen hatte durch Eigenversuche erkannt, daß der Pendel durch den menschlichen Geist beeinflußt werden kann:

„Der Pendler vermag die von ihm selbst ausgehende Strahlung willkürlich zu beeinflussen, sie zur Geltung zu bringen oder sie auszuschalten.“

Die Pendelschwingungen, die unter dem Einfluß des Unterbewußtseins durch das gegenseitige Aufeinanderwirken sowohl der von dem untersuchten Gegenstand als auch der von dem Pendler ausgehenden Strahlung entstehen, sind jeweils zu registrieren. Aber die vom Gegenstand ausgehende Strahlung unterliegt nicht dem Einfluß des Pendlers, wie dies, im Gegensatz dazu, auf die vom Pendler ausgehende Strahlung zutrifft. Dr. Clasen unterschied daher die eine Art des Pendelns – „vorläufig, bis eine passendere Bezeichnung gefunden ist“ – als die *passive* Untersuchung, das ist also das später sogenannte „mentale Pendeln“, von der anderen Art des Pendelns als der *aktiven* oder „Richtung gebenden“, wie sie zu allen diagnostischen Untersuchungen erforderlich ist.

„Ich pendele“, so Dr. Clasen wörtlich, „zum Beispiel nie, ohne mit der linken Hand etwas zu berühren, aber ich pendele bei der ärztlichen Diagnose auch stets nur aktiv. Bei der passiven Untersuchung eines Gegenstandes verhält sich der Pendler rein fragend, rein abwartend, und er muß sich sorgfältig davor hüten, irgendwie psychisch auf den Vorgang des Pendelns einzuwirken. Denn so wunderbar es ist, sich davor zu hüten, kann er nicht nur, er muß es jedoch fortwährend üben, wenn er überhaupt mit Erfolg diagnostisch pendeln will. Der Pendler braucht nur von dem frei schwebenden, also nicht über einem zu untersuchenden Gegenstand hängenden Pendel zu ‚verlangen': Pendel, schwinge rechts herum!, so schwingt er sofort nach rechts im Sinn des Uhrzeigers, oder zu ‚verlangen': Pendel, schwinge nach links herum! (oder senkrecht oder quer usw.), sofort wird der Pendel reagieren; und auch bei der stärksten Schwingung wird er zum sofortigen Stillstand durch den Zuruf: Pendel stop! veranlaßt werden."

Ferner schrieb Alexander Hondorff in *Der Pendel enthüllt das Verborgene* (München o. J.):

„Außer einer Antwort durch Kreis- und Strichbewegung gibt es noch eine andere Abmachung, die zu demselben Ergebnis führt und auch fast auf der gleichen Methode beruht. Dieses Verfahren nennt man *Pendelhemmung* oder Gleichpolung, die Dr. med. Karl Eberhard Weiss herausgefunden hat.

Das Gesetz der Hemmung beruht auf dem Vorhandensein von zwei Polen, Plus und Minus, in einem System. Eine Wirkung wird jedoch nur dann erzielt, wenn die beiden Pole verbunden sind, sonst nicht. So ist ein Stromkreis z. B. nur dann geschlossen, wenn Plus- und Minuspol vereinigt werden; ist das nicht der Fall, sind zwei Plus- oder Minuspole miteinander gekoppelt, wird kein Strom fließen, der Kontakt ist nicht geschlossen. Auf diesem System und natürlich auf der mentalen Abmachung beruht die Hemmung.

Auch hier muß man sich wieder genau auf die Frage und das Problem einstellen, nur mit dem Unterschied, daß man zwei Dinge miteinander vergleicht und feststellt, ob sie von derselben Art sind. Ist das der Fall, so tritt eine Hemmung ein, die Verbindung von Plus und Plus erzeugt keine Wirkung, der Pendel schweigt."

Pendeln mit dem Zwölfer-Pendel

Der Zwölfer-Pendel hat zwölf Pendelkörper, eine Kette und ein Griffstück. Der erste Pendelkörper ist durch eine Kette mit dem Griffstück verbunden. Weitere elf gleichgroße Pendelkörper, Steine genannt, sind auf der Kette zwischen der Pendelspitze und dem Griffstück verschiebbar.

Die zwölf losen Steine werden nun beim Pendeln nach und nach aus der Hand der Kette entlang zur Pendelspitze fallen gelassen. Dieses Zugeben der Steine fordert eine gewisse Fingerfertigkeit, die bei einem einfachen Pendel nicht notwendig ist. Der Vorteil dieses Pendels, bedingt durch die mögliche Gewichtsbelastung der Pendelspitze, besteht in der Ermöglichung einer differenzierteren Arbeitsweise, wie dies kein anderer Pendel zuläßt. Das geht deutlich aus den folgenden Beispielen der Verwendung dieses Pendels hervor:

○ Qualitätsprüfung, meist von Lebensmitteln;

○ Prüfung des Zustands menschlicher Organe;

○ Prüfung des Leistungsfaktors einer Person, bezogen auf den Sauerstoff-Kohlensäuregehalt im Körper;

○ Prüfung zur Kombination von Lebensmitteln für eine bestimmte Person.

Bei der Prüfung der Qualität von Lebensmitteln wird das zu prüfende Material auf den Tisch gelegt und der Zwölfer-Pendel darübergehalten, wobei nur der erste Stein an der Kette hängt und die elf beweglichen Steine mit dem Griffstück in der Hand bleiben. Nach kurzer Zeit beginnt der Pendel seine Bewegung. Sobald diese Bewegung sich klar abzeichnet, läßt man den nächsten Stein fallen. Dreht der Pendel weiter, wird abermals ein Stein zugegeben, und zwar solange, bis der Pendel eventuell stehenbleibt. Die zugegebene Steinzahl, einschließlich der an der Kette befestigten Pendelspitze, ergibt den Wert. Wenn man also fünf Steine zugegeben hat, so ergibt dies, zusammen mit dem ersten Stein der Pendelspitze, den Wert sechs.

Nach dieser Qualitätsbestimmung kann man noch feststellen, ob das Lebensmittel für die pendelnde oder eine andere Person geeignet ist. Man hält nach wie vor den Zwölfer-Pendel in der pendelnden Hand und greift mit der freien Hand nach einem Gebrauchsgegenstand, zum Beispiel nach einer Brille, Uhr, einem Füllfederhalter derjenigen Person, für die das Lebensmittel getestet werden soll.

Nach Ergreifen des Gegenstandes wird der Pendel entweder die Rechtsdrehung im Uhrzeigersinn einschlagen, was (wenn keine andere Abmachung getroffen wurde) ja bedeutet, oder es pendelt sich auf eine Linksdrehung ein, die dann ein Nein ergibt.

Anstelle des Ergreifens eines Gegenstandes genügt für die eigene Person auch, wenn man mit der freien Hand auf den Solar plexus (das Sonnengeflecht) in der Brust deutet, wodurch ebenfalls eine Bestimmung des Lebensmittels für die eigene Person mit den entsprechenden Pendelwerten rechts oder links erreicht werden kann.

Für die Prüfung des Zustands von menschlichen Organen ist vorteilhaft, wenn eine Liste über die zu prüfenden Organe angelegt wird, damit keines vergessen wird und man die Möglichkeit hat, hinter dem Organ die Wertzahl einzutragen, am besten mit dem Datum, an dem der Versuch stattgefunden hat, so daß nach einiger Zeit dieselbe Prüfung wiederholt werden kann, um die Verbesserung oder Verschlechterung bei dem betreffenden Organ feststellen zu können.

Hierbei ist zu beachten, daß die Auflistung der Organe in einem gewissen Abstand stattfindet, damit mit dem Zeigefinger der freien Hand ganz eindeutig das jeweilige Organ angezeigt werden kann; nur so bekommt man mit der pendelnden Hand auch einwandfrei das Ergebnis.

Der Pendelvorgang selbst ist schon beschrieben worden. Zuerst hängt lediglich die Pendelspitze an der Kette frei und pendelt sich auf eine Kreisbewegung ein, dann wird ein Stein zugegeben; bleibt die Kreisbewegung beibehalten, kommt ein weiterer Stein hinzu und so weiter, bis der Pendel zum Stillstand kommt.

Sind drei Steine zugegeben worden, so ergibt dies die Wertzahl vier. Bei diesem Test ist zu beachten, daß je höher die Wertzahl desto schlechter der Zustand des Organs ist.

Das heißt also: Bleibt der Pendel beim Anzeigen eines Organs mit dem Finger der freien Hand stehen, so ist anzunehmen, daß dieses Organ vollkommen gesund ist. Normalerweise wird der Wert eins oder zwei erreicht. Werden höhere Werte erreicht, so ist eine Behandlung angebracht.

Bei der Prüfung des Leistungsfaktors wird die Eigenladung mit Sauerstoff getestet. Zur Prüfung der eigenen Person hält man die linke Hand unter den Pendel, der in der rechten Hand gehalten wird. Nach dem Beginn der Pendelkreisbewegung werden in der bekannten Weise die Steine fallen gelassen. Normalerweise soll der Pendel die Zahl 12 erreichen; diese zeigt den optimalen Sauerstoffzustand im Körper an.

Wurde eine geringere Zahl als 12 ermittelt, kann das Verhältnis Sauerstoff zu Kohlensäure dadurch verbessert werden, daß schnell eingeatmet und mit Zischen und Drücken der Luft zwischen Zunge und Zähnen die Kohlensäure aus der Lunge herausgepreßt wird. Dies soll möglichst am offenen Fenster oder im Freien so lange geübt werden, bis vom Pendel die Zahl 12 angezeigt wird.

Personen mit Kreislaufstörungen und Anfälligkeit für Herzattacken müssen bei der Durchführung dieser Übung Vorsicht walten lassen; denn das Herauspressen der Kohlensäure zwischen Zunge und Zähnen erzeugt einen gewissen Stau im Kopf, eine gewisse Benommenheit, auf die der Patient hingewiesen werden sollte. Die Durchführung dieser Atemübung in halbstündlicher Folge sichert hervorragende Leistungsfähigkeit während des ganzen Tages. Auch abends ist diese Atemübung zu empfehlen.

Bei der Prüfung von Lebensmittel-Kombinationen für bestimmte Personen legt man zwei verschiedene Lebensmittel vor sich auf den Tisch, beispielsweise ein Ei und ein Brot. Mit der rechten Hand pendelt man über dem Brot. Wenn das Pendel eine rechtsdrehende Schwingung angenommen hat, zeigt man mit dem linken Zeigefinger auf das Ei. Ändert sich die Drehrichtung des Pendels, etwa in der Weise, daß es im Gegenuhrzeigersinn zu laufen beginnt, so ist dies das Zeichen, daß diese beiden Lebensmittel für die pendelnde Person nicht „passen“. Sie muß also eine andere Nahrungszusammenstellung suchen.

Diese Beispiele zeigen Arbeitsweise und Arbeitsmöglichkeiten mit dem Zwölfer-Pendel. Selbstverständlich bleibt es jedem Pendler überlassen, noch weitere oder andere Befragungs- oder Auswertungsmöglichkeiten für den Zwölfer-Pendel zu finden.

Pendeln nach Diagrammen

Nach dem dynamischen Kreis von Professor Bähr hat Professor Mohlberg ein Verfahren zur Ermittlung der Intelligenz gegeben (siehe nachstehende „Intelligenzuhr"), wobei er von den Grenzfällen des intellektuellen Lebens ausging: Höchste Genialität und tiefste Idiotie treffen sich bei 12 bzw. 0. Der Kreis selbst ist in drei Segmente geteilt, die der Schwachsinnigkeit, der gesunden Intelligenz und der genialen Veranlagung zugeordnet sind. Jedes dieser drei Segmente ist wiederum in je vier Untersegmente geteilt ($3 \times 4 = 12$), so daß sich insgesamt eine Graduierung von 12 Segmenten ergibt, die aber fließend ineinander übergehen. Für diese „Intelligenzuhr" mit 12 Stunden gibt, hier wörtlich zitiert, Professor Mohlberg an:

0 — 1 = Idiotie. Die Intelligenz genügt nicht, um einfaches Schulwissen aufzunehmen. Der intellektuelle Defekt ist so groß, daß er vollständige soziale Unbrauchbarkeit zur Folge hat.

1 — 2 = Imbezillität. Der Intellekt kommt nicht über den Stand des Schulwissens hinaus und bleibt auf der Stufe der schulkindlichen Intelligenz stehen. Soziale Brauchbarkeit: ein Zustand, der noch einigermaßen Bewegung in der menschlichen Gesellschaft und einige wenige wirkliche Leistungen erlaubt.

2 — 3 = Debilität. Der Patient bleibt in der Weiterentwicklung der Intelligenz stecken. In außerordentlich einfachen Verhältnissen findet er noch ein selbständiges Fortkommen, versagt aber, sobald Durchschnittsforderungen an ihn gestellt werden.

3 — 4 = Beschränktheit. Man spricht dabei von „höherem Blödsinn". Die Betreffenden können sich gut Schul- und Weiterbildung aneignen, aber oft nur auf beschränkten Teilgebieten, dabei kann das Verhältnis zwischen Trieb und Intelligenz gestört sein. Sozial können sie es weit bringen, machen aber gern – und oft – große Dummheiten.

4 — 5 = Pseudointelligenz. Überwiegend starkes Gedächtnis und oberflächliches Verstehen.

5 — 6 = Gesunde Intelligenz mit langsamem Verstehen („lange Leitung").
6 — 7 = Intelligenz mit raschem gründlichem Verstehen.
7 — 8 = Intuitive Intelligenz.
8 — 9 = Genie mit überwiegend technischer Begabung.
9 — 10 = Genie mit überwiegend künstlerischer Begabung.
10 — 11 = Genie mit überwiegend spekulativer Begabung.
11 — 12 = Universalgenie.

Nach der mentalen Methode kann man einen Charakter nach vorgefertigten Diagrammen auspendeln. Die modernen Diagramme, die der Schweizer Verlag für Radiästhesie (RGS) in Werkmappen herausgibt, sind halbkreisförmig, wodurch die Schwingungsrichtung eindeutig festgestellt werden kann. Die Halbkreise selbst sind entsprechend dem dynamischen Kreis von Professor Bähr aufgeteilt und zeigen die verschiedenen Charakterbezeichnungen wie „gut" und „böse", „weich" und „hart", „mitleidig" und „herzlos", „geizig" und „großzügig" etc.

Der Pendel wird im Zentrum des Halbkreises gehalten, wobei sich der Sensitive auf die Frage konzentriert:: „Welchen Charakter hat Frau X oder Herr Y?" Der Pendel wird ihm die Antwort bringen, wobei wieder das Unterbewußte wirksam wird. Auf diese Weise kann man die guten und schlechten Eigenschaften, ja den ganzen Charakter eines Menschen auspendeln.

E. Laub und M. Mauchle geben praktische Anweisungen für das Vorgehen bei der radiästhetischen Intelligenzprüfung in den Werkmappen der RGS:

„1. Man ortet die Pendeltafel nach den Himmelsrichtungen und schaut nach Süden.

2. Man legt den Test (Foto, Schrift, Odträger*) der zu prüfenden Person links vor sich auf den Tisch und legt die linke

*) „Od": Nach Karl von Reichenbach so bezeichnete psychische Energie.

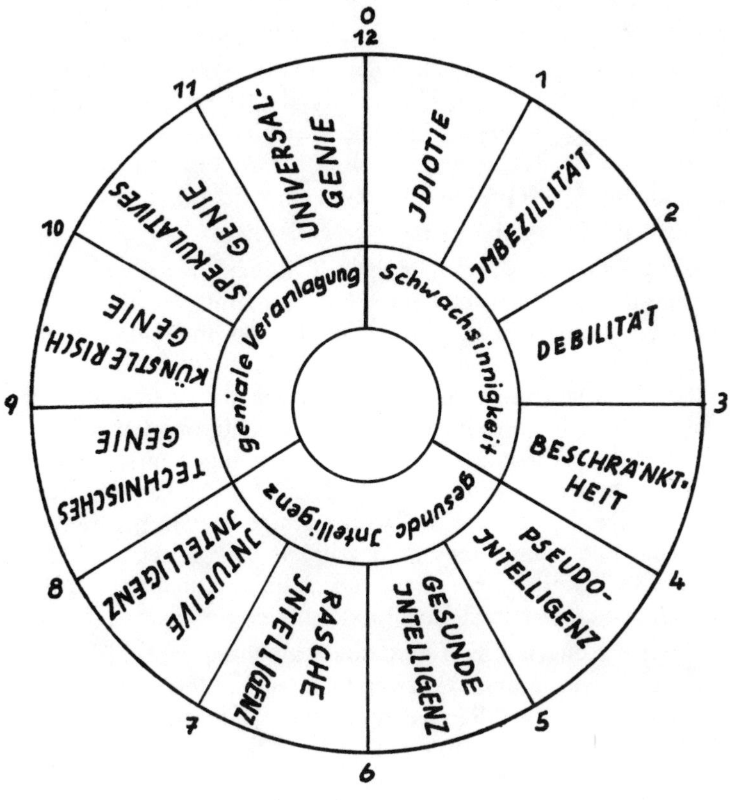

„Intelligenzuhr“ nach Professor Mohlberg.

Hand als Antenne zur Odabnahme darüber, oder man legt die Unterlage (Test) in die Mitte der Pendeltafel.

3. Durch aktive Konzentration stellt man den Kopfstrahl (geistige Orientierung) mit der zu prüfenden Person her.

4. Man hält den Pendel genau in die Mitte des Schnittpunktes oder über den Test und vereinbart mit seinem Unterbewußten (geistige Abmachung), daß der Pendel sich auf jene Gradzahl in Strichschwingungen hinbewege, die dem Zustand des Intellekts der zu prüfenden Person entspricht."

Beispiel zur Bestimmung des Intelligenzfaktors einer Person:

Geistige Orientierung: Durch den Kopfstrahl Kontaktaufnahme mit der betreffenden Person. Aktive Konzentration!

Geistige Fragestellung: Wie hoch ist die Intelligenz (nach Gradeinteilung)?

Geistige Abmachung: Der Pendel möge die Wertigkeit der Intelligenz durch eine Strichbewegung zur betreffenden Wertigkeitsziffer der rechtsläufigen Kreiseinteilung angeben.

Im Gegensatz zu Professor Mohlbergs „Intelligenzuhr" auf dem Vollkreis zeigt der halbkreisförmige Intelligenztest der RGS eine Einteilung der Oberbegriffe in vier Kategorien und zahlreichen Unterbegriffseinteilungen. Die Kommentatoren der Werkmappe meinen zu diesem Intelligenztest ergänzend:

„Untersuchungen dieser Art sind unbedingt auf nicht anwesende Personen unter Verwendung eines Odträgers zu beschränken, um jede Möglichkeit einer Suggestion auszuschließen. Es versteht sich also von selbst, daß Selbstuntersuchungen nicht vorgenommen werden sollen, denn keiner ist sich selber ein gerechter Richter."

In gleicher Weise verfährt man beispielsweise bei dem psychischen Analysendiagramm und dem Diagramm für radiästhetische Berufsberatung (Abbildungen Seiten 112, 113). Ähnliche Diagramme können wir uns selbst herstellen oder über den Schweizer Verlag für Radiästhesie (RGS) in St. Gallen beziehen. Jeder Interessierte sollte selbst feststellen, ob der Vollkreis nach Professor Bähr oder der Halbkreis der modernen Diagramme für eigene Versuche zu besseren Ergebnissen führt.

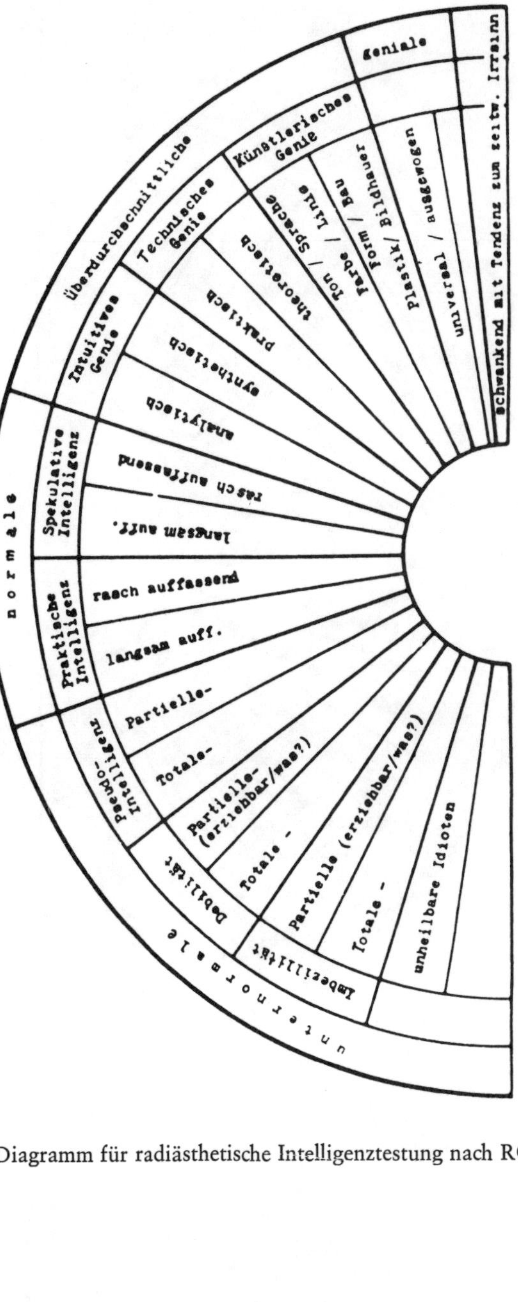

Diagramm für radiästhetische Intelligenztestung nach RGS.

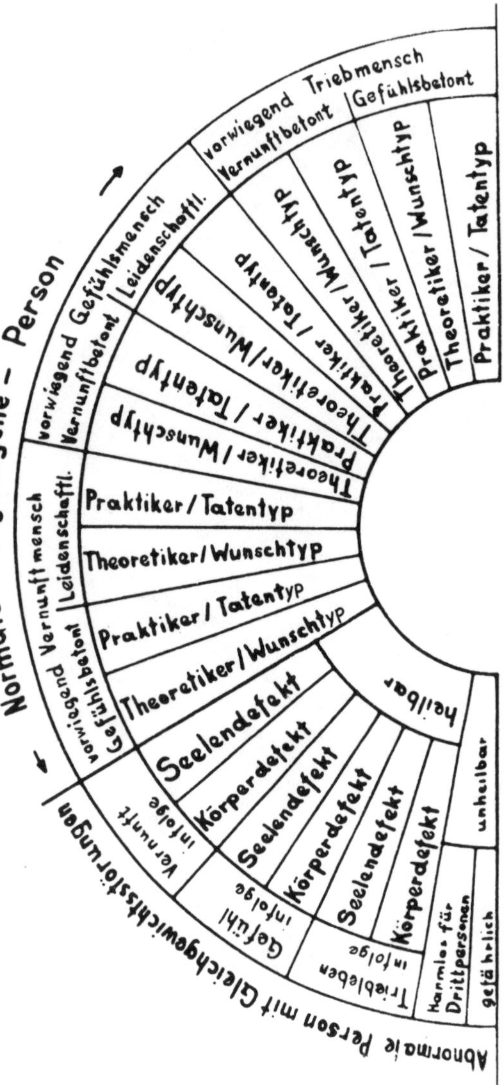

Psychisches Analysen-Diagramm nach RGS.

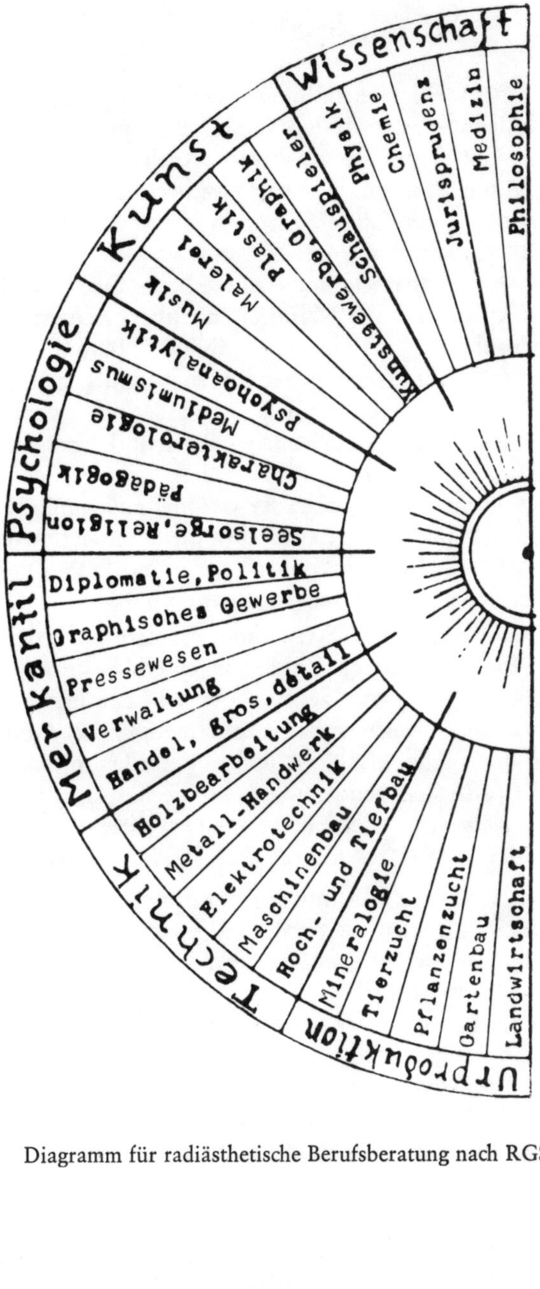

Diagramm für radiästhetische Berufsberatung nach RGS.

Männlich oder weiblich?

„Ob auch in dem Gegensatz beider Geschlechter ein radioaktiver Dualismus aufzufinden sei? Diese Frage stellte ich in folgendem Versuch. Einer sensitiven weiblichen Person stellte ich einen Mann und eine Frau gegenüber. Jedem von beiden letzteren gab ich ein Glas Wasser in die rechte Hand. Nach sechs Minuten, innerhalb welcher die Wässer radioaktiv geladen sein mußten, ließ ich die Sensitive beide Gläser kosten. Sie fand beide kühl, das aus Manneshand aber weit kühler und angenehmer als das aus der Frauenhand. Hierauf stellte ich beide, Mann und Frau, einem sensitiven Mann gegenüber und verfuhr ebenso. Er aber fand das Wasser aus Frauenhand kühler. Man sieht also klar, auch Mann und Frau stehen in einem radioaktiv-polaren Gegensatz."

Schon Karl von Reichenbach, der vor mehr als hundert Jahren diesen Versuch durchführte, entdeckte die Polarisationsverhältnisse beim Menschen und zwischen Mann und Frau. Diese werden vom Pendel in bestimmter Art angezeigt.

Pendelt man über einem Menschen, erhält man verschiedene Pendelschwingungen, deren Zahlen in einem bestimmten Verhältnis stehen. Der Körper zeigt in der Reihenfolge der Strahlenstärke an einer Kette von Einzelschwingungen Geschlecht, Charakter, physische und psychische Veranlagung der Menschen. Am kräftigsten pendelt das Geschlecht. Auf diese Weise kann auch festgestellt werden, wenn verkehrte Polarität vorherrscht, oder wenn Geschlecht und Psyche „verkehrt" sind.

Findet man bei einem Mann mehr Ellipsen als Kreise, so ist seine Veranlagung eben weiblich und umgekehrt. Diese Stärke der Geschlechtsschwingungen ist auch beim Auspendeln des astralen Wesens wichtig. Der Pendel zeigt sofort die wirksame Polarität jener Kraft – solar oder lunar. Aber auch die Polarität im Menschen kann verkehrt sein. Um die Polarität zu erfahren, muß man die Daumen des Menschen abpendeln. Normalerweise schlagen Pendelkreise zur Körpermitte, also: linker Daumen in Richtung des Uhrzeigers, rechter Daumen entgegenge-

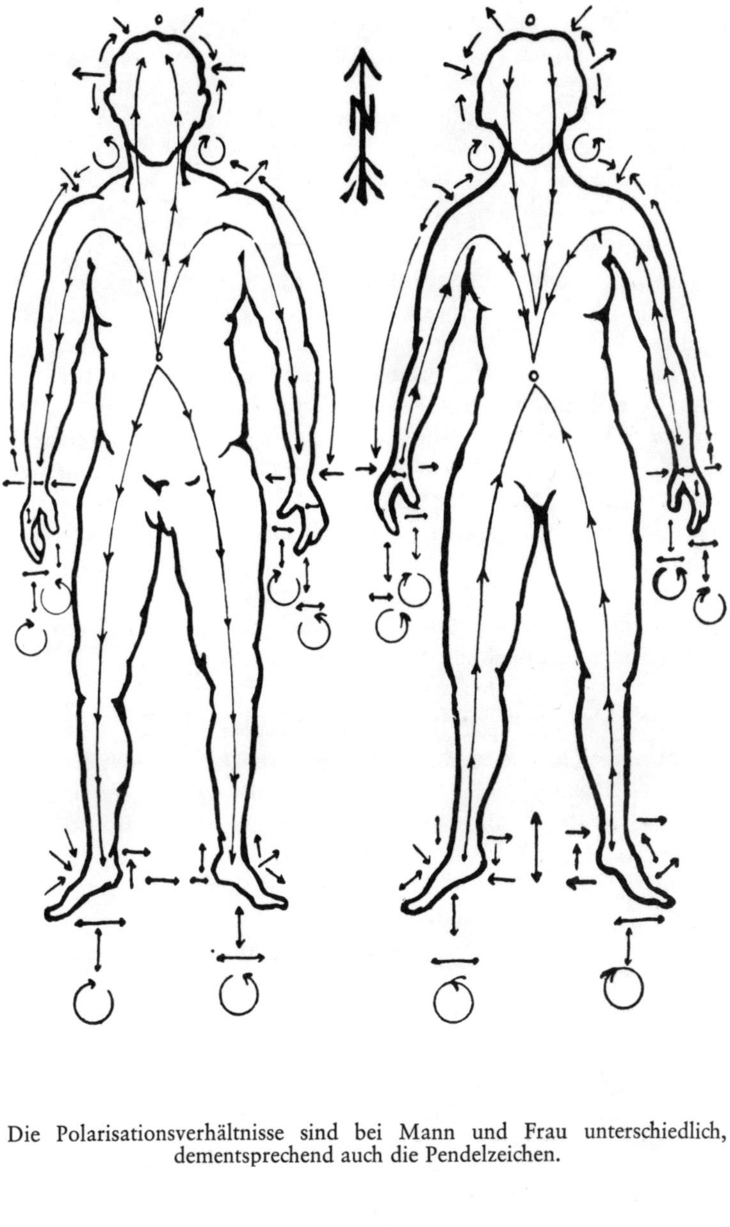

Die Polarisationsverhältnisse sind bei Mann und Frau unterschiedlich, dementsprechend auch die Pendelzeichen.

setzt. Stellt man bei einem Medium verkehrte Polarität fest, ist es zum Pendeln ungeeignet. Über die verschiedenen Schwingungen beim Auspendeln des Körpers wollen wir im Kapitel „Pendelzeichen" noch ausführlicher berichten. Die normalen Pendelzeichen des männlichen und des weiblichen Körpers sollte man sich deshalb genau einprägen, weil diese im Verhältnis zu den Krankheitszeichen Aufschluß über den Gesundheitszustand eines Menschen geben können.

Von jeher galt Gold als das männliche und Silber als das weibliche Metall. Der Ring ist das äußere Zeichen erst der Verlobung, dann der Ehe. Im Mittelalter wurde in der Regel ein goldener Ring für den Bräutigam und ein silberner für die Braut dem Brautpaar von einem Priester an die Finger gesteckt. Die Ringe bedeuteten Sonne und Mond, sie waren entsprechend männlich und weiblich. So ist die wesenseigene Wirkung der beiden Metalle auf die Ringfinger von Mann und Frau zu erklären: Das Gold als positives Metall muß auf den „positiven" Mann dieselbe Wirkung ausüben wie das negative Silber auf die „negative" Frau. Aus diesem Grund werden die „reinen Kreisungen als rein männlich" und die „reinen Strichungen als rein weiblich" bezeichnet. Darum ist es auch möglich, mit dem Pendel das Geschlecht zu unterscheiden.

Das Drehen des Pendels gegen den Körper (negativ) bezeichnet man als „Konservieren", das positive Drehen vom Körper weg als „Divergieren". Nach Amoretti ist beim Pendeln die Drehung in der rechten Hand nach rechts außen als positiv, nach links als negativ anzunehmen. Bähr bezeichnete die Pendelschwingung in Nord-Süd-Richtung als positiv, in Ost-West-Richtung als negativ, wie wir bereits ausgeführt haben.

Wir müssen eine doppelte Polarität der Wesen annehmen. Da diese Polarität bei der rechten und linken Hand auftritt, unterscheiden wir die Rechtspolarität von einer Linkspolarität. Diese tritt entsprechend auch bei Mann und Frau auf. Die Kreisung rechts wird mit rechts-positiv „+ r", die Kreisung links mit links-positiv „+ l" bezeichnet. Entsprechend ist die Strichung Nord-Süd rechts-negativ „— r" und die Strichung Ost-West links-negativ „— l“. Amoretti fand z. B. die Blüten, Blütenstaub und Staubfäden der Pflanzen stets positiv, dagegen Staubbeutel, Griffel und Fruchtknoten negativ.

Auf Grund zahlreicher Versuche zeigte sich auch eine verschiedene Polarität der Fingerenden, woraus sich erklärt, warum

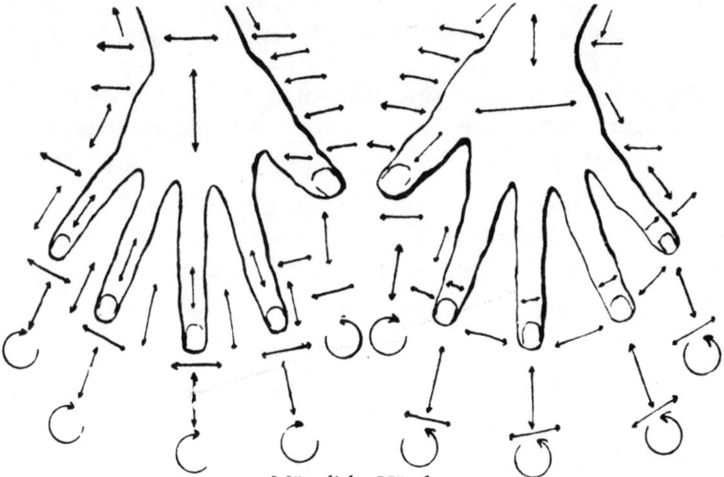

Männliche Hände

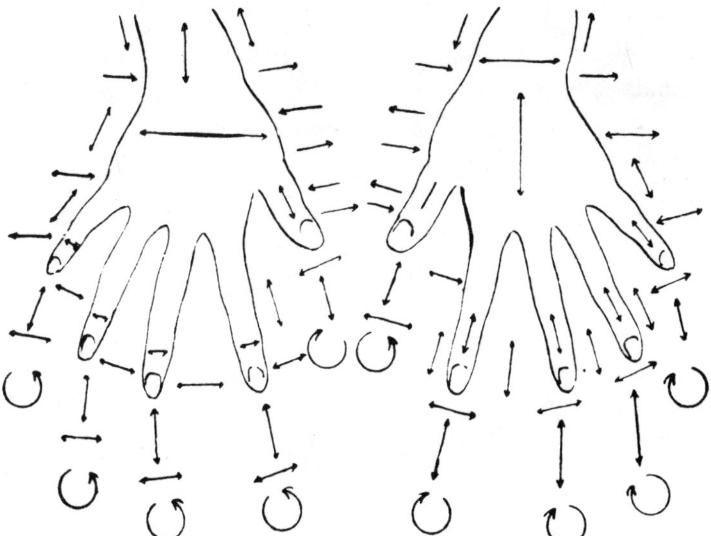

Weibliche Hände

der Pendel, zwischen Ringfinger und Daumen derselben Hand gehalten, entgegengesetzt schwingt als wie zwischen den anderen Fingern und dem Daumen gehalten. Es kommen bei Daumen und Ringfinger zwei gleiche Pole zusammen, bei dem Ringfinger und den anderen Fingern zwei entgegengesetzte. Das bedeutet: Wenn sich bei der einen Art des Haltens Kreisungen ergeben, ergeben sich bei der anderen Art Strichungen. In jedem Fall kehrt der Ringfinger jede elektrische Wirkung um. Bei Haltung des Pendels zwischen Ringfinger und den drei anderen Langfingern ergibt sich dasselbe wie zwischen Daumen und diesen drei Fingern.

Nach Professor Oelenheinz gestaltet sich das Pendelergebnis über einer Kupfermünze – vorausgesetzt, daß das Kupfer in der persönlichen Gleichung Kreise ergibt – folgendermaßen:

Pendel zwischen Daumen und Ringfinger: (+ und +) = —

Pendel zwischen Daumen und Zeigefinger: (+ und —) = +

Pendel zwischen Daumen und Mittelfinger: (+ und —) = +

Pendel zwischen Daumen und kleinem Finger:
(+ und —) = +

Pendel zwischen Ringfinger und Zeigefinger:
(+ und —) = +

Pendel zwischen Ringfinger und Mittelfinger:
(+ und —) = +

Pendel zwischen Ringfinger und kleinem Finger:
(+ und —) = +

Pendel zwischen Zeigefinger und Mittelfinger:
(— und —) = —

Pendel zwischen Zeigefinger und kleinem Finger:
(— und —) = —

„Dabei muß der Daumen und jeder der übrigen Finger außer Berührung mit dem fassenden Finger bleiben. Tritt zu den fassenden Fingern gleicher Polarität ein Finger anderer Polarität, so ist das Ergebnis, das Zeichen, genauso wie bei Fingern verschiedener Polarität: es kehrt sich um.“

Wer paßt zu wem?

Aus den Nachweisen, die wir bisher geführt haben, wird deutlich, daß man auch Sympathie- und Antipathiebeziehung zwischen Menschen, Tieren, Pflanzen und Mineralien feststellen kann. Einschließender Kreis bedeutet immer Zuneigung, Zuführung, Sympathie, ein Trennungsstrich dagegen Abneigung, Antipathie. Will man also feststellen, ob zwei Menschen zueinander passen, so halte man den Pendel zwischen ihre beiden rechten oder ihre beiden linken Hände. Der Pendel wird in der Mitte zwischen beiden Händen gehalten, so daß er zwei bis drei Zentimeter über dem Handrücken schwebt. Dann konzentriert sich der Pendler auf die Frage: „Bestehen zwischen diesen beiden Menschen harmonische Schwingungen?" Das Pendelresultat wird eine eindeutige Antwort geben.

Die Antwort ist das Ergebnis von Anziehung und Abstoßung. Legen wir zum Beispiel zwei Stücke gleichen Metalls nebeneinander und halten den Pendel in den Zwischenraum, so zeigt sich bei Kupfer eine Strichung. Nach Bähr ergibt sich mit einem Bleipendel ein Stillstand. Das bedeutet: Gleiche Pole stoßen sich ab (wie bei einem Hufeisenmagnet), wogegen ungleiche Pole sich anziehen. Anziehung aber heißt Sympathie, Abstoßung dagegen Antipathie.

Machen wir einen weiteren Versuch und nehmen wir statt zwei vier Materialien oder Wesen in symmetrischer, quadratischer Ordnung – und zwar vier positive (Kupfer, Gold) und vier negative (Silber, Nickel). Dabei geben die vier positiven für die rechte Hand und positiven Pendel eine zusammengesetzte Bahn, nämlich zwei in der Richtung gewechselte Strichungen:

1. West-Ost-Strichung
2. Nord-Süd-Strichung

Die vier negativen Materialien geben umgekehrt für die rechte Hand und positiven Pendel:

1. Nord-Süd-Strichung
2. West-Ost-Strichung

Wir beobachten, daß die Strichungen in West-Ost-Richtung und in Nord-Süd-Richtung bei jeder Vierergruppe jeweils gleich sind. Bei diesen Versuchen sind die Ebenen der Anfangskraft, d. h. der erstwirkenden Kraft der positiven Elemente, gegen die der negativen um 90 Grad gedreht, so daß sie aufeinander senkrecht stehen.

In der linken Hand, mit einem Silberpendel bependelt, ergibt sich die gleiche Schwingung, was Strichung und Aufeinanderfolge der Richtungen anbetrifft. Der negative Pendel in der linken Hand muß eben gleich dem positiven Pendel in der rechten Hand wirken – wegen der Symmetrie des Handbaus. So erscheint das Negativ als eine Kraft zwischen gleichnamigen Polen, oder längs gleichnamiger Pole als eine Tangentialkraft.

Nehmen wir vier andere Materialien oder Wesen, von denen zwei negativ und zwei positiv sind, also etwa zwei Gold- oder Kupfer- und zwei Silber- oder Nickelmünzen in kreuzweiser Anordnung, um die wechselseitige Wirkung zu ermöglichen, so erhalten wir mit dem positiven Pendel in der rechten Hand eine Kreisung rechts, mit dem Silberpendel in der linken Hand ebenfalls eine Kreisung rechts – und zwar ziemlich weit ausgreifend. Das Positive erscheint als eine Kraft um gleichnamige Pole, oder über solchen als eine einschließende Kraft.

Wenn sich zum Beispiel zwei Menschen, die sich vorher niemals begegnet sind, treffen, so werden sie sich sehr schnell darüber einig, ob sie sich „mögen“ oder nicht, ob sie sich sympathisch finden oder nicht. In den meisten Fällen werden sie über diese instinktive Empfindung nichts sagen, aber sie werden sich dementsprechend verhalten. Bei beiden Menschen wird sich diese Empfindung in irgendeiner Weise ausdrücken. Sie werden sich entweder sympathisch oder unsympathisch finden, wobei es aber ausgeschlossen ist, daß der eine den anderen sympathisch, der andere aber sein Gegenüber unsympathisch findet. Obwohl diese Empfindung auf Anhieb nicht zu begründen ist, stimmt sie doch in den meisten Fällen, wie man dann erst später weiß. Der Verstand bestätigt also mit großer Verzögerung, was das Gefühl schon lange gewußt hat.

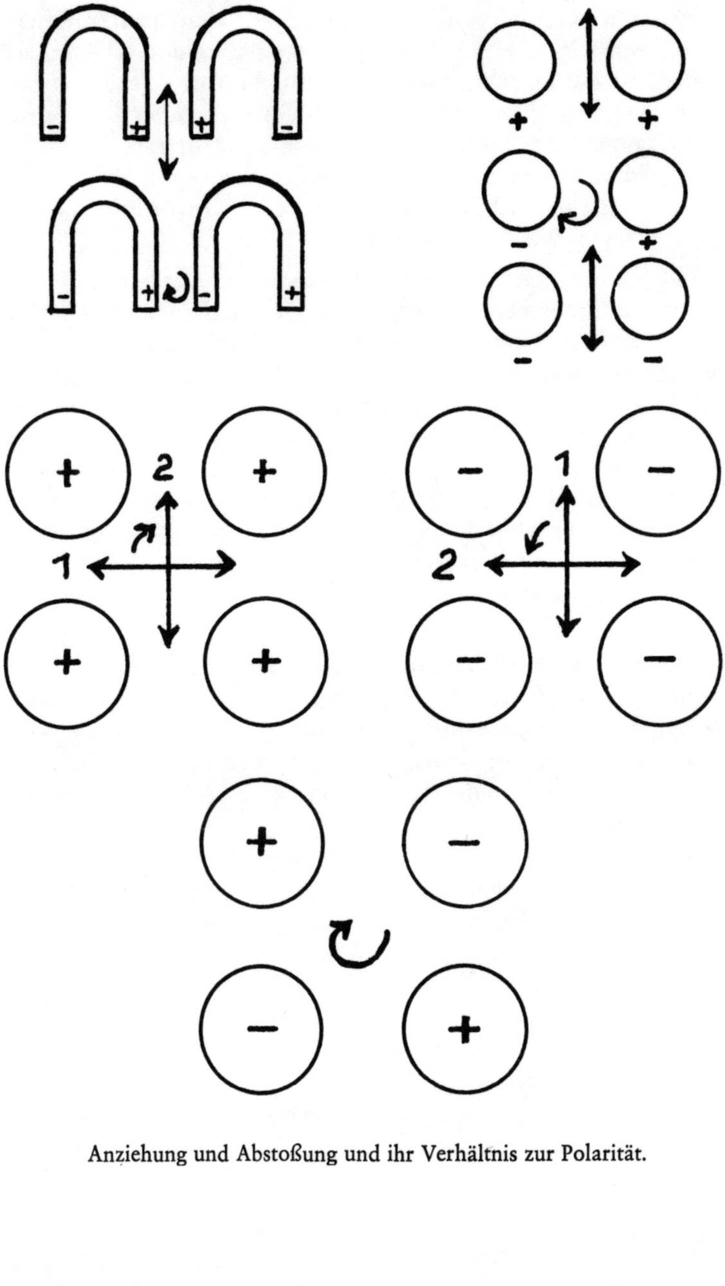

Anziehung und Abstoßung und ihr Verhältnis zur Polarität.

Wenn wir von der Ausstrahlung eines Menschen sprechen, so meinen wir seine positive oder negative Polung. Das innere Gefühl ist die untrügliche Antenne für die Aura eines anderen Menschen, also dessen Strahlkraft. Wenn sich daher zwei Menschen sympathisch finden, dann passen ihre Ausstrahlungskräfte zueinander. Dieses unbewußte Gefühl aber kann der Pendel sichtbar machen. Und so auch ist die sprichwörtliche „Liebe auf den ersten Blick" zu erklären.

Ein solches „Gespür" für Sympathie und Antipathie ist bei sensitiven Menschen besonders entwickelt. Erinnern wir uns daran, was wir über den logischen Verstand und das vom Unbewußten wachgerufene Gefühl gesagt haben, so wird auch hier deutlich, daß der „inneren Stimme" manchmal mehr zu vertrauen ist als dem Verstand. Dies zeigt sich ja auch bei Tieren, die ja rein instinktmäßig handeln. Ein Hund beispielsweise merkt sofort, ob ihm ein Mensch freundlich gesinnt ist. Er wird ihn schwanzwedelnd begrüßen; sagt ihm aber sein Spürsinn, daß ihm der Mensch in feindlicher Absicht naht, so wird er ihn anknurren und ihm die Zähne zeigen, d. h. in Abwehrstellung gehen.

Wenn zwei Menschen zueinander passen, so wird sich beim mentalen Pendeln ein Rechtskreis oder ein senkrechter Strich zeigen; passen sie aber nicht zueinander, so zeigt sich die Verneinung als Linkskreis oder waagrechter Strich. Hondorff bemerkt dazu (und man erkennt einmal mehr die individuell unterschiedliche Interpretation):

„Manche Pendler sehen Kreise prinzipiell als positiv an, wobei der Linkskreis als nicht ganz so positiv gilt. Ellipsen deuten ein mäßiges Verstehen an, wobei die schmale Ellipse noch ungünstiger ist. Verbindungsstriche, also eine waagrechte Strichbewegung, repräsentieren eine lose Verbindung ohne innere Anteilnahme, während Trennungsstriche, also senkrechte Striche, die Unmöglichkeit einer Verständigung, eine krasse Antipathie bezeugen."

Ferner deutet ein „großer, weit geschwungener Kreis auf ausgesprochen starke Sympathie, während ein kleiner, manchmal

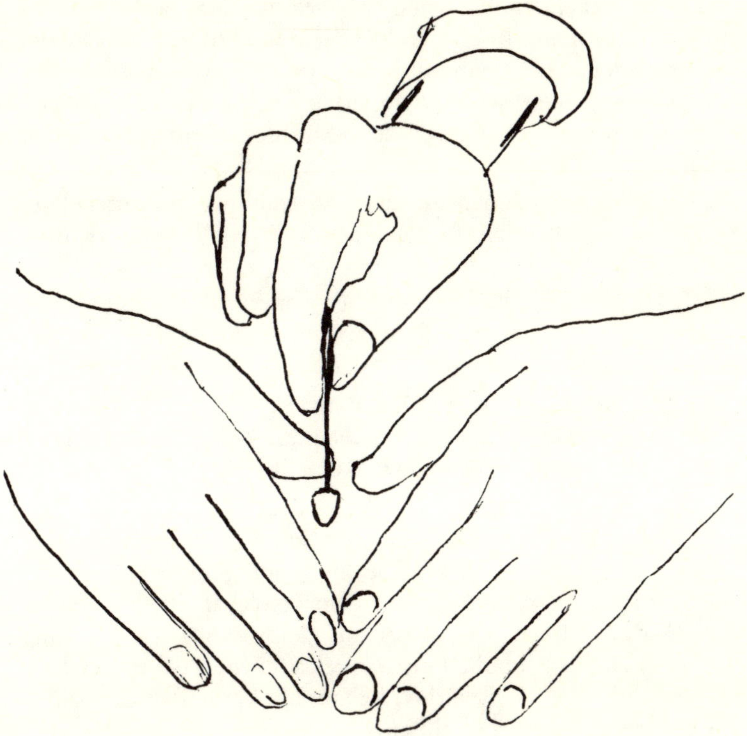

Weibliche Hand Männliche Hand

Die Hände liegen flach auf, der Pendel schwebt darüber.
Zuneigung oder Abneigung, Sympathie oder Antipathie,
Kreis oder Strichung?

sogar etwas stockender Kreis auf eine mäßige Sympathie schließen läßt".

Was an lebenden Personen möglich ist, läßt sich auch an ihren Fotografien, Briefen oder Kleidungsstücken erpendeln. Die erpendelte Strahlenbindung entspricht der seelischen Bindung der Personen, wobei Sympathie und Bejahung auf einen harmonischen Gleichklang der Strahlungskräfte schließen lassen.

Über die Ausnahmen in der Odstrahlung berichtet Paul Kiene, ein Pendler mit fünfzigjähriger Praxis *(Die Bedeutung der Odstrahlung in der Ehe,* RGS Nr. 131, S. 104 – 105):

„Da ich Gelegenheit hatte, die weitere Entwicklung von ‚negativ' strahlenden Männern zu verfolgen, konnte ich folgende Feststellung machen:

1. Als Junggesellen war es ihnen unmöglich, eine Annäherung an das andere Geschlecht zu erreichen. Sie hatten in dieser Hinsicht Hemmungen, für die wir keine Erklärung fanden. Sie blieben auch meistens unverheiratet.

2. Wenn mir im Laufe der Zeit unter meinen Bekannten Ehepaare begegneten, deren Ehe kinderlos geblieben war und auch blieb, dann konnte ich mit dem Pendel feststellen, daß es sich bei diesen Ehen um Partner mit gleichpoliger Ausstrahlung handelte. Das war in allen mir vorgekommenen Fällen der Fall, so daß ich heute mit Sicherheit behaupten kann, daß die beiden Ehepartner gleichpolig strahlten.

Aus diesen beiden Erkenntnissen muß ich folgern, daß die Odstrahlung besonders die Keimzellen beeinflußt und daß infolgedessen eine Befruchtung unmöglich wird. Das sollten Ehewillige vor ihrer Bindung beachten und überprüfen."

Eine Fotografie erzählt

„Werden Sie mir auch etwas über einen Menschen sagen können, der auf einem Foto abgebildet ist?“ wollte ein Besucher von einem Radiästheten wissen.

„Sie sind zu mir gekommen, um etwas über eine Person zu erfahren“, antwortete der Pendler. „Natürlich werde ich versuchen, Ihnen zu helfen. Sie sagen, daß Sie eine Fotografie bei sich haben. Sagen Sie mir bitte nicht, um wen es sich handelt – ich werde es Ihnen sagen. Und so werden Sie überzeugt sein, daß der Pendel die Wahrheit sagt. Ich werde jetzt aus dem Zimmer gehen und Sie für einen Augenblick allein lassen. In dieser Zeit nehmen Sie das Foto und schieben es unter das weiße Blatt Papier, das auf meinem Tisch liegt. Auf diese Weise kann ich nicht sehen, wen das Bild darstellt.“

Der Besucher war verblüfft, aber gern bereit, sich von diesem ersten Versuch überzeugen zu lassen. Der Pendler verließ den Raum, der Besucher tat, wie ihm vorgeschlagen worden war. Kurz darauf kam der Sensitive mit seinem Pendel in der Hand zurück. Wortlos setzte er sich an seinen Schreibtisch und ließ den Pendel über dem Stück Papier, das die Fotografie bedeckte, hängen. Man merkte, daß er sich stark konzentrierte und dabei mit seinen Augen die Spitze seines Pendels unablässig beobachtete. Plötzlich begann der Pendel langsam zu schwingen, dann immer stärker und stärker, bis der Mann hinter dem Schreibtisch seinen Versuch abbrach.

„Es handelt sich um ein männliches Wesen, denn die Schwingungen meines Pendels weisen eindeutig darauf hin. Sie gestatten, daß ich mir nun die Fotografie näher betrachte, um Ihnen dann weitere Angaben über die darauf dargestellte Person machen zu können.“

Der Besucher war von den Fähigkeiten des Pendlers beeindruckt. Tatsächlich zeigte das Foto ein männliches Wesen, einen jungen Mann.

„Ist das Ihr Sohn?“ wollte der Pendler wissen. Der Besucher bejahte die Frage. „Was wollen Sie genau über ihn wissen?

Etwas über seinen derzeitigen Aufenthalt oder über seinen Charakter?“

„Über seinen Charakter ... wenn Sie mir in dieser Angelegenheit helfen können?“

Wieder ließ der Sensitive sein Pendel über der Fotografie kreisen. Zur großen Überraschung des Vaters berichtete nun der Pendler alle Einzelheiten über Eigenschaften, Wesen, Charakter, Beruf und Intelligenz des Sohnes. Als das Experiment beendet war, wollte der Pendler von seinem Besucher wissen, warum er zu ihm gekommen sei.

„Vielleicht werde ich Ihnen später den Grund sagen können. Bitte entschuldigen Sie, daß ich Sie jetzt nicht über meine Vermutungen ins Bild setze. Ich danke ihnen, vielleicht haben Sie mir schon geholfen.“

Mit diesen Worten verabschiedete er sich. Zwei Wochen später schickte er einen Brief, in dem er sich erklärte:

„Ich bin mit einem fürchterlichen Verdacht damals zu Ihnen gekommen. Mein Sohn arbeitet in meiner Firma. Bei der letzten Revision stellte sich heraus, daß eine erhebliche Summe Geldes veruntreut worden sein mußte. Ich hatte meinen Sohn in Verdacht, doch sprach ich mit niemandem darüber. Deshalb suchte ich Sie auf. Was ich von Ihnen hörte, war keineswegs negativ. Danach konnte er es nicht gewesen sein. Das war für mich eine große Beruhigung, und Gott möge mir verzeihen, daß ich meinen eigenen Sohn verdächtigte. Gestern nun stellte sich heraus, daß einer unserer Buchhalter das Geld genommen hatte, denn sein plumper Streich konnte aufgedeckt werden. Für Ihre Hilfe noch einmal meinen herzlichen Dank! Ihr Pendel hat die Wahrheit gesprochen.“

Der aufmerksame Leser wird nach all den vorangegangenen Erklärungen erkannt haben, daß es sich hierbei keineswegs um magische Kunst oder sonst eine undurchsichtige Manipulation gehandelt hat, sondern daß das Ergebnis auf klaren wissenschaftlichen Erkenntnissen beruht.

Vor mehr als 65 Jahren machte Friedrich Kallenberg die Entdeckung, daß nicht nur der Mensch, sondern auch seine

Fotografie eine Ausstrahlung hat. Wir geben mit seinen eigenen Worten wieder, wie er zu seiner Entdeckung kam:

„Es war zu fortgeschrittener Stunde in einer sommerwarmen Frühlingsnacht. Der Schein meiner Studierlampe leuchtete über einer Menge von Dingen aller Art, welche dem siderischen Pendel dies und jenes von ihrem innersten Wesen erzählten, und ich selbst hatte, noch mit dem bescheidenen Instrument bewaffnet, einige Augenblicke gerastet, um darüber nachzudenken, was wohl jetzt an die Reihe kommen sollte. Zu meiner Rechten lag das fotografische Bildnis meiner jüngst verstorbenen Frau. Mechanisch – ohne mich irgendeiner Erwartung hinzugeben – griff ich nach ihm und ließ den Pendel über ihm ruhen. Und siehe: das Wunder geschah! Das ‚Wunder', welches, nachdem ich und andere es einmal als zu Recht bestehend erkannt hatten, wenige Wochen später alle Welt in Aufregung und höchste Spannung versetzte, die Entdeckung, daß das fotografische Bildnis, sei es im Negativ, sei es im Positiv, kein toter Abklatsch, sondern ein lebensvoller Reflex der betreffenden Persönlichkeit ist! Der Pendel schwang in schmaler, weit ausholender Ellipse von Norden nach Süden über der Fotografie meiner Frau."

Kallenberg gab seine Versuche nicht auf, sondern entdeckte, daß alle Dinge, mit denen ein Mensch in Berührung kommt, seine Ausstrahlung empfangen, daß sie sozusagen von dem Menschen imprägniert werden: seine Fotografie, seine Handschrift und seine Kleider. Die Schwingungen, die der Pendel über diesen Gegenständen beschreibt, sind denjenigen des Menschen, von dem sie stammen, vollkommen gleich. Über diese aufsehenerregenden Entdeckungen veröffentlichte Friedrich Kallenberg zuerst einige größere Zeitungsartikel und dann sein Buch *Offenbarungen des siderischen Pendels* (Diessen bei München 1913). In diesem finden sich die folgenden vier Lehrsätze:

1. Die fotografische Platte bzw. das Positiv ist nichts Geringeres als der elektromagnetische Reflex der Wesenheit des Originals.

2. Dieser Reflex offenbart sich von über dem Objekt geometrisch kreisenden Ionenbahnen (Atom- und Elektronenenergie).

3. Der siderische Pendel, präpariert durch den das Medium durchströmenden Magnetismus, tritt in die Schwingungen der Ionenbahnen ein.

4. Die vorerwähnte Wesenheit des Individuums wird erfaßt in bezug auf das Geschlecht, die gesunde oder krankhafte Veranlagung (im Menschen und Tier), auf das Temperament und die im Moment der Aufnahme herrschenden Erregungszustände des Fotografierten.

Ein bekannter Justizrat aus Berlin, der das Buch kurz nach seinem Erscheinen gelesen hatte, schrieb dem Verleger Josef Huber einen empörten Brief und machte ihm Vorhaltungen, wie er nur einen solchen Schwindel veröffentlichen könne. Ein Beleidigungsprozeß war die Folge. Über den Verlauf dieses Prozesses berichtet Hondorff:

„Aber die Verhandlung lief nicht ganz so, wie sich der angeklagte Justizrat das vorgestellt hatte. Als er gerade in einer wohlgesetzten Rede mit viel Pathos den ‚Schwindel' aufdecken wollte – und das Gericht hörte sich seine Verteidigung auch wohlwollend an –, da stand Kallenberg ganz gelassen auf, ging bescheiden zum Richtertisch und begann in aller Ruhe mit dem siderischen Pendel zu experimentieren. Das Hohe Gericht sowie der Angeklagte kamen aus dem Staunen nicht heraus, als sie die Ergebnisse sahen, die sämtlich stimmten. Damit fielen die Einwände des angeklagten Justizrates in sich zusammen, und es blieb ihm nichts anderes übrig, als sich für den ‚Schwindel' zu entschuldigen, die gesamten Kosten zu übernehmen und kleinlaut aus dem Saal zu verschwinden."

Später haben zahlreiche Gelehrte, darunter angesehene Mediziner wie Sanitätsrat Dr. Clasen, nachgewiesen, daß es sich bei den Entdeckungen von Friedrich Kallenberg keineswegs um einen Schwindel handelt. Dr. Clasen bekannte:

„Halte ich meinen Pendel über die Fotografie einer hochbegabten, von Idealen erfüllten Person, so erhalte ich bei der Frage: Charakter? etwa folgendes Pendelbild:

Zunächst rechtsdrehende Kreise von großem Umfang, fast bis zur Ausbildung einer horizontalen Scheibe, mit zahlreichen Kreisschwingungen, worauf eine senkrechte, ebenfalls hochgehende Linie folgt. Alsdann gibt es nach einigen Übergangsschwingungen linksdrehende, aber viel kleinere Kreise, an die sich dann wieder eine senkrechte, aber ebenfalls kleinere Linie schließt.

So oft ich dieses Pendeln über dieser Person wiederhole, erscheint unweigerlich wieder dasselbe Pendelbild, auf dessen Deutung ich aber nicht eingehen möchte. Dies alles kann doch nicht Zufall, muß vielmehr etwas Gesetzmäßiges sein. Bei Personen mit geringer geistiger Begabung erhalte ich dasselbe Pendelbild, aber von viel kleinerem Ausmaß der einzelnen Schwingungen. Andere Charakterpendler erhalten andere Pendelbilder, die für sie den gleichen Wert haben wie die meinigen für mich. Mit wachsender Übung erpendelt man nicht nur mehr Einzelheiten, sondern gewinnt auch besseres Verständnis für die Bedeutung der einzelnen Ausschläge.“

Bei geistig unbeweglichen oder sehr primitiven Menschen, die ein rein vegetatives Leben jenseits geistiger Ansprüche führen, fehlen bei der Charakterpendelung die sonst bei jedem anderen Menschen auftretenden Rechtsschwingungen vollständig, und zwar in der Weise, als wolle der Pendel andeuten, daß hier ein höheres geistiges Leben überhaupt nicht vorhanden ist.

„Etwas ganz Merkwürdiges und Auffallendes“, so weiter Dr. Clasen, „ergibt sich beim Pendeln auf ‚Geistesverfassung‘. Pendelt man bei Personen, Handschriften, Fotografien auf ‚Geistesverfassung‘, so macht der Pendel bei geistig Hochstehenden und Hochbegabten rechtsdrehende Kreise, die sich bis zu einer horizontalen Scheibe steigern können, woran sich dann ein senkrechter Strich schließt von dem gleichen Ausmaß.“

Die Pendelzeichen

In den früher behandelten Kapiteln haben wir bereits einige der wichtigsten Pendelzeichen kennengelernt (Kapitel *Viele sind berufen, Der dynamische Kreis, Mentales Pendeln für Meister, Männlich oder weiblich?).* Die Grundbahnen des Pendels sind beschränkt auf folgende Bahnen: Kreis, Ellipse und Striche, aber die Veränderlichkeit dieser Figuren ist sehr groß. Der Körper kann nach der Art seiner Schwingungen abgependelt werden und nach dem Grad, in welchem er schwingt, zwischen 0 Grad und 360 Grad (vgl. Kapitel *Der dynamische Kreis).* Die individuellen Schwingungsbahnen des Körpers haben wir ebenfalls schon kennengelernt.

Pendelt man über einem Menschen (seiner Fotografie oder einem Brief von ihm), so erhält man verschiedene Pendelschwingungen, deren Zahl in bestimmtem Verhältnis steht. Wird der Pendel über die Nasenwurzel gehalten, so erhält man die Resultate der dem Menschen innewohnenden Eigenschaften. Die geistige Einstellung erfahren wir durch Abpendeln von Kopf und Nerven. Der Pendel schwingt normal im Rechtskreis, so wie auch das Herz schwingt. An der Art der Kreise wird das Resultat abgelesen, dabei ist es wichtig, Zahl, Weite und Art der Kreise unterscheiden zu lernen.

Frank Glahn *(Radio der Natur,* 1925) fand bei Kopf und Herz eine Dreiecksfigur mit der Spitze nach oben gerichtet. Über die Brust gehalten zeigt der Pendel die Beschaffenheit der Lungen. Pendelruhe zeigt krankhafte Stellen an. Darüber wollen wir jedoch eingehender im Kapitel *Krankheiten und die Pendeldiagnose* (auf Seiten 197 ff.) berichten. Nachfolgende Tafel zeigt die normalen Pendelschwingungen über einem menschlichen Körper, der vollkommen gesund ist. Diese Zeichen sollte man sich einprägen, um sie später von den Krankheitszeichen genau unterscheiden zu können.

Es gibt lebhafte, rasche, langgezogene und kurze Bahnen, sehr regelmäßige, an Form und Geschwindigkeit regelmäßig zunehmende und abnehmende Schwingungen, solche mit einem

Die grundsätzlichen Schwingungsbahnen beim Pendeln.

Höhepunkt an Größe und Bewegung innerhalb des Verlaufs und solche mit unregelmäßigem Verlauf. Letztere scheinen aber sehr selten. Die Lebhaftigkeit kann sich bis zum Stoßen steigern, zum „Schlagen", sogar zum Überschlagen auf die Hand des Pendlers.

Die Pendelschwingungen bedeuten zunächst Gegenwirkungen gegen die Schwerkraft, da der Pendel das Bestreben hat, eine Ruhelage im Lot einzunehmen. Bei äußerem, mechanischem Anstoß des Pendels müßte ein Stoß den Kurvenschwung auslösen, der den Pendel in einer Ebene schwingen läßt. Diesem müßte ein zweiter folgen, der in irgendeiner – nicht mit dieser Ebene zusammenfallenden – Richtung wirkt. Beim siderischen Pendel wird der Anstoß durch die Strahlungskraft des bependelten Materials ausgelöst.

Der Pendler muß auf die Richtung, die Form und die Zahl der Schwingungen bis zum eintretenden Stillstand achten. Die

Großgehirn, Gesicht .	○ (△)	Eingeweide	⬭
Kleingehirn, Unterkiefer, Hals	○	Unterleibsorgane . .	↔
Rechte Lungenspitze .	⤡	r. Bein, Oberschenkel .	↕
Bronchien	↕	r. Bein, Knie	○
Linke Lungenspitze .	⤢	r. Bein, Unterschenkel .	↓
Herz	○ (△)	l. Bein, Oberschenkel .	↓
Lunge	○	l. Bein, Knie	○
Magen	○	l. Bein, Unterschenkel .	↓
Leber	⬭	Füße	○
Plexus solaris . . .	◯	Lebenskraft	Kreise größer oder kleiner

Pendelzeichen beim Auspendeln eines gesunden Körpers.

Schlußwirkung sollte stets erfolgen, wobei diese bei einem geübten Pendler früher eintritt als beim ungeübten.

Nach Amoretti sind die Bewegungen des Pendels stets regelmäßig und haben einen eigenen Rhythmus, der nicht zu stören ist. Bei jedem Wesen ist die Regelmäßigkeit der Pendelbahnen durch ein anderes Zeitmaß unterschieden. Das allmählich größer und kraftvoller werdende Schwingen ist nicht immer gefolgt von einem ebenso oder entsprechend schwächer werdenden Abflauen der Schwingungen. Manchmal schwingt der Pendel fast plötzlich aus, oft sind die Schwingungen weiträumig, dann wieder langdauernd, zaghaft oder nur einige Schläge dauernd.

Nach der Erfahrung von Professor Leopold Oelenheinz spielt beim Pendeln unbedingt auch die Substanz des Pendels mit:

„Jedes Pendelzeichen ist die Schlußkraft (Resultante) aus drei Raumkräften, nämlich:

1. der des Eigenzeichens des Pendlers,
2. der des Eigenzeichens des Pendels (Pendelkörpers) selbst,
3. der des Eigenzeichens der Unterlage."

Von diesen drei Raumkräften sind nur zwei konstant: die Unterlage und der Pendel, wogegen das Eigenzeichen des Pendlers immer ein anderes sein wird. Er ist es, der sich mit den anderen beiden Größen ins Verhältnis setzen muß. Daraus erklären sich die bestimmten und individuellen Eigentümlichkeiten der Schwingungsbilder jedes einzelnen Pendlers. Jeder wird aber, wenn Nebeneinflüsse ausgeschaltet sind, bei derselben Person und ihren Vervielfältigungen (Foto, Brief etc.) immer dieselben Pendelzeichen erhalten.

Professor Dr. M. Benedict (*Ruten- und Pendellehre,* Wien 1917) hat über Farben einige Versuche angestellt. Rote bis braune Farbstifte antworteten in Linkskreisen, ebenso gelbe, während über Blau und allen anderen Abstufungen, also auch Grün, Strichungen zustande kamen. Rot und Blau wirken daher entgegengesetzt. Diese Versuche wurden mit der rechten Hand durchgeführt. Mit der linken Hand ergab sich bei Rot und Gelb eine Kreisung links, bei Blau und Grün eine Strichung West-Ost.

Sind nun die Farben mit dem Pinsel aufgetragen, so wirkt nach Professor Oelenheinz bei bezuglosem Verhalten des Pendlers nicht mehr die Farbe, sondern die in den Strichen betätigte Kraft der Eigenschwingungen des Pendlers. Diese Tatsache ermöglicht es beispielsweise, gefälschte von echten Bildern eines Malers zu unterscheiden. Darüber wollen wir in einem späteren Kapitel dieses Buches berichten.

Auch das Ohr kann der Vermittler von Pendelschwingungen sein. Ein Knall, das gleichförmige Ticken einer Uhr oder das Fallen einzelner Regentropfen können das Harmonische im Gleichgewicht des Pendlers stören und damit den Pendel beeinflussen. So ruft der Klang eines Musikstückes Pendelbahnen hervor, die, unabhängig vom Tempo, identisch sind mit denen seines Urhebers, nicht aber etwa mit denen seines Interpreten. Musik ist also gleichzusetzen mit der Handschrift des Urhebers, d. h. des Komponisten. Auch davon wollen wir an anderer Stelle ein Beispiel geben.

Schon Schelling (*Sämtliche Werke,* Bd. VII, S. 496) stellte fest:

„Auch ist es nicht gleich, ob man mit der linken oder rechten Hand operiert, denn zwischen der rechten und der linken Seite ist der Gegensatz bei manchem bis zur entschiedensten Polarität ausgebildet."

Wie wir bereits im Kapitel *Männlich oder weiblich?* gezeigt haben, gleichen die Pendelschwingungen einer männlichen rechten Hand denen einer weiblichen linken Hand, und die einer männlichen linken Hand denen einer weiblichen rechten Hand, wobei aber die Rückseite der Hand entsprechend gegenpolig wirkt. Versuche müssen also, je nachdem sie mit der rechten oder linken Hand ausgeführt werden, zu entgegengesetzten Ergebnissen führen.

Beim Auspendeln zusammengesetzter Materialien oder über einer Hand mit Einstellung auf die Aura zeigen sich verschiedene Pendelfiguren, die sich aus einfachen Schwingungen zusammensetzen. Der Pendel kann hier in endlosen Figuren schwingen, die sich mehr oder minder harmonisch vermischen. Hondorff bemerkt hierzu:

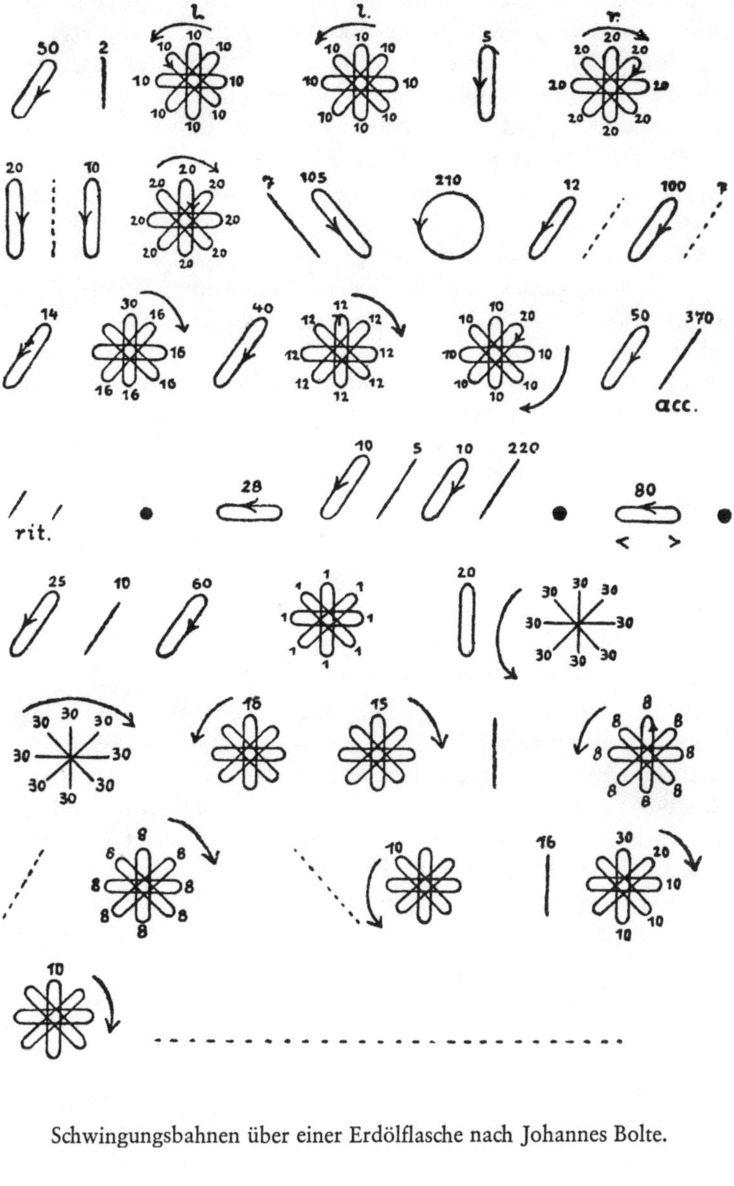

Schwingungsbahnen über einer Erdölflasche nach Johannes Bolte.

„Es ist sehr eigenartig, daß bei dieser Art des Pendelns nicht einfache Schwingungsbilder erscheinen, sondern lange Perioden verschiedenartiger Figuren. Man erklärt diese vielfältigen Ausschläge als ‚Charakterausschläge' der Strahlkraft, die dem entsprechenden Objekt innewohne. Man sieht, daß hier ein ganz anderes Prinzip wirksam wird als beim mentalen Pendeln."

Wie Frank Glahn bereits feststellte, haben sowohl organische wie anorganische Materialien nicht nur ganz spezifische Gradausschläge (vgl. *Tabelle der dynamischen Werte,* S. 84), sondern auch ganz spezielle individuelle Charakterbilder. Anorganische Materialien zeigen meist sehr einfache Schwingungsbilder, während organische Materialien vielfach komplizierte Pendelbahnen aufweisen. Vorstehende Abbildungstafel zeigt die Schwingungsbahnen nach der Aura-Od-Methode, wie sie Johannes Bolte über einer offenen Erdölflasche erhalten hat, wobei die kurzen Übergangsschwingungen punktiert angegeben sind.

In sogenannte Pendeldiagrammformulare kann man alle Schwingungsarten, deren Richtungen und Zahl eintragen, um eine bessere Analyse nach Kreisen, Ellipsen und Strichungen zu erhalten. Wichtig ist auch das genaue Notieren der Läufigkeit (rechts oder links) von Kreisen, deren Größe usw.

Bei der Auspendelung des Charakters, wobei der Pendel über die Mitte der Brust gehalten wird, erhält man die bekannten Kreise und Ellipsen (mentales Pendeln). Sind sie klein und eng, so ist es auch der Charakter. Entsteht eine senkrechte Linie, so ist auf Egoismus, Hartherzigkeit und Eigenwilligkeit zu schließen. Ist diese Linie lang und die Pendelung energisch, so ist der Mensch tatkräftig, aber kalt und rücksichtslos. Sind die Kreise und Ellipsen weit und ruhig, so herrscht geistige, regsame Kraft vor. Sind die Formen eng und werden allmählich weiter, so hat der Mensch die Enge der Kleinlichkeit überwunden und sich in seinen Anschauungen in Richtung zunehmender Geistigkeit entwickelt.

Umgekehrt deutet es auf ursprünglich gute Veranlagung, welche im Lauf der Zeit unter den Schicksalsschlägen immer enger, kleinlicher und beschränkter geworden ist. In dieser Hinsicht zeigt sich eine Bestätigung und Ähnlichkeit mit der Deutung des Abstandes des Schriftrandes in der Graphologie. Das muß ja auch so sein, denn obgleich die analytischen Wege verschieden sind, wird das Resultat gleich ausfallen.

Erweitern sich die Formen zu einer liegenden Ellipse, deutet dies auf allgemeine Menschenliebe. Gehen die Linien nach unten, den Füßen zu, bestehen starke, materielle Interessen. Ist der Kreis zum Beispiel oben eingedrückt, deutet das auf Dummheit bzw. geistigen Kraftmangel. Wie die einzelnen Forscher die Zeichen gedeutet haben, macht folgende Übersicht deutlich.

Nach rechts ansteigende Schräglinie: zeigt nach Zechlin die Verstandesfunktion.

Linkskreis: zeigt nach Zechlin das Verhalten des aktiven männlichen Charakters.

Rechtskreis: ist nach Zechlin das Zeichen für das Verhalten des passiven weiblichen Charakters.

Nach links ansteigende Schräglinie: zeigt nach Zechlin das Gefühlsleben. Über einer Fotografie eines Mannes erhielt er zum Beispiel 520 nach rechts ansteigende Schräglinien, 20 Linkskreise und 40 nach links ansteigende Schräglinien, während sich über einer Fotografie einer Frau 250 nach rechts ansteigende Linien, 10 Linkskreise und 20 nach links ansteigende Linien zeigten.

Kreise: Harmonie, Lebenskraft und Lebensfreude, Aktivität und Männlichkeit nach Spiesberger. Rechtskreise gelten als positiver denn Linkskreise. Professor Wolff bemerkt: „Rechtsschwung deutet auf eine Verstärkung des Egoismus und des Selbstbehauptungswillens hin, Linksschwung zeigt Selbstschädigung durch angemessene Einbildung und Überheblichkeit an. Übermäßig große Kreise verraten Machtwahn und Scheingröße."

Ellipsen: weiblich, neutral, weniger gut. Sie symbolisieren das Seelische. *Liegende Ellipse:* Triebseite, Sexualität und Liebesfähigkeit des Menschen; deutet auf das Unbewußte. *Kreise auf Ellipsen:* nach Glahn wird Liebe und Güte angezeigt. *Senkrechte Ellipse:* positive aktive Note des Weiblichen, Überwiegen des

Intellektes, wobei das Gefühl zurücktritt. Wenn sie beim Mann erpendelt werden, so ist dieser mehr vom Gefühl bestimmt. *Ellipsen in Schräglage:* negative Charakteranlagen, Überwiegen von Fehlern und Schwächen.

Senkrechter Strich: nach Spiesberger die Ich- und Willenslinie, Symbol für die Persönlichkeit und die ichbewußte Individualität. Verstandeslinie. Bei starker Dominanz Hinweis auf übertriebenen Egoismus, Willenshärte und tyrannische Herrschsucht. Nach Professor Wolff ist sie ein Zeichen „einer heimlichen Sehnsucht, welche als unerfüllte Kraft dem Menschen innewohnt; sei es die Aussichtslosigkeit, sei es der Scheideweg, sei es der Mangel an Fülle und Flüssigkeit, auf jeden Fall deutet dieser Strich etwas noch nicht Erfülltes oder etwas nicht Erfüllbares an".

Waagrechter Strich: vegetatives Prinzip, Verneinung, Symbol für das Materielle, Hindernis und Hemmung für das geistige Wollen. Professor Wolff deutet: „Wir tragen den Zweifel, das Nein und den Mephisto in uns. Nicht die Seele als solche und nicht der Geist als solcher ‚sündigen', sondern allein der Verstand. Hier haben wir den Zweifel als Ausdruck der Zweifalt im Gegensatz zur Einfalt. Dieser Querstrich zeigt es deutlich an, und wenn er sich bis in die innerste Materie hinein manifestiert, so ist er immer der Ausdruck des ‚Geistes, der verneint'." Nach Glahn ist die Bewegung von Osten nach Westen günstiger zu bewerten als umgekehrt. Die Schwingung von Osten nach Westen zeigt geistig mediale Einflüsse, diejenige von Westen nach Osten läßt auf schlechte und triebhafte Anlagen schließen.

Schrägstriche: nach Spiesberger Krankheit, alles Übel, Vernichtung und Tod; Wolff deutet es als Symbol „zweier sich oft widerstreitender Kräfte, welche nun entweder zu positivster Höchstleistung oder zu kritischster Vernichtung wirken; aber ebenso zeigen sich Krankheit und Tod an, denn der schräge Strich ist nicht selten Ausdruck der Krankheit, wenn er in schräger Kreuzung die Himmelsrichtungen überschneidet".

Pendelstillstand: vorübergehende Pendelstarre beim Auspendeln eines Charakters weist nach Spiesberger „auf eine Diskre-

Pendelschwingungen sichtbar gemacht: An der Pendelspitze befindet sich eine Leuchtquelle, die empfindliches Filmmaterial belichtet.

panz in der charakterlichen Veranlagung, auf Unzuverlässigkeit, inneren Widerstreit im Kampf zwischen ‚Gut und Böse', unterdrückte seelische Erregungen hin; zeitweiser Pendelstillstand kann auch Ausdruck einer vorübergehenden inneren Leere sein, einer Vereinsamung oder Verlassenheit". Wolff deutet einen solchen vorübergehenden Pendelstillstand als „Stauung, Hemmung, Komplexbildung; wenn er dauernd ist, Leblosigkeit und Tod: abgestorbene Zellen strahlen nicht mehr". Dauernde Pendelstarre erhält man zum Beispiel über Fotografien, wenn die abgebildete Person tot ist. Hondorff weist jedoch darauf hin, daß man diesem Zeichen gegenüber sehr vorsichtig und kritisch sein soll. Professor Wolff meint: „Die Unterschiede zwischen tot und lebendig spielen in der siderischen Welt eine sehr viel größere Rolle als in der materiellen. Daraus entstehen eben sehr viele Irrtümer, welche vor allem den Stillstand des Pendels oder die Pendelstarre betreffen. Es ist demnach nicht immer richtig, bei Pendelstarre zu behaupten, daß der Abgebildete oder der Schrifturheber gestorben sei. Hier können auch noch andere Motive vorliegen, die zumindest einer Nachkontrolle bedürfen."

Pendelzeichen über der linken Hand

W. Roselius hat in seiner kleinen Broschüre *Wer pendelt, weiß mehr* (Karl Rohm Verlag, Bopfingen 1966) eine eigene Pendelsprache für die linke Innenhand entwickelt. Die Pendelergebnisse sollen über Zukunft und Aussichten des Menschen Auskunft geben. Nachfolgende Tafel zeigt die allgemeine Bedeutung der einzelnen Handregionen.

Die Pendelzeichen über den einzelnen Fingergliedern bzw. den bezeichneten Handflächenabschnitten entsprechen den üblichen Symbolen: Rechtskreis und Längsstrich verheißen positive Aussichten, Linkskreis und Querstrich dagegen negative Aussichten. Hier die Deutung der Pendelzeichen über dem Daumenballen oder dem Venusberg nach Roselius:

„Rechtskreis: viele glückliche Liebesabenteuer mit gutem Ausgang, die Fähigkeit, andern viel Freude zu bereiten. Ein Bedürfnis nach Abwechslung und anregender Gesellschaft.

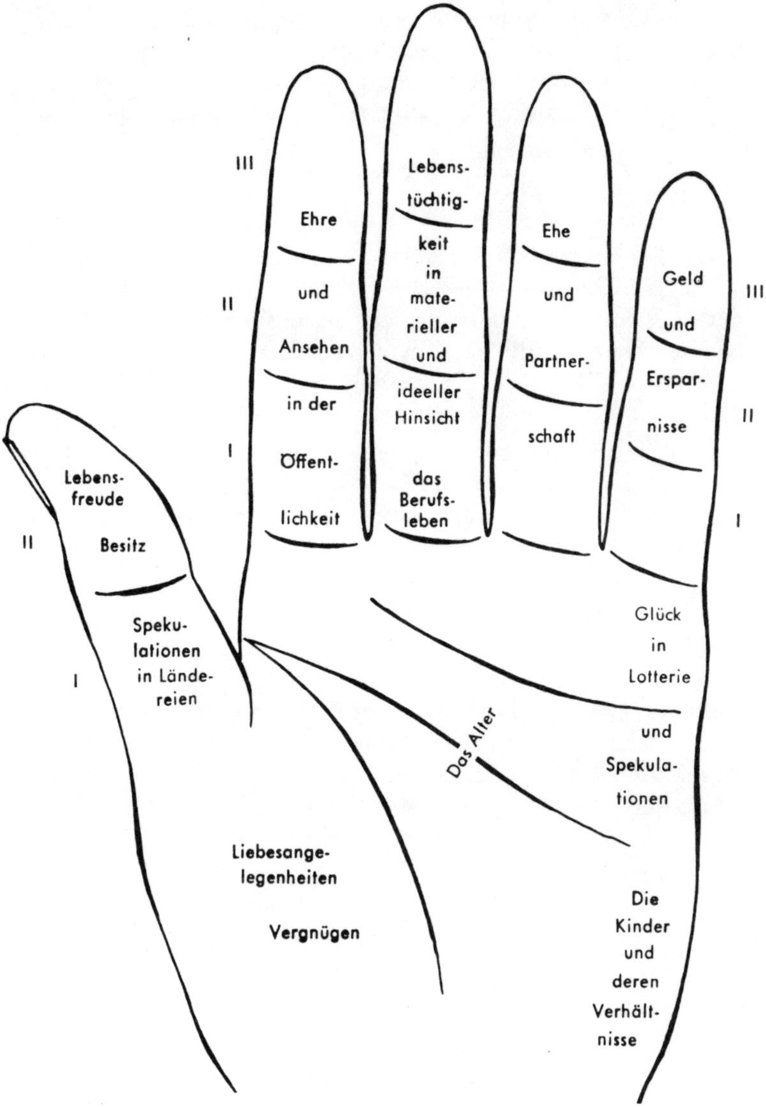

Bedeutung der einzelnen Fingerglieder und Regionen der linken Innenhand für das Schicksal des Menschen nach Roselius.

Linkskreis: Liebesbeziehungen mit unglücklichem Ausgang, Entlobungen, Enttäuschungen, unerwartete Ereignisse bei gesellschaftlichen Anlässen und Festlichkeiten.

Längsstrich: gesunde Erotik, Verläßlichkeit, angenehme und harmonische Menschen.

Querstrich: ungewöhnliche Erlebnisse, krankhafte Neigungen, Isolierung, ungesunde Sinnlichkeit."

Die Festlegung der einzelnen Regionen und ihrer Bedeutungen entspricht weitgehend der wissenschaftlichen Chirologie, der Handliniendeutung. Über die wichtigsten Voraussetzungen schreibt Hanns Kurth in seinem Buch *Was deine Hände sagen* (Goldmann Ratgeber Taschenbücher, Bd. 10512, München 1968):

„Die linke Hand gilt beim normalen Menschen als die Erbhand, also die Hand, in der sich die von den Eltern vererbten Anlagen am deutlichsten zeigen. In der rechten Hand soll sichtbar werden, was der Mensch aus sich gemacht hat und was er unter Umständen aus sich machen kann oder wird.

Nur bei Krankheitsanlagen ist eine kleine Einschränkung vorzunehmen: Links sind alle Krankheitsanlagen sichtbar; aber die von der Mutter ererbten Anlagen werden links besonders stark erkennbar, während die vom Vater ererbten Dispositionen zu Krankheiten auch in der rechten Hand auftreten. Wird eine Krankheit akut, dann zeigt sich dies zuerst in der linken Hand deutlicher."

Parapsychologie: Teleradiästhesie

„Im Lauf des März verschwand ein Ingenieur aus Lyon. Er hatte sich auf Geschäftsreise befunden. Man konnte nicht ahnen, daß er Selbstmord begangen hatte."

So beginnt der Bericht der Genfer Zeitung *Le courrier de Genève* über einen Vermißten, den Abbé Mermet durch seine telepathische Pendelfähigkeit schließlich fand. Die Zeitung berichtet weiter:

„Noch am Morgen war er in seinem Büro erschienen; es war ein wichtiger Termin wahrzunehmen. Mittags kam er zum Essen nach Hause, ging mit seiner Tochter zum Arzt. Seine Angehörigen merkten ihm nicht an, daß er unruhig war.

Nachmittags wollte er nach dem Süden Frankreichs abreisen und fuhr gegen vier Uhr mit dem Auto in Richtung Valence ab. In dem ihm bekannten Hotel, wo er sonst auch einkehrte, nahm er eine Erfrischung ein. Seinen Wagen ließ er vor dem Gasthaus stehen. Das war die letzte Spur von ihm.

Seine Familie und die Polizei unternahmen vergebliche Nachforschungen; er blieb verschwunden.

Die Angehörigen begaben sich in ihrer Not zu Abbé Mermet in der Hoffnung, er könne das geheimnisvolle Verschwinden des Ingenieurs aufklären. Dieser bekam ein Lichtbild des Verschwundenen und einen Plan der Stadt. Mit Hilfe von Bild und Plan beschrieb Abbé Mermet genau den Weg, den der Vermißte eingeschlagen hatte, bezeichnete die Straßen von Valence bis zur Rhone hinab und gab eine Stelle an: dort sei er ins Wasser gefallen. Aber nicht genug. Abbé Mermet gab noch weiter an, daß der Strom die Leiche bis nach Aramon (Gard) mitgeschwemmt habe, und nannte die Stelle, wo sie jetzt liege.

Abbé Mermet machte ferner noch die sonderbare Angabe, der Ingenieur sei bei der Abfahrt im Wagen nicht mehr im vollen Besitz seiner geistigen Fähigkeiten gewesen. Polizei und Familie stellten nun unverzüglich Forschungen an, und an der von Mermet bezeichneten Stelle wurde der Leichnam herausgefischt.

Diese Geschichte wird durch einen Brief belegt:

„Lyon, den 13. April 1934

Hochwürden,

ich habe Sie kürzlich in Begleitung von Herrn Mure aufgesucht und an Ihre Wissenschaft appelliert, um zu erfahren, was aus meinem Schwager, Herrn A., der seit dem 23. März verschwunden war, geworden ist.

Sie haben uns mit sicherer und bestimmter Präzision den Geisteszustand bei seiner Abreise geschildert. Sie haben uns angegeben, auf welchen Wegen er vom Hauptplatz in Valence, wo er seinen Wagen stehen ließ, bis zur Rhone gegangen ist und an welcher Stelle er in den Strom gefallen sein muß. Weiter haben Sie den Weg des Leichnams im Wasser des Stromes verfolgt und genau die Stelle bezeichnet (Vivier, Ardèche), wo sich der Körper im Augenblick unseres Besuches bei Ihnen befand.

Alle Ihre Angaben waren leider nur zu genau. Ihre Wissenschaft ist wahrhaft eine Gabe der Vorsehung.

Die Leiche wurde am 5. April in Aramon (Gard) gefunden, wohin ich mich zur Feststellung der Identität des Toten begeben habe. Am Montag, 9. April, haben wir ihn beigesetzt.

A. Marie Chaproz“

Dr. Kenneth Walker berichtet in *Die andere Wirklichkeit* eine weitere, durch amtliche Zeugen belegte Geschichte:

„Wenige Jahre vor Ausbruch des letzten Weltkrieges gab ein Junggeselle, den wir Herrn S. nennen wollen, in einem italienischen Provinzblatt ein Inserat auf, mit dem er eine junge Haushälterin suchte. Dieser Junggeselle lebte allein im Dorf Caslano am Ufer des Luganer Sees. Eine junge Bernerin bewarb sich um die Stelle, wurde aufgenommen und zog im Haus von Herrn S. ein. Ein paar Wochen später erhielten ihre Eltern einen Brief von Herrn S., in dem er ihnen erklärte, daß ihre Tochter nicht ganz den Anforderungen entspreche, die er an eine Haushälterin stelle und daß sie nun auf der Heimreise sei. Er gab an, er hätte sie soeben auf dem Bahnhof verabschiedet, doch habe sie die Absicht, ihre Reise zu unterbrechen, um einen Besuch bei Freunden zu machen, so daß er nicht sagen könne, wann sie eintreffen werde. Er fügte hinzu, daß er bei seiner Heimkehr die Kofferschlüssel entdeckt habe, die er seinem Schreiben beilege."

Doch die Tochter traf nicht ein. Nach einigen Tagen berichteten die besorgten Eltern der Polizei von dem Brief und dem mysteriösen Verschwinden ihrer Tochter. Merkwürdig war es allerdings, daß die Polizei bereits ein Dossier über Herrn S. vorliegen hatte. Danach hatte Herr S. schon früher mehrere Male durch Inserate geeignete Haushälterinnen gesucht; doch war es der Polizei nie möglich gewesen, mit diesen Mädchen in Verbindung zu treten.

„Nachdem sie von der Polizei keinen befriedigenden Bescheid erhalten hatten, wandten sich die beunruhigten Eltern nun an einen gewissen Herrn K., der sich in jener Gegend einen großen Namen als Radiästhet gemacht hatte. K. bat sie um irgendein Kleidungsstück aus dem Koffer ihrer Tochter, der inzwischen angekommen war, auch um den Brief, den S. ihnen geschrieben hatte. Ebenso fragte er nach einigen Fotografien, die ihre Tochter vielleicht aufgenommen und ihnen geschickt habe, während sie in Caslano weilte."

K. pendelte die ihm überlassenen Gegenstände ab und kam zu dem Schluß, daß das Mädchen tot und wahrscheinlich erdrosselt worden sei. Der Leichnam aber liege im Luganer See an einer genau bezeichneten Stelle, nicht weit vom Haus des Herrn S. entfernt, der der Mörder sei.

„Die Polizei war nun in einer schwierigen Lage; denn sie hatte keinerlei Beweise, welche die Annahme, das Mädchen sei ermordet worden, unterstützt hätten. Da aber K. von der Richtigkeit seiner Behauptung so überzeugt war, erklärten sich die Beamten bereit, mit ihm gemeinsam zu handeln. Wenige Tage später hielt vor dem Haus von S. ein Wagen. Ihm entstiegen der Staatsanwalt, der sich als Rechtsanwalt ausgab, sowie zwei Polizisten in Zivil und schließlich Herr K., angeblich ein Freund der Familie. Sie sprachen bei S. vor und stellten ihm verschiedene Fragen: Was für Kleider hatte seine Haushälterin bei ihrer Abreise getragen? An welchem Tag, zu welcher Stunde war sie abgefahren? Endlich fragten sie, ob sie zuweilen in Caslano Fotos gemacht habe. Die letzte Frage bejahte S., und von diesem Augenblick an übernahm K. die Leitung des Verfahrens."

Der Pendler berichtete nun, wer er sei und welches Verfahren er anwende. Nach den Aussagen von Herrn S. habe dieser das Mädchen an einem Dienstag, dem 5. Juni *), zum Bahnhof gebracht. Es habe den Zug nach Lugano bestiegen. Nach seinen Untersuchungen könne aber dieser Bericht nicht stimmen, denn das Mädchen sei bereits am Samstag, dem 2. Juni, nicht mehr am Leben gewesen. Am 5. Juni habe es bereits tot im Wasser gelegen, hier im Luganer See, nicht weit vom Haus des Herrn S. entfernt.

„Nun befand sich S. in einem Zustand schrecklicher Verwirrung, er verlor die Beherrschung und stürzte sich auf K., so daß man ihn fesseln mußte. Dann fuhr K. fort: ‚Hier ist eine Aufnahme des Zimmers, in dem sie schlief. Gehen wir hinein, und ich will versuchen, Schritt um Schritt den Weg aufzuspüren, den Ihr Opfer ging, nicht in Richtung auf den Bahnhof, sondern auf den See zu.' "

Der Radiästhet nahm im Zimmer seinen Pendel aus der Tasche. Er hielt ihn in der rechten Hand, während die linke ein Foto des Mädchens hielt. Den Pendel aber ließ er frei über den gefesselten Händen des S. schweben.

„ ‚Hier war es', sagte er, ‚hier erdrosselten Sie Ihr Hausmädchen in der Nacht vom Freitag, und in der folgenden Nacht schleppten Sie den toten Körper durch den Garten zu einem Boot.' Die Geschichte endete damit, daß die ganze Gesellschaft einschließlich S. das Haus verließ und ein Boot bestieg, in dem Taue, Haken und Netze verstaut wurden. Nur K. blieb am Ufer und ließ den Pendel schwingen, der deutlich die Richtung anzeigte, wo der Körper im Wasser lag. Diese Linie wurde durch zwei Pfähle abgesteckt, und in derselben Weise ging man von einer anderen Stelle des Ufers aus vor. Nun gab K. dem Bootsführer Anweisung, vom Ufer wegzurudern, bis sie den Punkt erreichten, in dem sich beide Linien trafen. Dort ließ der

---

*) Der 5. Juni fiel im Jahre 1934 auf einen Dienstag.

Bootsführer die Enterhaken ins Wasser sinken, und nach einigen Versuchen wurde ein schwerer Gegenstand erfaßt und an die Oberfläche befördert. Es war ein mit Steinen beschwerter Sack, der die Leiche des Opfers von S. enthielt."

Wie Dr. Walker in der Zeitschrift *The Journal of the British Society of Dowser's* berichtet, habe der Staatsanwalt ausdrücklich festgestellt, daß dieses Verbrechen niemals ohne die Hilfe des Radiästheten hätte aufgeklärt werden können. Der Berichterstatter kommentiert die Leistung des Pendlers:

„Seine Leistung bestand lediglich darin, zu offenbaren, was von der unterschwelligen Psyche des Radiästheten erkannt worden war. K. hatte, vielleicht unbewußt, eine Reihe von Fragen an seine eigene Psyche gestellt: ‚Lautet die Antwort auf diese Frage ja oder nein?' Und ohne Zögern vermittelte der Pendel durch die Art seiner Schwingung die Antwort der unterschwelligen Psyche. Dann wurde die nächste Frage gestellt und vom Pendel auf die gleiche Weise beantwortet. Die Wahrheit hätte ebensogut durch eine andere Methode entschleiert werden können – etwa durch blitzartiges Hellsehen oder durch automatisches Schreiben –, aber die unterschwellige Psyche von K. zog es in diesem Fall und aus nur ihr bekannten Gründen vor, sich durch leichte Bewegung von K.s Hand zu äußern. Der Pendel übertrieb diese Bewegungen, die sonst unbemerkt geblieben wären, und machte sie so deutlich erkennbar."

Daß diese Berichte nicht vereinzelt dastehen, zeigen deutlich die Beispiele, die wir aus jüngerer Zeit in der Einführung dieses Buches gegeben haben. Dennoch ist unzweifelhaft festzustellen, daß solche schwierigen Aufgaben nur von besonders begabten Sensitiven gelöst werden können. Verantwortungsvolle Radiästheten haben immer wieder darauf hingewiesen, daß gerade auf diesem Gebiet, der Teleradiästhesie, zahlreiche Schwindler tätig sind. Anderseits ist die Echtheit derartiger Phänomene von zahlreichen Forschern der Parapsychologie mit wissenschaftlichen Mitteln untersucht und bestätigt worden. Bei der Teleradiästhesie muß es sich um eine Form des Hellsehens handeln, wobei das Unterbewußtsein das wirkliche Geschehen auf außersinnlichem Weg wahrnimmt und dieses in den Pendelausschlägen sichtbar äußert.

Der berühmte Candi meint dazu: „Um die Teleradiästhesie zu praktizieren, braucht es gewisse Fähigkeiten, viel Übung und ziemlich viel Geduld. Wer sich nicht geistig konzentrieren kann, sich geistig entleerend nicht auf den Empfang ausgesonderter Strahlung erwartend einstellen kann, wer Eile hat und meint, er könne mit seinem Willen erzwingen, was von selbst kommen muß, der lasse die Finger von der Teleradiästhesie."

Dasselbe sagt der bekannte Pionier der Parapsychologie und „Erfinder" des Psi-Trainings Dr. Milan Ryzl ganz allgemein für die Entwicklung der an sich in jedem Menschen schlummernden psychischen Gaben: „Geduld und Ausdauer sind vonnöten." Und auch er betont, daß ganz große, wirklich hervorstechende Leistungen auf diesem Gebiet erfahrungsgemäß nur von besonders Begabten erbracht werden.

Im Fall einer parapsychischen Leistung wie jener obengeschilderten des Abbés Mermet sprechen die Parapsychologen von „Psychometrie" als einem paranormalen Wissenserwerb eines Sensitiven anhand eines psychometrischen Objektes. Dieser Gegenstand oder „Induktor" (eine Fotografie, ein Kleidungsstück) wirke gleichsam als Katalysator für Hellsehen.

Der Freiburger Parapsychologe Professor Dr. Hans Bender, der im Zusammenhang mit der Psychometrie von „induktivem Hellsehen" spricht, schreibt in Erklärung des Phänomens: „Die Rolle des Gegenstandes ist wahrscheinlich mit der eines Andenkens zu vergleichen, das Gedächtnisinhalte des Besitzers aktiviert. Bei der medialen ‚Psychometrie' scheint der Gegenstand den Sensitiven nicht mit seinem eigenen Gedächtnis, sondern mit dem fremder Personen in Verbindung zu bringen."

Die Radiästhesie erklärt das Phänomen durch die bereits behandelte Strahlungstheorie, die allerdings von manchen Parapsychologen, von denen viele im Pendel ausschließlich nur ein Hilfsmittel zum Ausdruck ideomotorischer Automatismen des Unterbewußtseins sehen, nicht geteilt wird.

Der holländische „Hellseher“ Gerard Croiset macht seine Aussagen nach Bildvorstellungen, während Sensitive wie Abbé Mermet diese mit Hilfe des Pendels erhalten.

Verlassen wir Gelehrtenstreit über die Erklärungsversuche der Phänomene, auf die es uns hier, wie schon gesagt, ankommt. Jeder Parapsychologe wird jedenfalls dem beipflichten, was Alexander Hondorff wie folgt formulierte: „Im Prinzip erbringen die Sensitiven der Parapsychologie wie etwa der Holländer Gerard Croiset die gleichen Leistungen und Ergebnisse wie die Radiästheten, sie brauchen lediglich kein Pendel, um Aussagen aus ihrer Psyche aufsteigen zu lassen. So konnte beispielsweise Croiset nur schon anhand von Landkarten des häufigeren angeben, wo Ertrunkene ins Wasser gefallen seien, wo sie auftauchen würden. Man sieht, die Fähigkeit und Ergebnisse sind die gleichen wie bei Abbé Mermet, nur daß dieser sie mit dem Pendel erhält, während sie bei Croiset als Bildvorstellungen aufsteigen."

Geologie: Auffindung von Bodenschätzen

Metalle und Wasser werden von sensitiven Menschen „gespürt". Im Grund können diese Menschen auch ohne eine entsprechende Vorrichtung – Pendel oder Wünschelrute – die verborgenen Schätze der Erde aufspüren. Sie können sie nicht nur auffinden, sondern auch Verstecktes dieser Art aus der Ferne unterscheiden, wobei sie die den versteckten Metallen und Wasseradern eigentümlichen Strahlungen an bestimmten Gefühlen unterscheiden können. Der „Wasserfühler" Campetti löste bei den Versuchen, die Professor Ritter mit ihm anstellte, die schwierigsten Aufgaben, auch die der Metallunterscheidung. Pendel und Rute sind also auch hier nichts weiter als Verstärker, die an bestimmten Stellen, wo Wasser und Metalle in der Erde ruhen, ausschlagen, weil hier Erdstrahlen ausgesendet werden.

Die moderne Radiästhesie spricht, wo Metall- oder Wasseradern vorhanden sind, von Reizzonen. Eine besonders starke und auffällige Wirkung auf den Pendel oder die Rute zeigt sich da, wo sich in der Erde zwei Reizzonen kreuzen.

Über ein interessantes Experiment berichtete Pfarrer Johannes Bolte:

„Freiherr von Reichenbach und nach ihm u. a. Dobler haben nachgewiesen, daß durch Schütteln von Wasser Od [wie immer man die unbekannte Energie nennen mag] entsteht. Dobler hat fotografische Platten lichtdicht eingepackt, auf Wasseradern gelegt und Schwärzungen der Platten erzielen können. Er hat nachgewiesen, daß ein blankgeriebener Aluminiumstreifen über Erdstrahlen radioaktiv wird und die fotografische Platte schwärzt."

Der erfahrene Berner Radiästhet Joseph Seiler publizierte in der Schweizer Zeitschrift *RGS* mehrere Fälle, u. a. den Fall von Farvagny-le-Grand im Kanton Freiburg (Nr. 129). Seiler berichtet, wie er Wasser fand:

„In das große am Fuß des Gibloux gelegene Dorf wurde ich am 15. September 1970 gerufen. Schon beim ersten Rundgang stellte ich zwei oder drei mehr oder minder günstige Orte fest, worunter einer in der unmittelbaren Nähe einer kürzlich vom Blitz zerschlagenen Eiche war. Beim zweiten ,Tour d'horizon' am 12. Oktober 1970 begab ich mich mit dem Gemeinderat Remy in die ,Prouvin' genannte Gegend außerhalb des Dorfes. In einigen hundert Metern Abstand von ehemaligen Bohrungen hielt ich eine Stelle fest, bei der – so sagte ich zu Herrn Remy – etwa hundert Minutenliter zu erwarten seien. Erst im Frühling 1972 bekam ich den Bericht, daß eine Sondierbohrung an jenem Ort ausgeführt werde; ich fuhr am 1. März hin, mußte jedoch konstatieren, daß die Röhren schon herausgezogen worden waren. Man hatte die Bohrung leider nur bis 15 Meter Tiefe getrieben, obschon zwischen 8 und 10 Meter eine etwas Wasser führende Schicht durchstoßen worden und bei 15 Meter Tiefe erneut eine hydrogeologisch betrachtet gar nicht ungünstige Schicht aufgetaucht war."

Seiler machte nochmals auf die Stellen aufmerksam, die er bereits 1970 bestimmt hatte, zusätzlich noch auf eine weitere, die er etwa 150 Meter von den alten Brunnenadernfassungen der Gemeinde ausmachen konnte.

„Ich schloß jedoch, sowohl mental als auch aufgrund des Abstandes der großen Parallelen, auf einen Wasserdurchgang in 15 bis 17 Meter Tiefe (der alte Schacht war nur 8 Meter tief). Diese Tiefenangabe hielt ich in einem Brief an den Gemeinderat fest. Im Prinzip stimmte die Tiefe überein mit dem Viertel der Distanz zwischen den großen Parallelen und bzw. oder der Hälfte derselben zwischen den Mittellinien. Was ganz abstrakt gesehen so ist, zeigt sich im konkreten Fall allerdings oft recht verschwommen und auch von subjektiven Faktoren beeinflußt. Warum verschwommen? Weil Rinnsale oder Adern auf verschiedenen Stockwerken das Erscheinungsbild an der Erdoberfläche außerordentlich komplizieren. Subjektive Faktoren? Ja, weil jene Außenlinien an und für sich wohl etwas Objektives darstellen, jedoch in Hinsicht auf den Ort, wo sie der Radiästhet entdeckt, insofern labil sind, als dieser von der Geschwindigkeit abhängt, womit die Reizzone überschritten wird."

Nachdem Seiler die Stelle am 1. März ausfindig gemacht hatte, traf die Bohrung acht Tage später in 16 Meter Tiefe auf Wasser, wobei durch artesischen Druck allein 300 Liter pro Minute emporstiegen, während die Pumpen es auf 1200 Liter pro Minute brachten.

„Was die Wasserversorgung betrifft, kann Farvagny-le-Grand ruhig in die Zukunft schauen und übrigens noch ein beträchtliches Quantum Trinkwasser nach Villars-sur-Glâne bei Fribourg liefern."

Der Radiästhet Seiler hat viele Freunde, welche die Geologie wissenschaftlich betreiben. Ein Beweis mehr, daß seine Kunst auch in diesen Kreisen sehr geschätzt wird. Seiler schließt seinen Bericht mit der Bemerkung:

„Das Beispiel von Farvagny-le-Grand legt mir noch die Notwendigkeit des Hinweises auf die Schwierigkeit nahe, Ergiebigkeit und Widerstand in den Reaktionen der Rute und in den Pendelfiguren auseinanderzuhalten. Der Widerstand, gegen den eine Wasserader zu kämpfen hat, spielt ganz eindeutig in die Pendelschwingungen und die Ausschläge der Rute hinein. Wo Wasser mühsam durch alle Poren tropft, wie etwa im Sandstein manchmal, können wir uns täuschen und mehr erwarten, als tatsächlich vorhanden ist. In einem sauber gewaschenen Kies wird unsere Hoffnung im Gegenteil oft übertroffen. So erging es mir in diesem großen Dorf am Fuß des Gibloux! Trotz des Hineinfunkens einer höher gelegenen Wasserschicht wurde die Tiefe exakt erfaßt, aber in bezug auf die Ergiebigkeit hätte ich es nicht gewagt, tausend Minutenliter in Aussicht zu stellen."

Die Beispiele ließen sich beliebig fortsetzen. Was für die Wassersuche gilt, ist auch für die Ölsuche oder das Auffinden anderer Bodenschätze, besonders von Metallen, von Bedeutung. Schon Friedrich Wilhelm Joseph von Schelling bemerkte *(Sämtliche Werke,* Bd. 7), daß „die kreisartigen Bewegungen des Pendels verschieden sind nach der Verschiedenheit der Körper, der Metalle zum Beispiel, mit welchen das experimentierende Subjekt in Berührung ist". Diese Versuche könnten auf verschiedene Art nachgeprüft werden, und zwar:

„Mit dem Pendel selbst auf dreierlei Weise:

1. so, daß der Pendel über einem Metall, Wasser, irgendeiner anderen Flüssigkeit oder einem lebenden Tier gehalten wird;

2. so, daß nicht das Metall, sondern der Experimentator mit einem solchen Körper in Berührung ist oder wenigstens in seiner Wirkungssphäre;

3. auch ohne alle sichtbare Dazwischenkunft eines dritten Körpers, so daß die Kraft des menschlichen Körpers allein für sich, somit hinreichend erscheint, den Pendel in kreisartige Bewegungen zu versetzen."

Das amerikanische Amt für Aufrüstung veröffentlichte in den sechziger Jahren, daß man Riesenprämien für jene Personen aussetze, die imstande seien, mit Ruten oder Pendeln auf amerikanischem Boden Lagerorte für Uranerze ausfindig zu machen. Bei solchen Experimenten muß sich der Radiästhet draußen in der Natur bewähren. Aber es darf ihm nicht gehen wie jenem Wassersucher in Texas, der zwei Tage über Land ging, um für einen Ort Wasser zu finden. Und als man schließlich an der von ihm angegebenen Stelle nach Wasser bohrte, fand man zwar Wasser, aber man hatte das große, tief in der Erde ruhende Wasserleitungsrohr nach Dallas-City angebohrt ...

Archäologie: Pendeln über Ruinen

Der österreichische Pendler Dr. T. hielt seinen Pendel fest in der Hand, als er in der Donauebene bei Manching über ein freies Feld schritt. An bestimmten Stellen schlug der Pendel so heftig aus, daß Dr. T. Mühe hatte, seine Hand ruhigzuhalten. Dann wieder beruhigte er sich, um kurz danach wieder schneller zu kreisen. Hinter Dr. T. ging sein Sohn und legte an den Stellen, wo der Pendel ausschlug, kleine Hölzer zur Markierung auf den Boden. Nach zwei Stunden Arbeit zeigte sich auf dem ebenen Boden ein merkwürdiges Muster.

„Hier muß unter der Grasnarbe eine frühgeschichtliche Siedlung zu finden sein", notierte Dr. T. in sein Tagebuch und fertigte eine genaue Skizze des abgesteckten Ortes an, indem er die einzelnen markierten Punkte durch Linien verband.

Erst Jahre später war hier beim Bau eines Flughafens eine systematische archäologische Untersuchung möglich, die Werner Krämer geleitet hat. Man fand das keltische Oppidum Manching, etwa sechs Kilometer südöstlich von Ingolstadt entfernt. Die Ausgrabungen dauerten von 1957 bis 1961. Sie bestätigten haargenau, was der Radiästhet Dr. T. Jahre zuvor durch Experimente mit dem Pendel herausgefunden hatte.

In dieser Stadt wohnten wahrscheinlich die Vindeliker. Die Ausgrabungen legten in dem Areal verschiedene Quartiere frei. Man entdeckte eine ehemalige Schmiedewerkstätte, eine Bronzegießerei, Glas- und Münzprägungswerkstätten sowie keramische Betriebe. H.-E. Nellissen schrieb über diese Grabungen in der *Kölner Römer-Illustrierten* (2/1975):

„Wahrscheinlich ist das Oppidum im letzten Viertel des ersten vorchristlichen Jahrhunderts untergegangen. Über 200 vorwiegend männliche Personen wurden niedergemetzelt gefunden. Zahlreiche Versteckfunde von Wertgegenständen, auch in Menge herumliegende Waffen, weisen darauf hin, daß das Oppidum in einer Katastrophe unterging. Nicht auszuschließen ist, daß der Untergang von Manching noch kurz vor der eigentlichen

Eroberung des vindelischen Alpenvorlandes durch die Römer geschah.

Der Standort des Oppidum war günstig gewählt. Etwas erhoben über die Donau verlief hier im Altertum eine ‚Fernstraße' der Donau entlang. Geographische Gegebenheiten wie alte Bachläufe oder versumpfte Areale wurden bei der Anlage der Siedlung berücksichtigt . . .

Auffallend ist ein Haus von 19 Metern Länge und 9 Metern Breite. Es war durch starke Querpfostenreihen in drei Räume unterteilt."

Auch über den tragischen Untergang findet sich im Tagebuch von Dr. T. ein Hinweis:

„An manchen Stellen deuten die Pendelzeichen darauf hin, daß hier viele Menschen eines gewaltsamen Todes gestorben sein müssen. Vielleicht werden später einmal archäologische Grabungen den Beweis meiner Vermutungen erbringen."

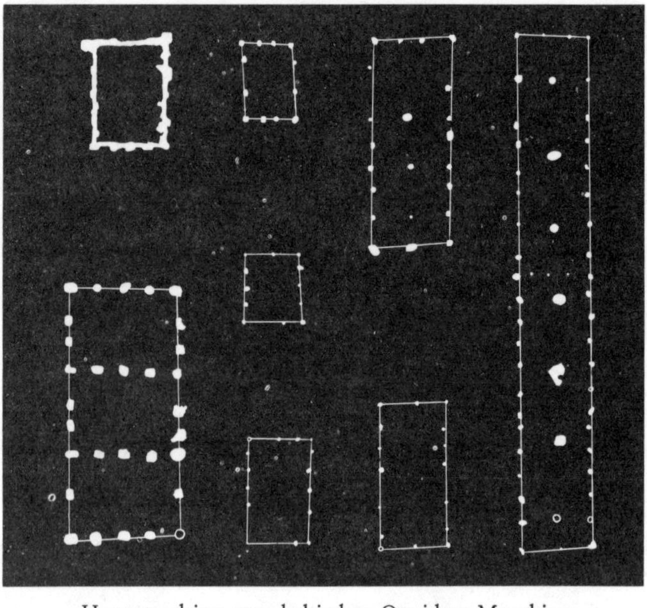

Hausgrundrisse vom keltischen Oppidum Manching.

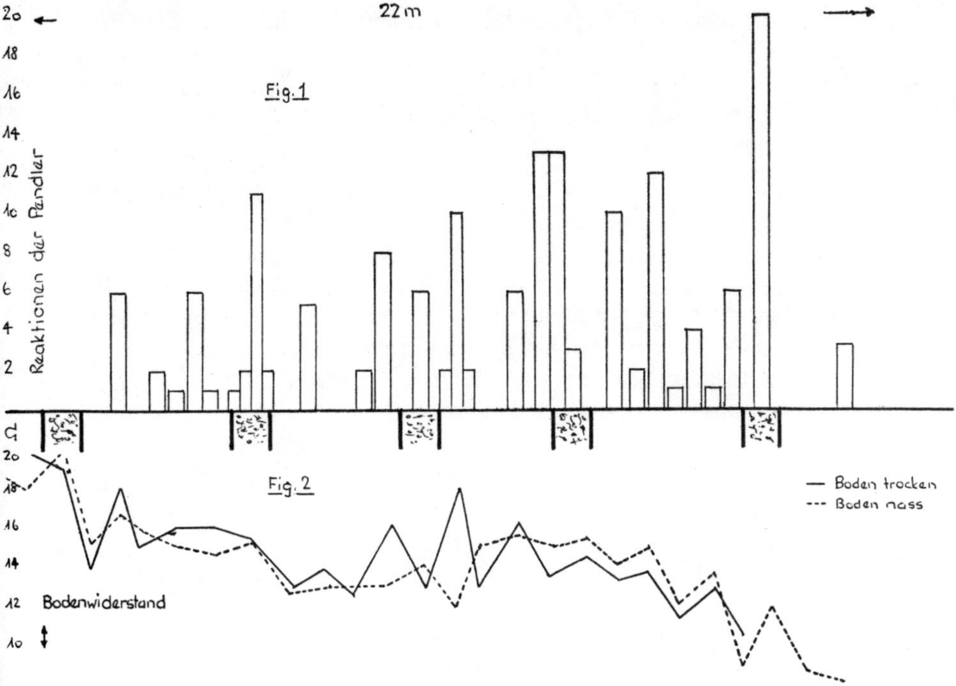

Fig. 2

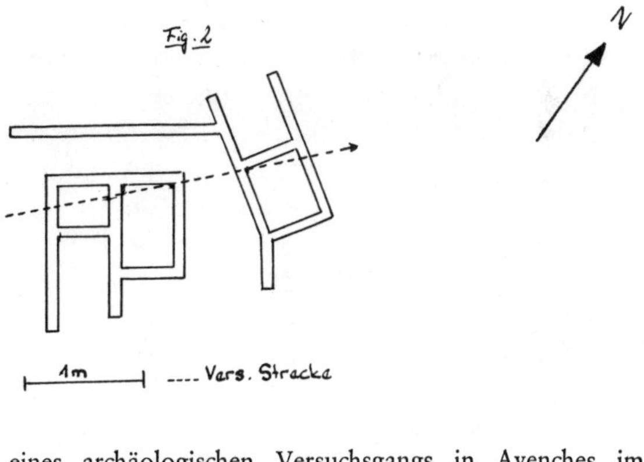

Pendelergebnisse eines archäologischen Versuchsgangs in Avenches im Sommer 1974 durch 23 Personen, veranstaltet von B. Wälti in Zusammenarbeit mit der Berner Gesellschaft für Radiästhesie.

Und so war es ja auch tatsächlich, denn neben zahlreichen Knochen von Haustieren fand man die Überreste der getöteten Männer. Dieses Beispiel zeigt deutlich, daß die Radiästhesie für die wissenschaftliche Archäologie eine bedeutende Hilfe bei der Auffindung wichtiger kulturhistorischer Schätze darstellen kann.

Im Sommer 1974 experimentierte B. Wälti in Zusammenarbeit mit der Berner Gesellschaft für Radiästhesie über Mauerresten einer archäologischen Fundstätte in einem Versuchsgelände in Avenches, dem römischen Aventicum. Dabei wollte man die Empfindlichkeit von Rutengängern und Pendlern untersuchen. Hier waren Jahre zuvor die Grundmauern eines Hauses ausgegraben und kartiert worden. Inzwischen aber konnte man auf dem ebenen Boden keinen Untergrund mehr erkennen. Die überdeckende Wiese war frisch gemäht worden.

Insgesamt beteiligten sich 23 Personen an diesem Experiment. Mit einer Schnur wurde die Versuchsstrecke von 23 Metern abgesteckt, wobei die ganze abzuschreitende Länge mit einem Weitwinkelobjektiv aufgenommen und auf Magnetband aufgezeichnet wurde und die Versuchspersonen ihre Ergebnisse sowohl optisch als auch akustisch meldeten, indem sie die Strecke längs der Schnur untersuchten. Im Bericht von B. Wälti heißt es:

„Die in Fig. 1 dargestellte Grafik enthält in der Höhe die Anzahl der Reaktionen (0,5 cm = 1 Reaktion). Die genannte Grafik läßt in der Nähe von Mauerresten eine deutliche Häufung der Reaktionen erkennen. Die Streuungen rühren zum Teil wahrscheinlich davon her, daß die Strecke an einigen Punkten über Eckstücke des Grundrisses führte (Fig. 2). Die Strecke begann schon beim ersten Mauerstück, deshalb sind dort noch keine Reaktionen vorhanden. Die Beschaffenheit der Mauern, Höhe und Dicke, ist unbekannt.“

An zwei verschiedenen Tagen wurde parallel zu dieser Versuchsstrecke der elektrische Bodenwiderstand gemessen. Interessant ist, daß dabei den Pendelausschlägen entsprechende Ergebnisse erzielt wurden, und zwar auch dort, wo keine Mauerreste eingezeichnet sind.

Graphologie: Wer war der Schreiber?

Der amerikanische Multimillionär Howard Hughes lebte schon seit Jahren zurückgezogen. Nur seine engsten Mitarbeiter hatten mit ihm Kontakt und selbst viele der Generaldirektoren seiner weltweiten Konzerne hatten ihn noch niemals zu Gesicht bekommen. Gelegentlich telefonierte er mit ihnen, gab Anweisungen und schrieb Schecks aus. Gerüchte wollten wissen lassen, er sei schon tot, nur hätten geschickte Leute seiner Umgebung den Versuch unternommen, „ihn insgeheim weiterleben zu lassen", um das Millionenimperium nicht zu gefährden. Kein Journalist konnte in seine Nähe gelangen, kein Interview wurde gewährt. Howard Hughes lebte hinter verhangenen Fenstern einer Zimmerflucht in einem Hotel, das ihm gehörte.

Da meldete sich im Sommer 1969 der amerikanische Schriftsteller Clifford Irving bei einem der angesehensten Großverlage New Yorks mit der aufsehenerregenden Mitteilung, er allein hätte Zugang zu dem geheimnisumwitterten „Howie" und von ihm die Erlaubnis, nach seinen Tonbandprotokollen die spektakulären Memoiren des Konzerngewaltigen zu schreiben. Die Branche stand Kopf. Die Ticker der Presseagenturen verbreiteten die Meldung in Windeseile um die ganze Welt.

Aber der Verleger war vorsichtig und verlangte von Clifford Irving ein Beglaubigungsschreiben, in dem Howard Hughes erklären sollte, daß der Schriftsteller in seinem Namen handlungsbevollmächtigt sei. Zwei Wochen später lag dieses Schreiben auf dem Tisch des Verlegers. In diesem wurde alles bestätigt und eine Vorschußsumme von umgerechnet fast einer Million Mark gefordert.

„Das sieht diesem Geizkragen ähnlich", wetterte der Finanzmanager des Verlages. Doch man kam überein, auf diese Forderung einzugehen, versprach man sich doch von diesem Buch ein noch größeres Geschäft, als man je zuvor gemacht hatte. Clifford Irving sollte den Scheck in Empfang nehmen, so hieß es ausdrücklich in dem handschriftlichen Brief. Um die letzten Zweifel an der Echtheit auszuräumen, beauftragte der Verlag zwei namhafte Schriftsachverständige mit der Überprüfung der Handschrift auf ihre Echtheit. Als Vergleich diente ein faksimilierter Brief, der Jahre zuvor in dem Zeitschriftenmagazin *Times* veröffentlicht worden war und der unzweifelhaft von der Hand des Howard Hughes stammte.

Beide Graphologen kamen nach sorgfältiger Überprüfung zu dem Ergebnis, daß der von Irving übermittelte Brief von Howard Hughes persönlich geschrieben worden sei. Daraufhin erhielt Clifford Irving den Scheck mit der höchsten Vorschußsumme, die jemals von einem Verlag an einen Autor gezahlt worden war. Der Scheck war ausgestellt auf den Namen „H. R. Hughes" und sollte von einer Schweizer Bank eingelöst werden. Das geschah auch, aber in ganz anderer Weise, als es sich die Verlagsmanager gedacht hatten.

Was niemand im Verlag wußte, war die Tatsache, daß der zuständige Lektor ein begeisterter Anhänger der Radiästhesie war. Nachdem das Urteil der beiden Fachgraphologen feststand, ließ er einen Freund, der ein begabter Sensitiver war, über dem mutmaßlich echten Brief des Howard Hughes und der Faksimileabbildung aus dem Magazin *Times* pendeln. Dieser kam zu dem Schluß:

„Mit Sicherheit kann gesagt werden, daß der Schreiber des Originals noch lebt. Allerdings unterscheiden sich die Pendelfiguren über dem Original erheblich von denen, die über der Faksimileabbildung erreicht wurden. Deshalb ist es so gut wie ausgeschlossen, daß es sich bei beiden Briefen um ein und denselben Schreiber handelt."

Der Lektor war im höchsten Maß verblüfft, wagte es jedoch nicht, dieses Ergebnis an höhere Stellen weiterzuleiten, weil er fürchtete, sich in dieser Hinsicht zu blamieren, denn schließlich hatten zwei der angesehensten Graphologen New Yorks beteuert, daß der Brief echt sei. Und dann platzte tatsächlich die Bombe.

Als 1972 das fertiggestellte Buch auf einer Pressekonferenz der Öffentlichkeit vorgestellt wurde und auch das Fernsehen über dieses Ereignis berichtete, meldete sich am Telefon

Howard Hughes, um mitzuteilen, die ganze Angelegenheit sei ein ausgemachter Schwindel, er habe niemals seine Memoiren diktiert und kenne auch keinen Schriftsteller namens Clifford Irving. Der Verlag hielt diese Verlautbarung wiederum für einen geschickten Schachzug des Multimillionärs, stellte aber fieberhafte Untersuchungen in der Schweiz an, um festzustellen, wer nun eigentlich den Scheck eingelöst habe. Zahlreiche Detektive wurden auf die Sache angesetzt. Das Ergebnis war erschütternd:

Eine gewisse Helga R. Hughes, eine blonde junge Frau, habe das Geld abgeholt. Weitere Nachforschungen ergaben schließlich, daß es sich dabei in Wirklichkeit um Clifford Irvings Ehefrau gehandelt hat, gebürtige Edith S., die ihren Paß auf „Helga R. Hughes" gefälscht hatte. Ferner ergaben die Untersuchungen, daß der Schriftsteller Clifford Irving und sein Freund, die beide die „Memoiren" gefälscht hatten, nach eben der Vorlage im Magazin *Times* auch den angeblich echten Brief von Howard Hughes gefälscht hatten, dessen Echtheit die Graphologen bezeugt hatten, von dem aber ein Pendler treffsicher ausgesagt hatte, daß beide Handschriften – jene des Originals und jene des Faksimiles – nicht identisch sein konnten.

Der Verlag mußte die gesamte Auflage des Buches einstampfen. Der Verlust war riesengroß. Clifford Irving und seine Frau wurden verurteilt. Er saß seine Strafe in Amerika, sie die ihre in der Schweiz ab. Inzwischen sind beide wieder auf freiem Fuß, leben jedoch getrennt. Howard Hughes aber starb Anfang 1976 auf einem Flug in seiner Privatmaschine. So endete die größte Betrugsaffäre in der Verlagsgeschichte. Amerika hat auch diesen Rekord aufgestellt.

Über die einzelnen Pendelzeichen, die dem Radiästheten bei der Untersuchung von Schriftstücken über den Schreiber Aufschluß geben können, haben wir bereits berichtet. Bei solchen Experimenten zeigen sich in der Regel vielfältige Schwingungen. Wie solch ein Ergebnis aussehen kann, berichtet Professor Wolff von einer männlichen Handschrift:

„43 Jahre. Insgesamt 63 Schwingungen. 18 Schwingungen im Kreis, Schwingungslänge 40, zunehmende 55, mit 19 wechselnd in Strich, Schwingungslänge 65, Abweichung 43/223 bei Schwingungszahl 31, dann Kreuzschwingung, Schwingungslänge 70, im Wechsel 80/260, 170/350 bis 44, dann Nachlassen der Schwingungslänge auf 50, Ellipse OW von 68 bis 65 Schwingungslänge, Kleinerwerden der Ellipse bis Stillstand bei 63."

Daß aus der Abpendelung einer Handschrift auch Krankheitszeichen ermittelt werden können, beweisen die Beispiele, die Sanitätsrat Dr. E. Clasen mitteilt. Von diesen wollen wir nur zwei wiedergeben:

„Ein 45jähriges Fräulein schrieb mir aus Hamburg, ihr sei vor einigen Jahren die linke Brust wegen Krebsverdachtes abgenommen worden, und nun wolle der Arzt ihr auch die andere Brust fortnehmen wegen der darin befindlichen schmerzhaften Knoten. Was sie nun tun solle? Nach der vorgenommenen Pendeluntersuchung schrieb ich ihr, sie leide gar nicht an Brustkrebs, die Knoten seien tuberkulöser Natur, sie müsse sich impfen lassen. Ich habe sie dann viermal geimpft, worauf die Knoten allmählich verschwanden. Kürzlich, nach etwa drei Jahren, erhielt ich wieder einen Brief von der Dame, sie sei durch die Impfung nicht nur die Knoten in der Brust losgeworden, sondern auch im übrigen so gekräftigt, daß sie einen schweren Posten in einem Exportgeschäft habe übernehmen können."

Über den zweiten Fall berichtet der erfahrene Arzt und Pendeldiagnostiker:

„Ein Kollege von auswärts schickte mir die Handschriftprobe von einer Kranken mit der Bitte um Diagnose, ohne ein einziges Wort, das mich auf den Weg zur Diagnose hätte leiten können. Postwendend antwortete ich ihm, es handle sich hier um ein Karzinom des Appendix (Blinddarm). Nach wenigen Tagen erhielt ich aus seinem eigenen Mund die Bestätigung der Diagnose. Er hatte sich – nach seiner eigenen vorher gestellten Diagnose – nicht zu operieren getraut, weil ja so eine Art von Karzinom ‚polizeiwidrig' sei, und wollte von mir nur eine Rückenstärkung für seine Operation haben. Solche Diagnosen zeigen doch, daß das Unterbewußtsein bei ihrem Zustandekommen nur eine untergeordnete Rolle spielt. Hier handelt es sich doch augenscheinlich um eine Wechselwirkung zwischen Pendel und erkranktem Organ bzw. seinen Kleinpilzen."

Beispiele

Für den interessierten Leser und angehenden Pendler geben wir an dieser Stelle zwölf typische Beispiele graphologisch interessanter Persönlichkeiten wieder. Sie können zu Pendelversuchen dienen, wobei man selbst die Unterschiede ermitteln und vergleichen kann.

Hier einige kurze Angaben zu den Briefen:

1. Martin Luther an seine Frau Katharina von Bora aus dem Jahr 1541.
2. Johann Wolfgang von Goethe an Herzog Carl August von Sachsen-Weimar aus dem Jahr 1797.
3. Ludwig van Beethoven an die „unsterbliche Geliebte".
4. Napoleon Bonaparte an seine Gemahlin Josephine aus dem Jahr 1796.
5. Königin Luise von Preußen an ihren Gemahl Friedrich Wilhelm III. aus dem Jahr 1806.
6. Friedrich Nietzsche, der große Philosoph, an seinen Studiengenossen cand. phil. Heynemann aus dem Jahr 1868.
7. Fürst Otto von Bismarck an den deutschen Kronprinzen aus dem Jahr 1883.
8. Professor Max Planck, der bekannte Physiker, an Oberkirchenrat Neuberg aus dem Jahr 1944.
9. Der Industrielle August Thyssen an einen ungenannten Professor aus dem Jahr 1921.
10. Die eruptive Handschrift des weltbekannten Malers Pablo Picasso.
11. Handschrift eines paranoiden Anstaltsinsassen.
12. Handschrift des Massenmörders Haarmann (publiziert 1928).

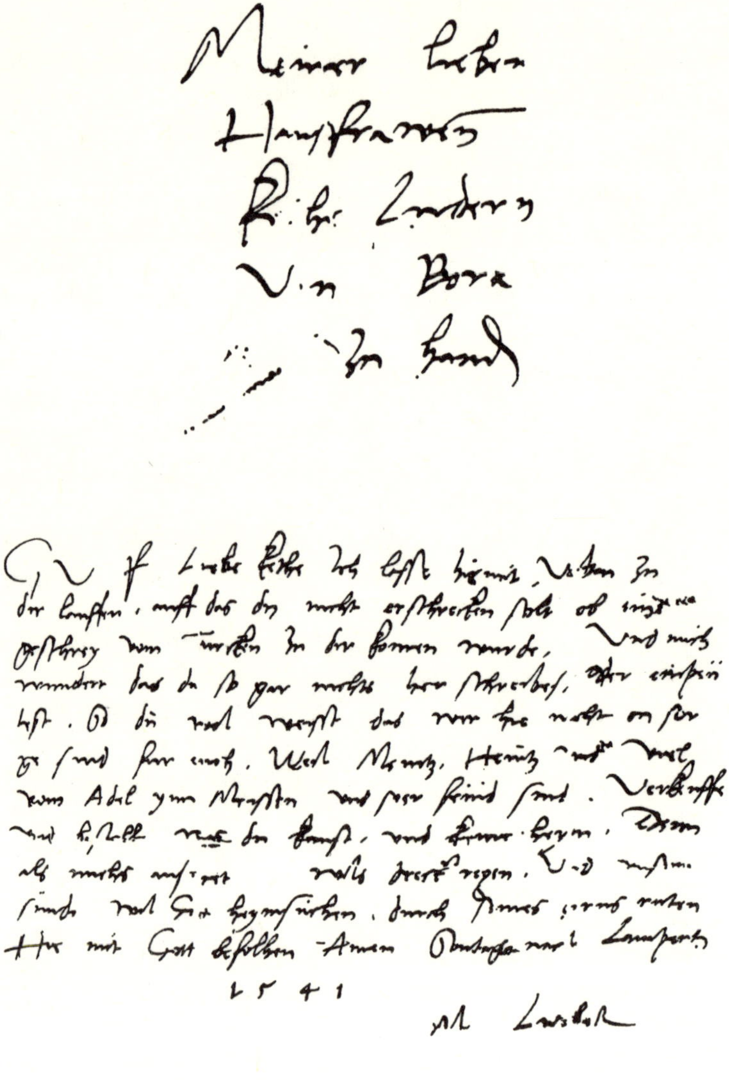

Martin Luther

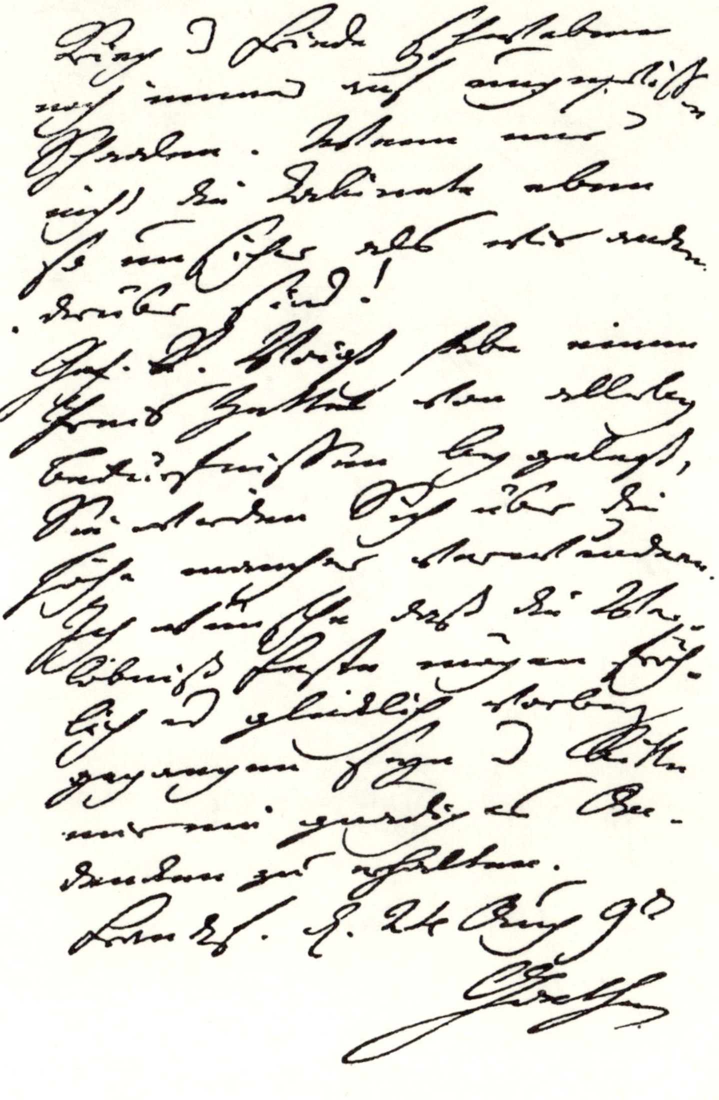

Johann Wolfgang von Goethe

leben — mein
alles — leb
wohl — o liebe
mich fort — verken
nie das treuste
herz deines
Geliebten
L.
ewig dein
ewig mein
ewig unß

Ludwig van Beethoven

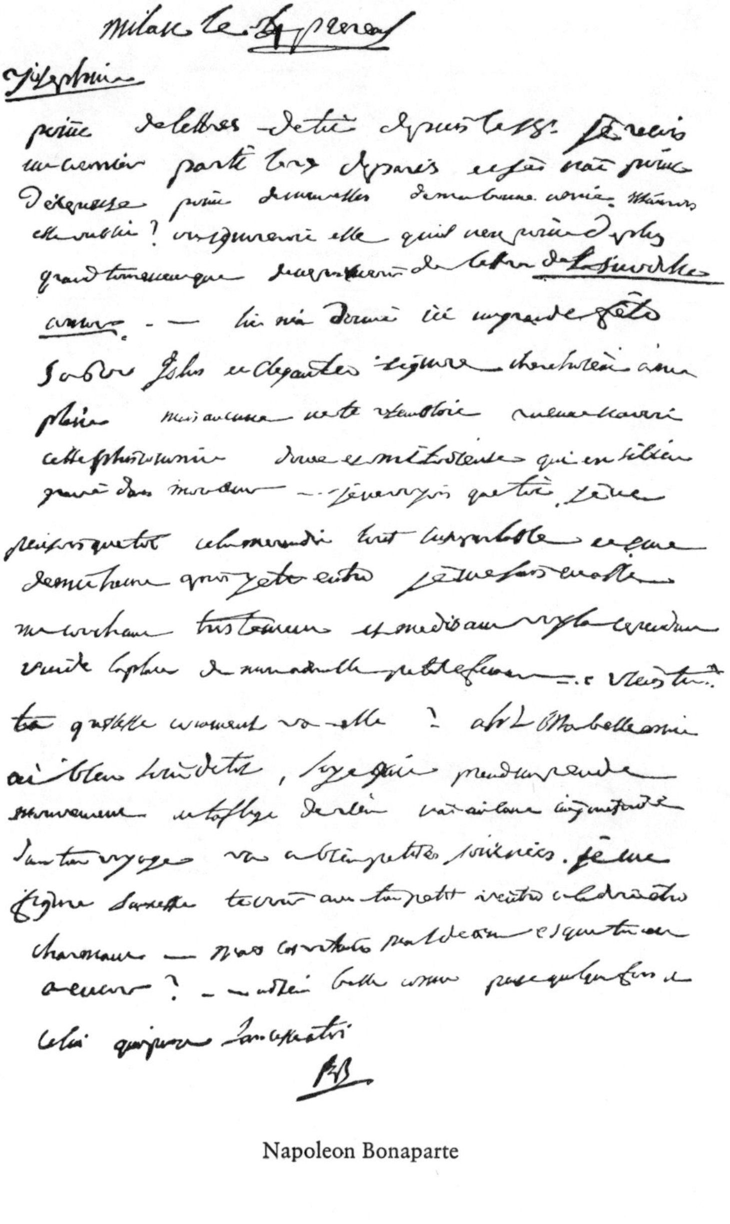

Napoleon Bonaparte

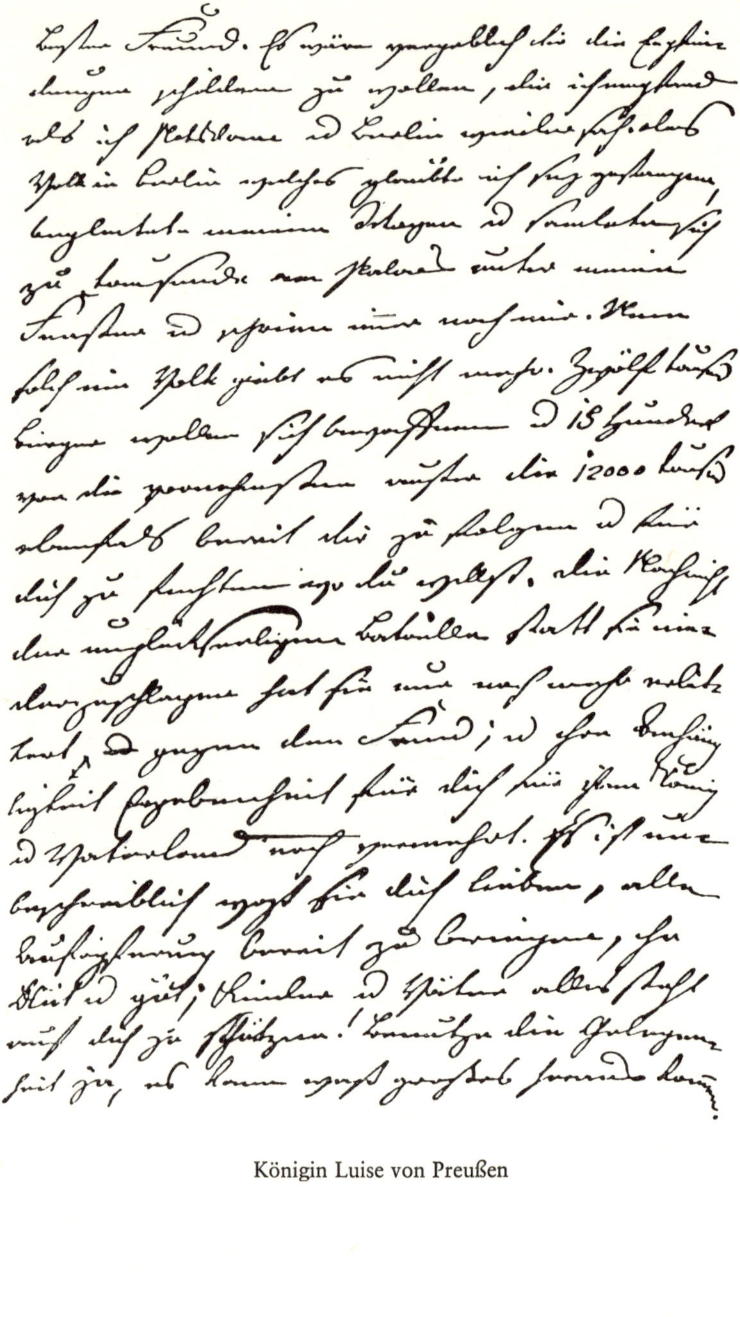

Königin Luise von Preußen

Ich wünschte wohl Ihnen erfreulichere Dinge melden zu können: aber es steht leider nicht in meiner Hand. Darum bleibt mir nichts übrig, als Ihnen meinen Dank für Ihren Brief auszusprechen, in der Hoffnung, dass eine gefälligere Zukunft die Brücken wieder bauen hilft, deren Zerstörung wir jetzt bedauern.

Freundschaftlichst

Naumburg 9 Mai 1868. Friedrich Nietzsche

z. Z. Gefreiter der 2. reit. Batt. des Magdeb. Feldartill. Reg. N. 4.

Friedrich Nietzsche

für alle Beweise der Gnade und des Ver-
trauens, und Eurer Kaiserlichen Hoheit
insbesondere für den huldreichen Beistand
ehrfurchtsvoll zu danken, den Höchstdieselben
in den wichtigsten und für mich schwersten
Zeiten meiner dienstlichen Laufbahn, mir
in so wirksamer Weise zu gewähren geruht
haben.

In Ehrfurcht und Dankbarkeit verharre ich

Eurer Kaiserlichen und König-
lichen Hoheit

unterthänigster Diener
Bismarck

Fürst Otto von Bismarck

Ich sehe darin ein Symbol für die enge Zusammengehörigkeit des physikalischen und des biologischen Weltbildes, deren Betonung ja gerade für Ihre Arbeitsrichtung charakteristisch ist. Gewiß werden Sie auch mit dieser neuen Auflage einen vollen Erfolg haben.

Ich benutze die Gelegenheit, um Ihnen für Ihren werten Brief vom 17.6.44 zu danken. Daß Sie in Wien noch so eingehende naturwissenschaftliche Studien getrieben haben, erregt meine aufrichtige Bewunderung. Eine solche Vielseitigkeit, wie Sie sie besitzen, trifft man nicht so leicht wieder.

Mit allen guten Wünschen und
freundlichem Gruß Ihr ergebenster

M. Planck.

Professor Max Planck

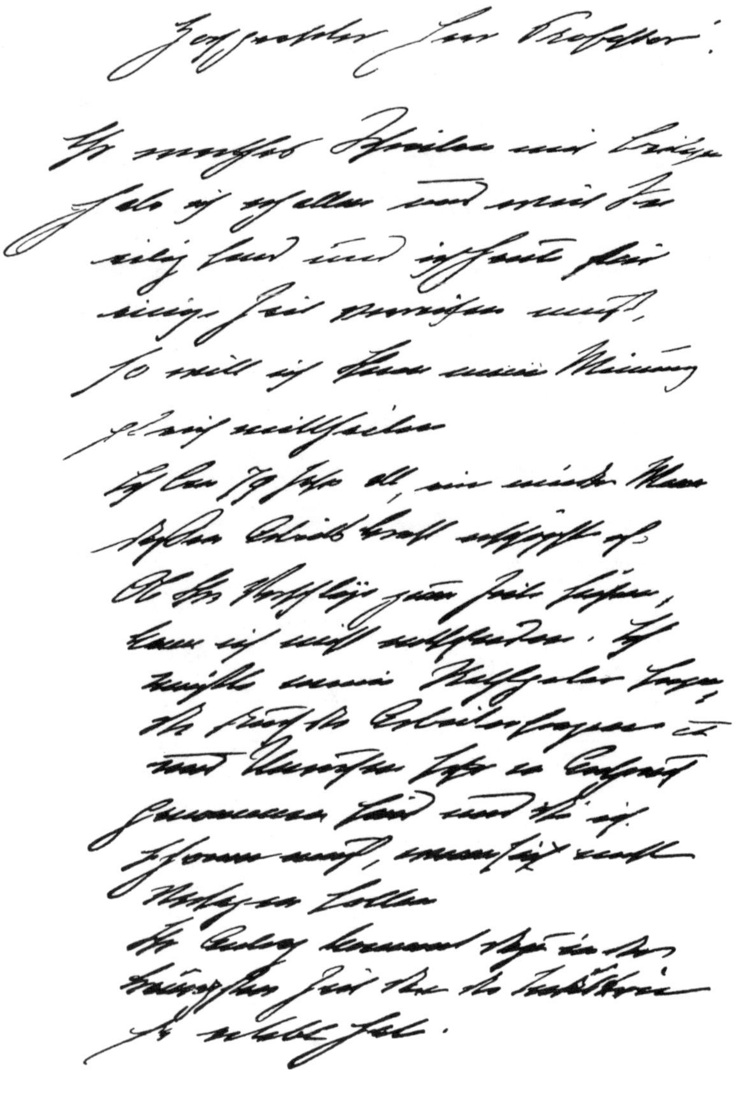

Hochgeehrter Herr Professor!

Ihr werthes Schreiben mit Beilage habe ich erhalten und weil Ihr eilig war und ich heute hier einige Zeit verweilen muss, so will ich Ihnen meine Meinung gleich mittheilen.
Ich bin 79 Jahre alt, ein müder Mann dessen Arbeitskraft erschöpft ist.
Ob Ihre Vorschläge zum Ziele führen, kann ich nicht entscheiden. Ich möchte meine Mitarbeiter, die durch die Arbeiterfragen und Unruhen sehr in Anspruch genommen sind und die ich schonen muss, unmöglich mit Vorschlägen belasten.
Die Anlage kommt [illegible] in der traurigsten Zeit, die die Industrie [illegible] je erlebt hat.

August Thyssen

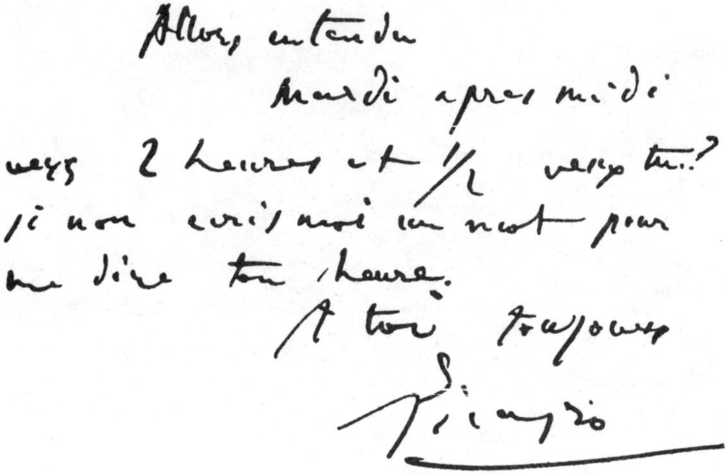
Allons, entendu
mardi après midi
vers 2 heures et 1/2 veux-tu?
si non écris moi un mot pour
me dire ton heure.
A toi toujours
Picasso

Pablo Picasso

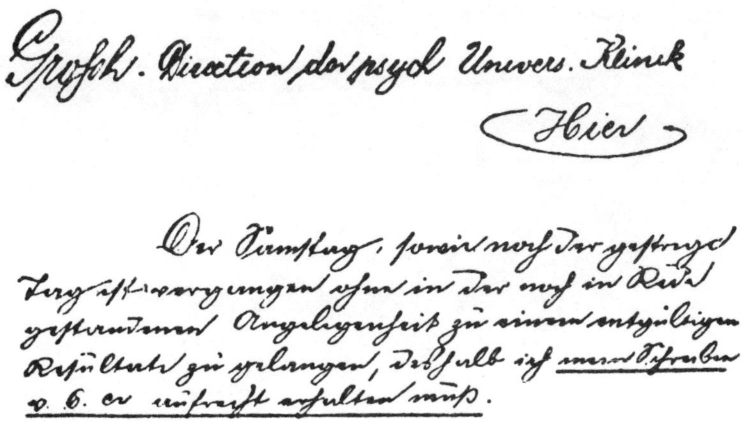
Großh. Direction der psych. Univers. Klinik
Hier

Der Samstag, sowie noch der gestrige Tag ist vergangen, ohne in der noch in Rede stehenden Angelegenheit zu einem entgültigen Resultate zu gelangen, deshalb ich mein Schreiben v. 6. cr. aufrecht erhalten muß.

Paranoider Anstaltsinsasse

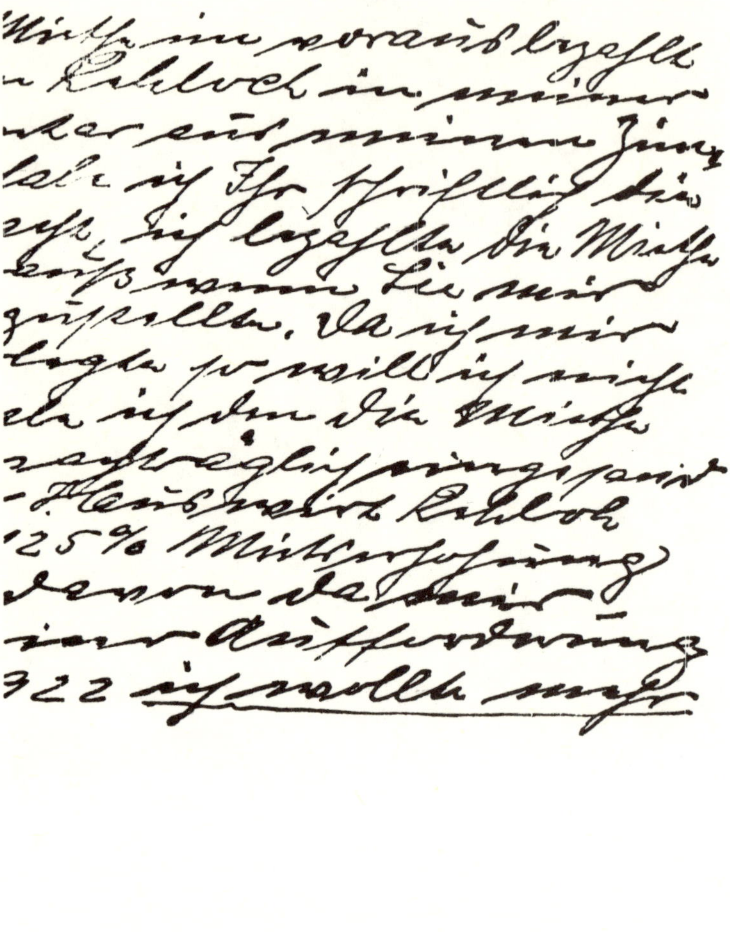

Massenmörder Haarmann

Kunst: Falsche oder echte Bilder?

Der holländische Pendler Joost van der L. aus Leuwaarden war nach Amsterdam gekommen, weil sich die Kunstexperten von ihm einen sachkundigen Rat erhofften. Der mörderische Zweite Weltkrieg war gerade zu Ende gegangen – und mit ihm sollte eine der größten Betrugsaffären der Kunstgeschichte aufgedeckt werden. Bei der Rückführung der von den Deutschen beschlagnahmten Kunstschätze war man auf einige meisterhafte Bilder des bedeutenden Malers Jan Vermeer van Delft (1632 bis 1675) gestoßen, die aber bisher in der Kunstgeschichte völlig unbekannt waren. Das große Rätselraten begann, wie Bilder von solch ungewöhnlicher Qualität unbekannt bleiben und dazu noch auf unerklärlichen Wegen in deutschen Besitz kommen konnten. In der Göringschen Sammlung entdeckte man das Vermeer-Bild *Christus und die Ehebrecherin.* Damit begannen die aufregenden Recherchen der niederländischen Polizei; denn man wollte wissen, wie dieses bisher ebenfalls unbekannte Meisterwerk nach Deutschland gekommen war.

Wie die bis dahin streng geheimgehaltenen Nachforschungen ergaben, war das Bild von einem gewissen Walter Hofer, einem Beauftragten Görings, von dem Kunsthändler Reinstra van Strijvesande vermittelt worden. Verkäufer war der Kunstmaler und Bilderhändler Han van Meegeren, wohnhaft in der Keizersgracht Nr. 321 in Amsterdam. Er war als reicher Sonderling bekannt und hatte wenige Freunde. Als die Polizei ihn aufsuchte, um ihn über den Verkauf auszufragen, sagte er, er habe das bezeichnete Gemälde an einen Holländer verkauft. Eine Überprüfung dieser Angaben ergab, daß Han van Meegeren die Wahrheit gesprochen hatte. Man schien also auf einem toten Gleis gelandet zu sein.

Die Kunstexperten waren hilflos. Immer weitere Gemälde, die ohne Zweifel von der Meisterhand Vermeers stammten, tauchten bei der Rückführung auf – und alle waren bisher unbekannt. Unter ihnen befand sich auch das Bild *Das letzte Abendmahl.* Joost van der L., der als hervorragender Pendler einen guten Ruf genoß, wurde nun in die Ermittlungen eingeschaltet und eingeweiht.

„Sicher werde ich die typische Handschrift des Künstlers ermitteln können, doch wäre ich dankbar, wenn Sie mir ein bekanntes Bild des Vermeer, das seit Lebzeiten des Künstlers als echt bezeugt ist, zum Vergleich überlassen könnten", wandte sich der Radiästhet an die umstehenden Kunsthistoriker.

Seinem Wunsch wurde entsprochen. Von den 40 bisher bekannten und gesicherten Werken Vermeers, der seine Bilder mit „J. V." signierte, wählte man das Gemälde *Blick auf Delft* aus. Dann ging Joost van der L. an die Arbeit. Zuerst ließ er seinen Pendel über dem gesicherten Vermeer-Bild kreisen, notierte sorgfältig die Schwingungsbahnen, ihre Art, ihre Größe und ihre Dauer. Dann wandte er sich dem *Letzten Abendmahl* zu. Wieder ließ er den Pendel kreisen, verfuhr in der gleichen Weise, um dann schließlich festzustellen:

„Das letzte Abendmahl", Jan Vermeer van Delft zugeschrieben und von Han van Meegeren über ein altes Bildnis von A. Hondius gemalt.

„Diese Bilder wurden von zwei verschiedenen Malern gemalt. Das Abendmahl zeigt bedeutend andere Schwingungsbahnen als das Delft-Bild. Eigentümlich ist nur, daß beim Abendmahl gleich zwei Maler am Werk gewesen sein müssen, wie mir die Pendelbilder eindeutig zeigen."

Nun wurden Chemiker mit der Farbanalyse beauftragt. Sie nahmen Farbproben von den beiden genannten Werken und einem weiteren unbekannten Gemälde *Christus in Emmaus,* das ebenfalls Vermeer zugeschrieben wurde. Doch alle Bilder hielten der chemischen Analyse stand. Offensichtlich hatte sich Joost van der L. getäuscht. Das alte Vorurteil der Schulwissenschaft, daß das Pendeln eine Scharlatanerie sei, schien wieder einmal berechtigt zu sein. Doch der Radiästhet beharrte auf seiner Meinung und reiste nach Leuwaarden zurück.

Da das Veräußern nationaler Kunstschätze ins Ausland unter Strafe stand, wurde nun Han van Meegeren unter dem Verdacht der „Kollaboration mit dem Feind" verhaftet. Der Kunsthändler befand sich in einer mißlichen Lage; denn wenn dieser Verdacht bewiesen würde, so hatte er mit einer lebenslänglichen Strafe zu rechnen. Unter dem Druck der Ereignisse gestand er, vierzehn niederländische Meisterwerke gefälscht und neun davon für eine Gesamtsumme von über sieben Millionen Gulden bei einem Reinverdienst von knapp fünfeinhalb Millionen Gulden verkauft zu haben.

Sein Geständnis klang so phantastisch, daß man dem Sonderling nicht glauben wollte und argwöhnte, er wolle lieber wegen Kunstfälschung einige Jahre Gefängnis absitzen, als wegen Hochverrats lebenslänglich eingesperrt zu werden.

Man suchte nach schlüssigen Beweisen. Er sollte in seiner Zelle ein weiteres Meisterwerk „nachempfinden". Das geschah – und die Sensation war perfekt: Han van Meegeren malte ein neues Gemälde nach altem Muster und bewies so, daß Gutachter und Experten sich an der Nase hatten herumführen lassen, weil sie seine Bilder als „echte alte Meisterwerke" klassifiziert hatten. Nur ein einziger Experte hatte den Schwindel schon vorher aufgedeckt: der Pendler Joost van der L. aus Leuwaarden. Er hatte auch mit seiner Behauptung recht behalten, daß „zwei Maler“ bei dem Bild *Das letzte Abendmahl* beteiligt gewesen waren. Eine später durchgeführte Röntgenuntersuchung des Bildes ergab, daß Han van Meegeren das Gemälde auf einer alten Leinwand eines Bildes von A. Hondius (1638 bis 1691) hergestellt hatte, indem er das weniger wertvolle Originalbild einfach mit „seinem Vermeer“ übermalte. So kam es, daß selbst angesehene Kunstwissenschaftler auf den Schwindel hereingefallen waren.

Der am 10. Oktober 1889 in Deventer an der Ijssel als Sohn eines Lehrers geborene Meisterfälscher Han van Meegeren aber erhielt nach der bereits zwei Jahre währenden Voruntersuchung in dem abschließenden Prozeß eine Gefängnisstrafe von einem Jahr wegen Kunstfälschung. Nach seinen Motiven befragt, erklärte der zweifellos begabte Künstler, er habe mit seinen eigenen Werken weder finanzielle noch künstlerische Anerkennung gefunden und sei deshalb darauf gekommen, alte Meister der Kunstgeschichte zu fälschen.

Das Beispiel des Han van Meegeren ist in der Kunstgeschichte kein Einzelfall. Noch am 20. Dezember 1961 erwarb die Stuttgarter Staatsgalerie ein „echtes Selbstporträt Rembrandts“ für den Preis von 3.600.000 Mark. Verkauft wurde das Bild von einem Sammler aus Palma de Mallorca, und über London war es in deutschen Besitz gelangt. Wie sich später herausstellte, war das „echte“ Selbstbildnis eine Fälschung (Frank Arnau in *Kunst der Fälscher – Fälscher der Kunst,* Düsseldorf–Wien 1969).

Bei einem Vergleich „Rubens und van Dyck“ kam Professor Leopold Oelenheinz zu folgendem Ergebnis:

„Rubens ist in der Kunstgeschichte das bekannteste Beispiel für eine oft mehr als ausgiebige Mitarbeit eines Schwarmes von Schülern, Gehilfen und Freunden. Bei den zahllosen Bildern, die der große Flame uns geschenkt hat oder die unter seinem Namen gehen, müßte hier ein besonders ausgiebiges Feld für Entdeckungen mit dem Pendel sein. Es gibt verhältnismäßig wenig Bilder von ihm, unter etwa 3000, die man vollständig

Echtes Selbstbildnis Rembrandts im Besitz der Londoner National Gallery.

Gefälschtes Selbstporträt Rembrandts aus dem Erwerb der Stuttgarter Staatsgalerie.

seiner Hand zuschreiben kann. Das ‚Atelier‘, die ‚Werkstatt‘ Rubens’ spielt bei den meisten eine mehr oder minder bedeutende Rolle, ohne daß oft die Stilvergleichung – mit unzweifelhafter Sicherheit – sagen könnte, was der Meister und was seine Gehilfen an den Bildern gearbeitet haben. Infolgedessen war von jeher, seit man sich eingehend mit dem Studium der Werke des Meisters beschäftigt hat, die Meinung schwankend. Hat doch Rubens oft nur einige Lichter und Lasuren aufgesetzt, die Bilder ‚übergangen‘. Man hat bald mehr, bald weniger als eigenhändig gelten lassen.“

Nach Ansicht von Professor Oelenheinz kann nur der Pendel das Rätsel lösen. Vor allem geht es um den Rubens-Schüler, den seit 1615 im Rubens-Atelier arbeitenden Anthonis van Dyck. Denn: „Die Kunstwerte seiner Arbeiten auf den Werkstattbildern seines Meisters sind ohne Frage die am höchsten stehenden, am meisten an Rubens heranreichenden. Er, dessen Ruhm gleich glänzt über alle Zeiten wie der des Rubens, hat zweifelsohne einen größeren Anteil an den bis zu seinem Scheiden aus Rubens’ Atelier 1621 dort entstandenen Bildern, als man aufgrund der bisherigen kritischen Prüfungen mit Sicherheit beweisen kann.

Da ist ein Bild von Rubens, aus der Geschichte der Maria Medici, wohl zwischen 1621 und 1625 entstanden, die *Reise der Königin nach Pont de Cé*. Man hat die Bilder dieses Kreises im Louvre einst alle für mehr oder weniger Schulbilder angesehen. Bei Pendelversuchen über dem wallenden Federbusch, der uns sofort in die Augen fällt, und über der prächtigen Mähne und dem Schweif des weißen Zelters haben wir das Pendelzeichen von Rubens selbst. Auch rechts die helle Ferne des Hintergrundes zeigt es uns. Doch wenn wir über die anderen Gestalten, die beiden Genien und den Zelter selbst gehen, über die Wolken und den Mittel- und Vordergrund, verläßt uns der Meister, das Pendel schwingt anders, aber wir kennen den Weg, den es geht.“

Eine später entdeckte Skizze zu diesem Ritt nach Pont de Cé von Anthonis van Dyck beweist deutlich, daß er es war, der den

Hauptteil dieses Bildes malte – noch vor seinem Ausscheiden aus Rubens' Atelier und vor seiner Reise nach Italien. Urkundliche Kunstgeschichte und die Ergebnisse des Pendels deckten sich hier vollständig. Oelenheinz stellte ferner fest, daß auch der Maler Jan Breughel der Ältere an diesem Gemälde mitgewirkt hat, wie er den Schwingungen seines Pendels entnehmen konnte.

„Ähnliches läßt sich feststellen bei den Bildern von Simson und Delila. Die kleinen Schoßhündchen auf Rubensbildern geben das Zeichen von van Dyck, zum Beispiel auf der Gefangennahme Simsons . . ." Auf dem Gemälde von Peter Paul Rubens *Jakob und Rahel* konnte Professor Oelenheinz durch den Pendel nachweisen, daß die Schafe von van Dyck gemalt worden sind. „Es überrascht uns nicht, daß der Schäfer, die Schäferin, der Amor, das Brunnenstück, die Landschaft, das zarte Silbergrau der Luft, der Vogel in der Luft, also der Hauptteil des Bildes, das Zeichen von Rubens geben, die Schafe das von van Dyck. Aus diesem Zusammenhang ergibt sich, daß das liebliche Bild vor dem Weggang von van Dyck aus der Rubens-Werkstatt, also vor 1621, gemalt sein wird. Keinesfalls aber ist es vor 1615 entstanden, da van Dyck erst seit diesem Jahr bei Rubens arbeitete."

Professor Oelenheinz erläutert seine Pendelversuche näher:

„Da die Pendelbahn für Rubens mit gerader Schwingung anhebt und die Pendelbahn desjenigen, der die von genannter Stelle (des Schäferstabes) bis in die Spitze sich hinziehende Bemalung ausführte, mit einem Kreis beginnt, so ist es leicht, beim langsamen Aufwärtsgehen die ungefähre Stelle der Grenze der Rubensschen Handschrift gegen die des Ausbesserers festzulegen, weil der Pendel sofort anders zu schwingen beginnt, wenn die Grenze überschritten ist."

Musik: Mozart oder Beethoven?

„Vorauszuschicken ist: Ich bin nicht sehr musikalisch, spiele kein Instrument und habe kein Konzertabonnement. Gelegentlich stelle ich das Radio an, wenn ich lese oder einige mechanische Arbeiten zu erledigen habe. Ich bin also keineswegs einer, den man einen sachverständigen Musikhörer nennen könnte. Erstaunlich ist aber, daß mein Unterbewußtsein mehr weiß als mein Tagbewußtsein, denn ersteres kennt sich in der Musik aus und kann sogar die Werke der einzelnen Meister unterscheiden."

So begann der Brief, den mir ein Bekannter aus Norwegen, Dr. Tom B.-W., eines Tages schickte. Er hatte mich Jahre zuvor bei einem Deutschlandbesuch aufgesucht, um meinen Rat in einigen Pendelfragen einzuholen. Damals hatte ich ihn gebeten, doch einmal gelegentlich von seinen weiteren Pendelexperimenten zu berichten. Er hielt das Versprechen, das er mir gegeben hatte. Von da an kommen immer wieder in unregelmäßigen Abständen seine Briefe, die von seinen Erfahrungen berichten. Norwegen – so schrieb er einmal – sei ein Land, in dem es außergewöhnlich viele Sensitive gäbe. Er als Arzt an der Westküste könne das besonders beurteilen, da er täglich mit solchen Leuten umgehe. Doch zurück zu seinem Erfahrungsbereich über Musik.

„Wenn ich ‚erstaunlich' in bezug auf ‚Unterbewußtsein' sage, so ist es ja nur für denjenigen, der sich nicht mit dieser Materie beschäftigt hat, eine Staunen erregende Tatsache; denn wir praktischen Pendler wissen ja schon lange, daß unser Unterbewußtsein mehr weiß als unsere Ratio, unser Verstand. Das, was wir gemeinhin Instinkt nennen, urteilt treffsicherer als unsere Logik, mit der wir zu denken gewohnt sind.

Eines Abends, als ich an meinem Schreibtisch saß und nach einem arbeitsreichen Tag gedankenverloren vor mich hinträumte, griff ich – ohne es eigentlich bewußt zu registrieren – nach meinem Pendel. Aus dem Radio ertönte irgendein großes Konzert. Der Pendel begann zu kreisen, zeichnete seine Bahnen in der Luft, schwang dann plötzlich aus, als nach wenigen Minuten der erste Teil des Konzertes beendet war, um dann bei dem zweiten Teil wiederum seine Bahnen zu ziehen – diesmal aber waren sie ganz anders als zuvor.

Ich war hellwach geworden. Was nur hatte meinen Pendel bewegt? Meine Emotionen beim Anhören der Musik? Die eigentümlichen charakteristischen Schwingungen der einzelnen Tonfolgen? Sicher war, daß der Pendel beim Schluß des ersten Konzertstückes anders schwang als zu Beginn des zweiten. Das aber konnte nur bedeuten, daß beide Konzertstücke von verschiedenen Komponisten stammen mußten, daß sich Musik ähnlich der Handschrift eines Menschen dem Pendler gegenüber offenbarte. Oder war es der Interpret, der Dirigent oder Solist, der das charakteristische Pendelbild ausmachte?

Ich sah in die Rundfunkzeitung, um alles genau zu erfahren. Das erste Stück war das Klavierkonzert Nr. 12 von Mozart mit den Berliner Philharmonikern unter Ferdinand Leitner, Solist war Wilhelm Kempff; das zweite war Ludwig van Beethovens Klavierkonzert Nr. 5 mit dem gleichen Orchester, dem erwähnten Dirigenten und ebenfalls Wilhelm Kempff am Flügel. Wenn die Besetzung bei beiden Konzertstücken aber die gleiche war und sich nur die Komponisten unterschieden, so mußte es auch ihre ‚Handschrift', ihre individuelle Musik sein, die meinen Pendel unterschiedlich hatte schwingen lassen.

Ich machte mir über diese erste Erfahrung eingehende Notizen und wiederholte das Experiment in den darauffolgenden Wochen noch mehrere Male – immer mit demselben Ergebnis. Ich sah in die Rundfunkzeitung und verpaßte kein großes Konzert. Ich pendelte immer wieder, und bald brauchte ich überhaupt nicht mehr die Namen der Komponisten zu lesen, denn diese werden mir jetzt allein durch die charakteristischen Pendelbahnen, die man jedem von ihnen zuordnen kann, angezeigt."

Soweit der Brief eines Pendelfreundes aus Norwegen. Daß er als Arzt bei schwierigen Diagnosen zum Pendel greift, brauche ich wohl nicht besonders zu erwähnen.

Mozart oder Beethoven? – Auch diese Frage konnte der eigentlich unmusikalische und in Musik nicht sachkundige Arzt Dr. B.-W. als geübter Pendler beantworten.

Gesundheit: Besser schlafen

Herr P., Lehrer in einem Ort in der Eifel, mußte einen Arzt aufsuchen, weil er sich in den letzten Monaten unwohl fühlte. Der 42jährige Mann war niemals vorher krank gewesen, klagte nun jedoch über Schlafstörungen, Nervosität und Konzentrationsschwäche. Der ärztliche Befund verlief negativ, ein organisches Leiden konnte nicht nachgewiesen werden. Kurz darauf fuhr Herr P. in Urlaub, wo er sich prächtig erholte und vollkommen beschwerdefrei war. Hier im Urlaub lernte er auch den Radiästheten Hans K. kennen, ohne daß dieser sich als Pendler zu erkennen gab. Man lernte sich kennen und freundete sich an. Bei einem Spaziergang erzählte Herr P. seinem neuen Bekannten von seinen merkwürdigen Beschwerden, die er in letzter Zeit zu Hause verspürt hatte, die jetzt aber wie weggeblasen waren.

Herr K. war neugierig geworden und fragte Herrn P., ob er Ärger in der Schule habe, was dieser verneinte. Er sei schon mehr als fünfzehn Jahre an der gleichen Schule und fühle sich dort auch wohl. Nach dem Tod seiner ersten Frau, die bei einem Verkehrsunfall ums Leben gekommen sei, habe er eine Kollegin geheiratet und sei vor kurzer Zeit mit ihr in das Haus ihrer verstorbenen Eltern gezogen, einen alten Fachwerkbau, den man sich gemütlich hergerichtet habe. Ob die Beschwerden schon vor dem Umzug oder erst danach aufgetreten seien, wollte Herr K. wissen. Herr P. überlegte und stellte fest, daß erst nach dem Umzug seine Leiden begonnen hatten.

Nun gab sich Herr K. als Radiästhet zu erkennen und erzählte von der gar nicht so merkwürdigen Wissenschaft, die er seit langen Jahren betrieb. Herr P. hörte ihm aufmerksam zu und fand das, was ihm sein neuer Freund erklärte, durchaus einleuchtend. Auf sein Bitten nahm Herr K. eine Einladung an und besuchte Herrn P. einige Wochen später. Er fand ein wunderschönes altes Haus in einer Talsenke vor, das sich das Ehepaar mit viel Geschmack wohnlich hergerichtet hatte. Frau P. erzählte, daß sie ihren Mann öfters morgens beim Wecken – die Eheleute hatten getrennte Schlafzimmer – quer im Bett aufgefunden hätte. Herr K. nahm seinen Pendel zur Hand und stellte im Schlafzimmer von Herrn P. eine erhebliche geopathische Störung fest. Für ihn stand fest, daß sich unter dem Haus und genau an der Stelle, wo das Bett von Herrn P. stand, eine Störzonenkreuzung, wahrscheinlich verursacht durch zwei unterirdische Wasserläufe, befinden mußte. Tatsächlich ist die Talsenke sehr wasserreich. Alles sprach also dafür, daß die Beschwerden von Herrn P. durch diese Störzonenkreuzung verursacht wurden.

Das Schlafzimmer von Herrn P. befand sich in einem Anbau, den das Ehepaar vor dem Einzug in das Haus hatte ausführen lassen. Hier hatte ursprünglich ein alter Stall gestanden.

„Hatten Ihre Eltern noch Vieh in diesem Stall gehalten?" wollte der Pendler von der Frau wissen.

„Zu Anfang ja, drei Kühe. Aber es wurde ihnen zu lästig, weil die Tiere immer wieder krank wurden und sich wegen der hohen Tierarztrechnungen eine weitere Haltung nicht lohnte."

„Sehen Sie, das ist ein weiterer Beweis für meine Vermutungen. Für uns Radiästheten ist dieses Problem nicht neu. Immer wieder können wir in Ställen beobachten, wie sich die Tiere in ihren Boxen quer stellen, um den manchmal dort vorhandenen Erdstrahlen instinktiv auszuweichen. Ebenso hat sich Ihr Mann verhalten, der sich im Schlaf ja auch instinktiv quer ins Bett wälzte. Das ist der Grund, warum er an seinen unerklärlichen Beschwerden seit dem Einzug in dieses Haus leidet."

Nun pendelte Herr K. die ganze Umgebung um das Haus aus und fand dabei durch die Schwingungen seines Pendels einwandfrei den Verlauf der beiden unterirdischen Wasserläufe, die sich unter dem Anbau kreuzten. Herr P. verlegte nun sein Schlafzimmer in das alte Haus und war sofort beschwerdefrei. Der Anbau wurde nun als Abstellraum benutzt. Gelegentlich wollen die P.s an anderer, günstigerer Stelle ein Schlafzimmer für Herrn P. anbauen.

Nach den Erfahrungen der Mathematiklehrerin und Rutengängerin Käthe Bachler aus Hallein in Österreich, die im Auftrag des Pädagogischen Instituts für Salzburg einen Tatsachen-

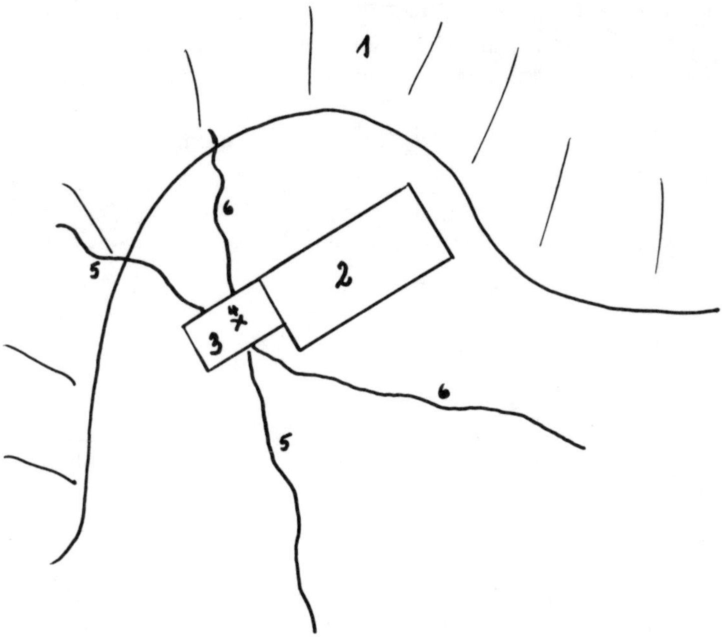

Lageskizze des Hauses des Ehepaares P., angefertigt durch den Pendler K. am 12. Juni 1975: 1 = bergiges, abschüssiges Gelände, sehr waldreich; 2 = ursprüngliches altes Wohnhaus; 3 = nachträglicher Anbau mit Schlafzimmer des Herrn P., vorher alter Stall; 4 = geopathische Störzone, verursacht durch die Kreuzung von zwei unterirdischen Wasserläufen; 5 = Verlauf des ersten unterirdischen Wasserlaufes; 6 = Verlauf des zweiten Wasserlaufes.

Forschungsauftrag erhalten hat, ist dieses Beispiel kein Einzelfall. Ihr Thema *Zusammenhang zwischen den geopathischen Störzonen und dem Lernmißerfolg bei Schulkindern,* das auf genaue Beobachtungen bei 700 Schulkindern und Studierenden fußt, zeigt eindeutig den Zusammenhang zwischen Störzonenkreuzungen, schulischer Leistung bei Kindern und Schlafstörungen. Frau Bachler untersuchte sowohl die Schlaf- als auch die häuslichen Lernplätze der Kinder und kommt dabei zu dem Schluß:

„Nicht nur die kranken, sondern auch die langsamsten, die vergeßlichsten und die schwierigsten Kinder waren solchen geopathischen Einflüssen ausgesetzt."

Was für Kinder gilt, ist auch bei Erwachsenen festzustellen: „Reizzoneneinfluß kann nicht bloß Rheuma hervorrufen, sondern kann nach Schwächung der Abwehrkraft bei allen Krankheiten, besonders auch bei Nervenleiden – neben den Übertretungen der natürlichen Lebens- und Ernährungsgesetze – als grundlegender oder auslösender Faktor eine sehr große Bedeutung haben ..."

Neben der Folgerung für die Prophylaxe (Vorbeugung) und für die Krebsforschung bringt sie den tröstlichen Hinweis, „daß schon der versuchsweise Schlaf- bzw. Arbeitsplatzwechsel manchen Leidenden eine Besserung gebracht hat".

Medizin: Terrestrische Strahlung als Krankheitsursache

„Meine Damen und Herren, ich halte es für selbstverständlich, daß über dieses Untersuchungsresultat keine Verlautbarung nach außen dringt." Professor Sauerbruch appellierte in dieser Weise an seine Mitarbeiter, an Ärzte und Schwestern im Kantonsspital in Zürich.

Spätere Berichte schilderten, was geschehen war: Es handelte sich um eine durch einen Reizstreifen verursachte Krebsstelle. Innerhalb kurzer Zeit starben in einem Zimmer eine ältere und zwei jüngere Schwestern an Brustkrebs – alle in ein und demselben Bett. Daraufhin ließ Professor Sauerbruch einen Radiästheten kommen, der das Zimmer, nachdem es vollständig ausgeräumt worden war, eingehend untersuchte und schließlich eine Kreuzung von Quellen feststellte. Die Kreuzungsstelle befand sich genau unter der Bruststelle der verstorbenen Patientinnen. Die Todesursache war also jedesmal in den starken terrestrischen Strahlungen zu suchen.

Warum Professor Sauerbruch seinen Mitarbeitern zu schweigen gebot, liegt auf der Hand: Der erfahrene Mediziner wußte zwar um das Geheimnis pathogener Erdstrahlen, scheute sich aber wegen einer möglichen Auseinandersetzung mit seinen Kollegen, sich zur Radiästhesie zu bekennen.

Der Geologe und Hydrologe Dr. Joseph Kopp aus Ebikon in der Schweiz kommentiert diesen Fall wie folgt: „Immerhin riet er in der Folge an Krebs Operierten, das Bett zu verlegen, eine Maßnahme, welche schon vor Jahrzehnten zwei Wiener Chirurgieprofessoren den Krebspatienten nach der Operation empfohlen hatten."

Weiterhin führt Dr. Kopp folgenden Fall an: „Im luzernischen Seetal starben drei Kinder einer Bauernfamilie an Gehirntumoren. Sie lagen alle mit dem Kopf im Bett über einer Quelle, über der auch eine alte Frau an Darmkrebs gestorben ist. In der Umgebung deuteten auch krebsige Bäume auf die pathogenen Auswirkungen der Quellen hin."

Demgegenüber berichtet das Informationsblatt über Umwelt- und Gesundheitsschutz *Smog* in seiner Ausgabe 4/1976:

„Natürliche Strahleneinwirkung ist nicht krebsverursachend und könnte, im Gegenteil, sogar Krebs verhüten helfen, erklärten Dr. Norman Frigerio und Dr. Ralph Stowe von den Argonne National Laboratories auf einem Symposion über die biologischen Wirkungen niedriger Strahlen in Chicago. In zwölf von vierzehn amerikanischen Bundesstaaten mit der höchsten Strahlenmenge aus natürlichen Quellen lag, wie die beiden Wissenschaftler feststellten, die Krebs-Mortalität erheblich unter dem Durchschnitt der Vereinigten Staaten. Natürliche Strahlung findet sich im Wasser, in der Nahrung, im Beton, in buchstäblich Hunderten anderer natürlicher Quellen. Mit zunehmender natürlicher Strahlung wurde auch eine geringere Mortalität infolge genetischer Krankheiten festgestellt. Dr. Frigerio betonte ausdrücklich, aus seinen Untersuchungen dürfe nicht gefolgert werden, daß Strahlung auch dann harmlos sei, wenn sie mit großer Intensität erfolge. Offenbar nütze sie aber dem Körper, wenn sie in ganz geringen Mengen weit verbreitet sei."

Dieser Bericht widerspricht keineswegs der Theorie unserer Radiästheten, daß *terrestrische,* also erdgebundene Strahlenkreuzungen, infolge ihrer Verdoppelung gesundheitsschädlich sind; denn die Strahlen, von denen die beiden genannten Wissenschaftler sprechen, sind einmal *kosmischen* Ursprungs, zum anderen meinen sie die Strahlungen, die von den Gegenständen selbst ausgehen und die ja auch unseren Pendel bewegen. Schon Bolte berichtete von einem Haus, in dem er Krebsfälle über drei Generationen hinweg nachweisen konnte:

„Das Bett der Großmutter war nicht mehr zu ermitteln. Das Bett des Vaters stand, wie ich noch feststellen konnte, auf einer starken Wasserader, die in drei Metern Tiefe neunzehn Kubikmeter Wasser in 24 Stunden führte. Krebsgefährlich sind schon Mengen von einem Kubikmeter, ja sogar noch weniger. Die Großmutter war über 60 Jahre alt geworden, der Vater nur noch 48. Der Sohn starb ebenfalls mit 48 Jahren an Krebs. Eine Wasserader konnte ich in seinem Zimmer nicht finden.

Ich habe bis jetzt in wenigstens 22 Krebsfällen den Zusam-

Er war von der pathogenen Wirkung terrestrischer Strahlungen überzeugt, wagte aber nicht, sich dazu in der Öffentlichkeit zu bekennen: Professor Dr. Ferdinand Sauerbruch.

menhang mit Erdstrahlen nachweisen können. Dem gegenüber stehen fünf Fälle von Krebs, in denen ich einen unmittelbaren Zusammenhang mit Erdstrahlen nicht nachweisen konnte. Also bei 81 Prozent der Fälle, die ich untersuchen konnte, fand ich diesen Zusammenhang.

Einmal untersuchte ich eine Wohnung, in der ein alter Mann an Krebs gestorben war. Ich konnte den Krebspunkt nachweisen: eine Wasseraderkreuzung, auf der der Magenkrebs entstanden war. In derselben Wohnung waren in einer Familie mit sechs Kindern drei im frühesten Jugendalter gestorben. Kinder sind ja besonders empfindlich gegen Erdstrahlen. Ich habe auch andere schwere Krankheiten über Erdstrahlen feststellen können: Zuckerkrankheit, Rheumatismus, Asthma, Nervenleiden, Thrombose, Bösartigwerden von Angina u. a."

Maria Frauzem definiert die von der Radiästhesie festgestellten Erdstrahlen als „Reizstreifen". In ihrem Buch *Radiästhesie* (Wiesbaden-Biebrich 1953) schreibt sie:

„Man versteht darunter eine in Anomalien im magnetischen, elektrischen oder Schwerkraftfeld der Erde sich äußernde Bodenemanation. Soweit es sich dabei um Störungen elektrischer Natur handelt, sind sie mit dem Elektroskop nachweisbar, solche im magnetischen Feld mit einem fein empfindlichen Magnetometer, zum Beispiel dem Doppelkompaß. Verursacht werden sie am häufigsten durch Verwerfungen, Gesteinswechsel, unterirdische Wasserläufe, Erzadern, aber auch durch elektrische Kabel, Körper in Verwesung, vergrabene Metalle usw...

Pater Desbuquoit in Frankreich und Dr. Deibel in München sowie Piazenza im Allgäu haben unabhängig voneinander in jahrelanger Arbeit eine große Zahl von regelmäßigen Einschlagstellen des Blitzes untersucht und gefunden, daß sie ausnahmslos über solchen Kreuzungspunkten von Reizstreifen gelegen waren."

Schon oberflächlich sind solche Reizstreifen sichtbar, denn ihren Verlauf kann man „häufig an immer wiederkehrenden Rissen im Mauerwerk und Sprüngen in den Betondecken mit den Augen erkennen. Auch verminderte Vegetation, verkrüppelte Bäume zeigen oft ihre Existenz im Boden an. Sträuße von männlichem Farnkraut, Mimosen, Geranien welken sehr schnell über einem Reizstreifen; man kann sogar die Wirkung einer Abschirmung vermittels solcher Pflanzen kontrollieren. Manche Tiere wie Pferde, Kühe, Hunde, Schwalben, Störche vermeiden sorgfältig, sich über solchen Stellen aufzuhalten, andere wie Katzen, Bienen, Ameisen bevorzugen sie."

Die Beispiele zeigen deutlich, daß nicht alle Organismen in gleicher Weise empfindlich über Reizstreifen reagieren. Gesichert scheint jedoch ihre Gefährlichkeit für den Menschen. So hat der Amtsarzt Dr. Hager aus den Jahren 1910 bis 1932 insgesamt 5348 Krebstodesfälle und ihre Verteilung über die Häuser seines früheren Wohnortes Stettin aufgezeichnet. Unter diesen Häusern waren manche im Volksmund als „Krebshäuser" bekannt. Maria Frauzem berichtet weiter:

„Ebenso hat Dr. med. Petschke an einem Ort seines Arbeitsbereiches die Häuser, in denen in den letzten 20 Jahren Krebstodesfälle vorgekommen waren, zusammengestellt (213) und von dem Rutengänger Dannert auf Reizstreifen untersuchen lassen. Bei 99 Prozent der Krebstodesfälle wurde eine ‚Unterstrahlung' des Hauses festgestellt. Dabei fand es sich, daß bei den 213 Krebstoten in 203 Fällen der Reizstreifen eine der beiden von Dannert als für Krebs typisch bestimmten Schwingungsfrequenzen aufwies."

Alexander Hondorff bemerkt zu diesem Problem:

„Linden reagieren (wenn sie auf Reizzonen stehen) mit krebsartigen Wucherungen, auch Baumkrebs genannt. Eichen dagegen lieben bestrahlte Stellen, ebenso Hollunder und die Weide. Pilze und Heilpflanzen wachsen vorzugsweise auf Reizzonen."

Dr. Kopp untersuchte die hohe Sterblichkeit an Krebs beiderseits der Hauptstraße in Netstal im Kanton Glarus. In seinem Untersuchungsbericht (*RGS* Nr. 131) heißt es:

„In 25 Häusern beiderseits der Straße kamen in elf Jahren 75 Krebsfälle vor, währenddem in einem verkehrsfreien Außenquartier neunmal weniger an bösartigen Geschwülsten Erkrankte starben als an der Autostraße. Wenn die Autoabgase für die höhere Krebssterblichkeit verantwortlich wären, so müßten doch wohl die Lungenkrebse vorherrschend sein. Das ist aber nicht der Fall. Unter den 75 Krebsfällen finden sich nur acht Bronchuskarzinome und drei Karzinome der oberen Luftwege.

Es lag daher nahe, nach anderen Krebsursachen zu suchen. Eine hydrologische Untersuchung der Untergrundverhältnisse der Krebshäuser an der Autostraße ergab, daß fast alle Wohnungen der an Krebs Verstorbenen auf zwei Grundwasserströmungen liegen, die beiderseits der Hauptstraße vorhanden sind. Links der Hauptstraße sind 30 Häuser, wovon 15 Krebshäuser, rechts der Straße sind ebenfalls 30 Häuser, wovon 10 Krebshäuser sind.“

Wie Dr. Kopp feststellte, sind manche Krebshäuser von den sechs bis acht Meter breiten Grundwasserströmen nur teilweise betroffen, wobei das Zusammentreffen derselben mit den Häusern besonders augenfällig ist, wie unsere Skizze zeigt.

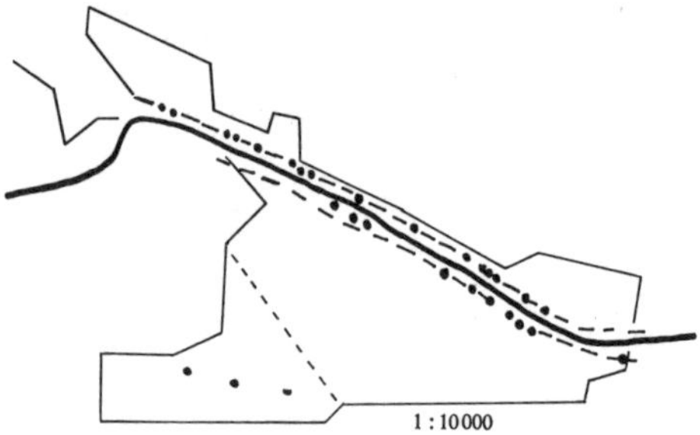

Wohnungen der an Krebs Verstorbenen, Kantonsstraße und Außenquartier, nach W. Blumer, R. Jaumann und Th. Reich, der gestrichelte Grundwasserstrom nach J. Kopp.

Daß ein solches Zusammentreffen nicht zufällig sein kann, zeigt ein anderes Beispiel, von dem Dr. Kopp berichtet:

„Im Gebiet von 15 Einfamilienhäusern [eines Quartiers in einem anderen Dorf des Kantons Glarus] traten fünf Krebsfälle auf; davon waren vier Mammakarzinome [Brustkrebs] und ein Leberkrebs. Die hydrologische Untersuchung ergab, daß unter allen fünf Krebshäusern eine Quelle floß. Ein Bewohner des Quartiers, der die an Krebs Gestorbenen kannte, wies darauf hin, daß die Quellen unter den Betten der Betroffenen flossen.“

Das „Global-Gitter-Netz“

Nach den Angaben mancher sachkundiger Rutengänger verlaufen die Reizstreifen auf der Erdoberfläche netzartig, wobei die parallelen Streifen meist etwa zwei Meter voneinander entfernt sind. Die schädlichen Einwirkungen der Kreuzungsstellen dieses Gitter-Netzes auf den menschlichen Organismus konnten in zahlreichen Versuchen nachgewiesen werden. Andererseits genügte meist schon ein geringfügiges Verschieben der Betten von Kranken, um bei ihnen eine deutliche Besserung, besonders bei chronischen Krankheiten, herbeizuführen.

Interessant ist der Einfluß solcher geopathischer Zonen im Global-Gitter-Netz auf die Sinkgeschwindigkeit der Blutkörperchen, wie H. Petschke in zahlreichen Versuchen nachweisen konnte *(Über Beziehungen zwischen der Blutkörperchensenkungsreaktion, radioästhetischen Befunden und meteorologischen Vorgängen,* in: Die Medizinische, Nr. 39, S. 1263, und Nr. 52, S. 1759–1761, 1953). Herbert L. König berichtet in seinem Buch *Unsichtbare Umwelt* (München 1975, S. 146) darüber:

„Petschke suchte sich drei nur wenige Meter voneinander entfernte Stellen aus, eine neutrale, eine auf einem einfachen Reizstreifen und eine auf einer Kreuzung solcher Streifen. Bei insgesamt 62 Versuchsreihen über mindestens acht Stunden Dauer wurden die bei jeder Reihe ermittelten 72-Stunden-Resultate auf 24 Mittelwerte umgerechnet, so daß einschließlich der Halbstundenwerte immerhin mehr als 5000 Ablesungsergebnisse zur Beurteilung kamen. Es ergab sich:

1. Die Senkungsgeschwindigkeit der über einfachen Reizstreifen sowie über der Reizstreifenkreuzung sich befindenden Blutsenkungsreaktionsgruppen war gegenüber derjenigen auf neutralem Boden verändert. Die Abweichungen der beiden veränderten Gruppen hatten einen parallelen Verlauf, was gegen Zufälligkeit spricht.

2. Die Beeinflussung der Blutsenkungsreaktion über Reizzonen und Kreuzungen hat nicht immer eine beschleunigte, sondern häufig auch eine hemmende Tendenz.“

Keimversuche mit Erbsen, Gurken, Bohnen, Mais etc. ergaben, daß eine Keimung an den geopathischen Kreuzungspunkten ausblieb. Über ein besonderes Testverfahren berichtet König weiter:

„Ortsabhängige Untersuchungen von Blut zeigten, daß sich an den Punkten mit erhöhter Einstrahlung im normalen Blut allmählich Körnchen, Kügelchen, Bläschen, Fäden, also die verschiedensten Partikel bildeten, die vorher nicht zu finden waren. Derartige Veränderungen können mit dem sogenannten Scheller-Test in den Erythrozyten nachgewiesen werden. Es gelingt hier, Ultrastrukturen vom Typ der Mitochondrien im Dunkelfeld darzustellen. Dieses Untersuchungsverfahren könnte beweisen, daß Strahleneinwirkung im Blut einen sichtbaren, gesicherten biologischen Effekt im strahlenempfindlichsten Organ, in den Erythrozyten, hat.

Gemäß Scheller wirkt somit ionisierende Strahlung auf die Erythrozyten ein und verändert sie, entgegen bisherigem Wissen, bis Krebs entstehen kann. Sollte sich dies bestätigen, würde das ein Hinweis auf Krebsgefährdung durch pathogene Stellen sein. Messungen bestärken diese Vermutung, denn es lassen sich für diese Stellen besondere Verhältnisse für die ionisierende Strahlung nachweisen.“

Krankheiten und die Pendeldiagnose

Es ist erstaunlich, wie viele wissenschaftlich ausgebildete Ärzte zur Feststellung der Diagnose und zur Festlegung der Therapie zum Pendel greifen. Aber wie wir bisher gesehen haben, ist es eigentlich gar nicht so verwunderlich, denn die Phänomene, die die Radiästhesie heutzutage untersucht, lassen sich ja auch wissenschaftlich nachweisen. Experimentelle Beweise liegen in großer Zahl vor. Obwohl nun aber jeder geübte Pendler Krankheiten diagnostizieren und die jeweils geeigneten Heilmittel herausfinden kann, so muß doch immer wieder betont werden, daß ein verantwortungsvoller Radiästhet keine Kranken behandelt und dies dem Arzt überläßt. Der Radiästhet kann raten, beraten und Hinweise geben, sollte sich aber in keinem Fall dem Verdacht der Kurpfuscherei aussetzen. Sofern der Arzt nicht selbst ein Befürworter der Radiästhesie ist, kann man ihn ja geschickt auf die erpendelte Diagnose hinweisen.

Der menschliche Organismus ist ein kompliziertes Gebilde, wobei Ursache und Wirkung oft merkwürdige Umwege gehen. Deshalb ist es heute selbst einem Arzt nicht möglich, alles zu überblicken und immer auf dem letzten Stand der Information zu sein. Nicht umsonst hat sich die medizinische Wissenschaft in verschiedene Fachdisziplinen aufgespalten, wobei es heute häufig für den Facharzt noch schwierig genug ist, sich auf seinem Spezialgebiet weiterzubilden und die Flut der Fachveröffentlichungen zu studieren. Gerade für ihn kann jedoch die Pendeldiagnose von unschätzbarem Wert sein, vor allen Dingen dann, wenn er das Ergebnis mit dem seines medizinischen Wissens vergleichen kann. Sanitätsrat Dr. Paul Wolff zum Beispiel ist zu der Überzeugung gelangt, daß der Pendel manchmal mehr vermag als alle Schulweisheit:

„Für mich als Arzt kommt es hauptsächlich darauf an, meine Diagnosen über den erkrankten Organen bestätigt zu erhalten. Dazu halte ich mein Pendel über die erkrankten Organe der Patienten und beobachte die Ausschläge. Nachher nehme ich meinen alten anatomischen Atlas und vergleiche die hier erhaltenen Ausschläge; dieselben sind stets die gleichen wie jene über den Organen am Lebenden.

Habe ich eine Handschrift von dem Betreffenden oder auch eine Fotografie, dann lege ich meine Hand darauf, halte den Pendel über die einzelnen Organe und erhalte dann dieselben Ausschläge.

Bisher interessierten mich besonders Krebskranke; ich ließ mir von einem hiesigen größeren Krankenhaus von zwölf Krebskranken auf meine Rezeptformulare deren Name, Geburtstag und Wohnort aufzeichnen, pendelte dann und fand stets das von Kosmas Huber angegebene Zeichen für Karzinom. Bei Knochenbrüchen zeigt mir der Pendel genau den Verlauf der von mir konstatierten Bruchstelle an."

Zum Schluß seiner Ausführungen führt der Arzt noch einen Spezialfall an:

„Ein von mir schon lange an mehreren Leiden behandelter Patient erlitt einen schweren Unfall. Als er in ein Haus eintreten wollte, wobei er eine gebückte Haltung einnehmen mußte, löste sich ein Stück Mauerwerk und schlug ihm derart in den Rücken, daß er zu Fall kam. Da ich seine Schrift hatte, pendelte ich die Wirbelsäule ab und fand einen Bruch in der Lendenwirbelsäule. Bei meinem ersten Besuch im Krankenhaus konnte ich als alter Chirurg sofort die Pendeldiagnose bestätigen. Ich sagte meine Diagnose, allein man wollte mir bedeuten, es handle sich nur um eine Prellung. Ich blieb bei meiner Diagnose. Man würde eine Röntgenaufnahme machen; dies geschah, und als ich wieder ins Krankenhaus kam, sagte man mir lächelnd, es handle sich also doch nur um eine Prellung, von Bruch nichts zu sehen. Darauf sagte ich, wie stets bei unklaren Röntgenbildern, daran geschrieben stehe allerdings nicht, was der Schatten auf der Platte bedeute. Ich blieb natürlich bei meiner Diagnose."

Die Schmerzen des Patienten an der unklaren Stelle wurden immer heftiger, so daß man sich zu einer weiteren Röntgenaufnahme entschloß. Dabei erkannten die Klinikärzte, daß es sich doch um eine Fraktur handelte und man sich geirrt hatte.

„Darauf ich: ‚Bitte nicht ich, sondern Sie hatten sich getäuscht.‘ Also mein Pendel auch nicht, hätte ich hinzusetzen können. Aus dem Vorstehenden ergibt sich wohl zur Genüge, daß ich nicht mehr an den Pendel zu *glauben* brauche – ich *weiß*, daß er dem, der ihn versteht, die Wahrheit offenbart.“

Pendelmethoden zur Erhebung der Diagnose

Beim medizinischen Pendeln ist sowohl die mentale Methode als auch das Aura-Pendeln mit den spezifischen Schwingungsbahnen für jedes Organ üblich. Werden die Fragen bei der mentalen Methode jeweils mit „Ja" und „Nein" beantwortet (vgl. Kapitel *Mentales Pendeln für Meister),* so zeigen sich über gesunden Organen (vgl. Kapitel *Die Pendelzeichen)* und kranken Organen bei der Aura-Methode die entsprechenden Pendelzeichen.

Beide Methoden können auf verschiedene Art und Weise angewandt werden, wobei der Pendler sich entweder für die mentale oder aber die Aura-Methode entscheiden muß. Entweder fragt er seinen Pendel gezielt: „Ist dieses oder jenes Organ gesund?", und der Indikator antwortet in Kreisen oder Strichen mit „Ja" und „Nein"; oder aber der Pendler konzentriert sich ganz auf seinen Patienten und läßt den Pendel „ohne Bewußtsein" über den Körper gleiten, wobei der Pendel durch seine Schwingungsbahnen „gesund" oder „krank" anzeigt. Die einzelnen Arten des Abpendelns sind:

1. Der Kranke selbst wird von Kopf bis Fuß abgependelt, wobei genaue anatomische Kenntnisse von Wichtigkeit sind; denn nur so kann eine genaue Diagnose und eine gezielte Therapie zustande kommen. Der Kopf des Patienten soll nach Norden, seine Füße sollen nach Süden zeigen. Bei dieser Untersuchungsmethode muß der Pendel aber nicht unbedingt über dem Körper des Kranken kreisen. Zweckmäßig ist es auch, wenn die linke Hand des Pendlers die Strahlen aufnimmt, indem diese jeweils an die Stelle des zu untersuchenden Organs gelegt wird. Diese Strahlen werden nun im Körper des medizinischen Pendlers transformiert und über den rechten Arm, die rechte Hand und den Pendelfaden zum Pendel geleitet, der dann in entsprechender Weise schwingt.

2. Der Kranke selbst steht dem Pendler nicht zur Verfügung und sein Leiden wird durch Ferndiagnose ermittelt. Dabei muß der Pendler zumindest ein Schriftstück, ein Foto oder ein Klei-

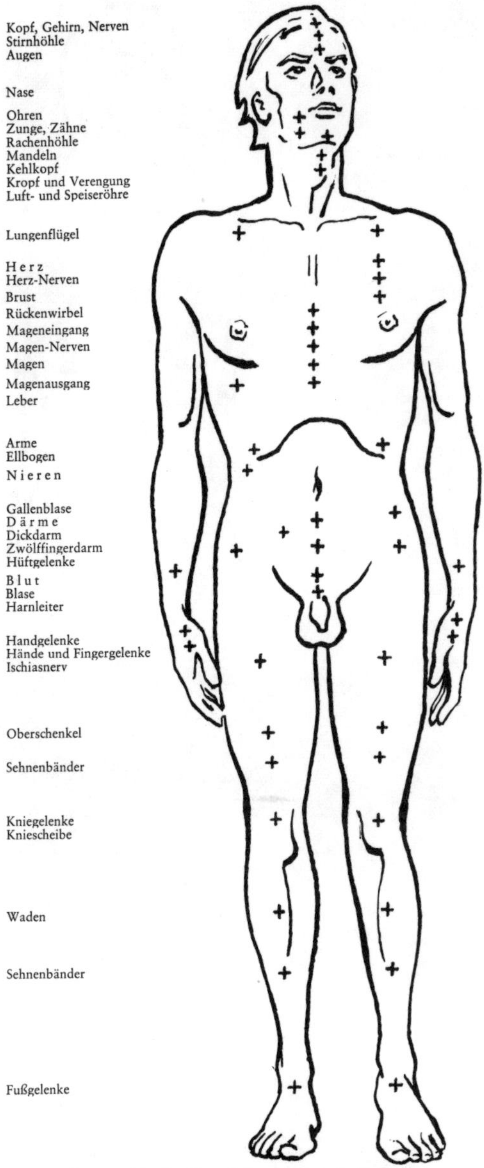

Anatomische Pendeltafel (nach RGS).

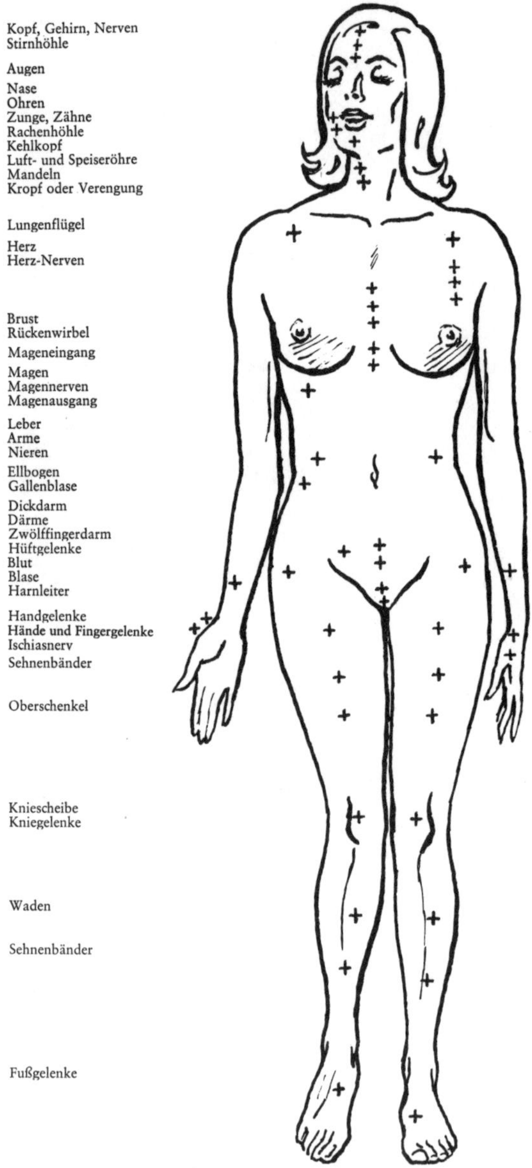

Anatomische Pendeltafel (nach RGS).

dungsstück von dem Kranken besitzen, das als Kommunikationsglied zwischen Patienten und Radiästheten anzusehen ist. Die Ferndiagnose wiederum kann nun auf vier verschiedene Arten vorgenommen werden, wobei der Pendler jeweils Schriftstück, Foto oder Kleidungsstück des Kranken mit der linken Hand berührt, während er mit der rechten den Pendel über den entsprechenden Tafeln kreisen läßt bzw. die Schwingungsbahnen genau beobachtet und klassifiziert.

a) *Diagnose durch mentales Pendeln* auf gezielte Fragen mit den Antworten „Ja“ oder „Nein“, also mit Kreisen oder Strichen.

b) *Diagnose mit Hilfe einer anatomischen Tafel,* wobei sich der Pendler auf die einzelnen Organe konzentriert und der Pendel entsprechend antwortet, wenn er über dem Punkt, der dem Organ zugeordnet ist, gehalten wird.

c) *Diagnose mit Hilfe des Irisdiagnoseschlüssels,* der auch bei der Irisdiagnose gebraucht wird. Ein Standardwerk hierüber ist das Buch von Hans Hommel *Irisdiagnose leichtgemacht* (Genf 1975). Die Irisdiagnose ermöglicht, Krankheiten und Störungen aus den Augen abzulesen. Das Auge ist der Spiegel unseres Organismus. Jedes Organ, jede Krankheit spiegelt sich in unserem rechten und linken Auge wider. In den nachfolgenden Abbildungen geben wir eine schematisierte Fassung eines Irisdiagnoseschlüssels für das rechte und das linke Auge nach Dr. med. Georg Jakob *(Das medizinische Pendelbuch,* Bietigheim 1973), der speziell für Pendelzwecke geeignet ist.

d) *Diagnose mit Hilfe von Diagrammen,* wobei man lediglich nach den erkrankten Organen fragt und der Pendel in die Richtung schwingt, wo sich die Krankheit befindet. Leidet der Kranke beispielsweise an einer Nierenentzündung, so wird der Pendel, dessen Spitze zu Anfang in die Mitte des kleinen Kreises (siehe Diagramm nach Frank Glahn) ruhig steht, in Richtung Nieren pendeln. Diese Art der Diagnosefindung ist zwar sehr einfach, doch ermöglicht sie keine allzu genaue Unterscheidung. Wir erfahren also nicht, was an den Nieren krank

IRISDIAGNOSESCHLÜSSEL
Rechtes Auge

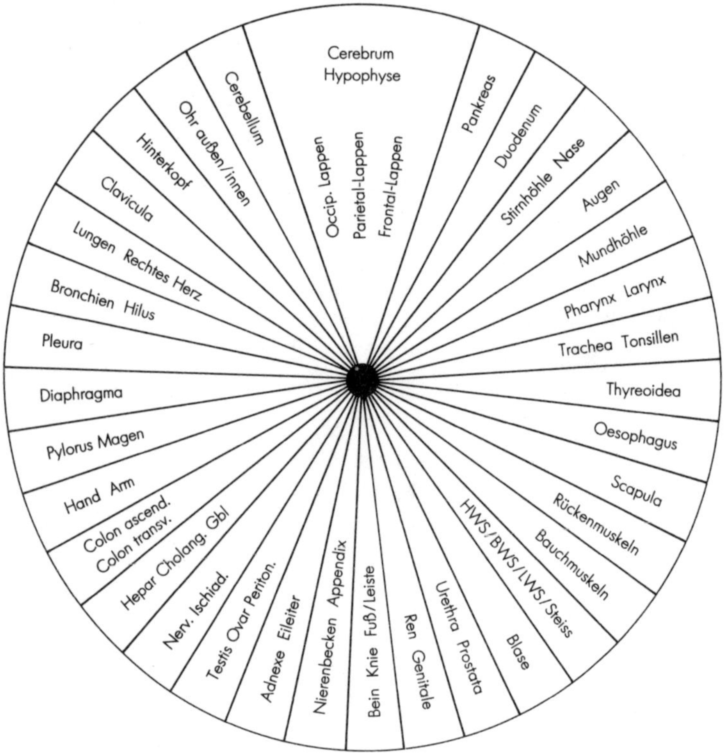

Schematisierter Schlüssel nach

Cerebrum = Gehirn; Occip. Lappen = Hinterhauptslappen; Parietal-Lappen = beide Scheitellappen des Großhirns; Frontal-Lappen = Vorderlappen; Hypophyse = Hirnanhangsdrüse; Pankreas = Bauchspeicheldrüse; Duodenum = Zwölffingerdarm; Pharynx = Schlund, Rachen; Larynx = Kehlkopf; Trachea = Luftröhre; Tonsillen = Mandeln; Thyreoidea = Schilddrüse; Oesophagus = Speiseröhre; Scapula = Schulterblatt; HWS, BWS, LWS = Halswirbel-, Brustwirbel-, Lendenwirbelsäule; Urethra = Harnröhre; Prostata = Vorsteherdrüse; Ren = Niere; Genitale = Geschlechtsapparat; Appendix = Wurmfortsatz des Blinddarms; Adnexe = Anhangsorgane der Gebärmutter; Testis = Hoden; Ovar = Eierstock; Peritonaeum

IRISDIAGNOSESCHLÜSSEL
Linkes Auge

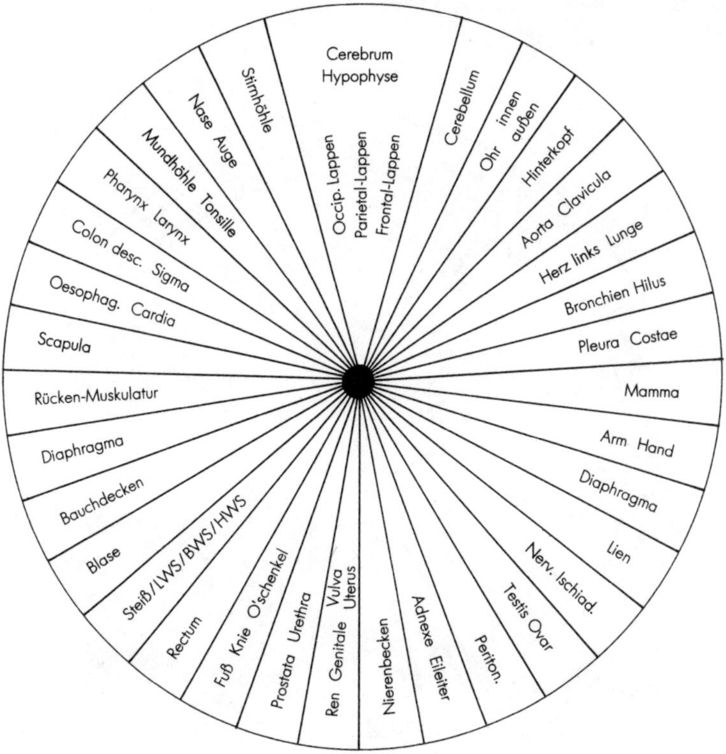

Dr. med. Georg Jakob

= Bauchfell; Nerv, Ischiad. = Hüftnerven; Hepar = Leber; Cholang. = Galle; Colon ascend. = aufsteigender Dickdarm; Colon transv. = quer verlaufender Dickdarm; Pylorus = Magenpförtner; Diaphragma = Zwerchfell; Pleura = Brustfell, Rippenfell; Bronchien = Verästelung der beiden Hauptäste der Luftröhre; Hilus = Vertiefung; Clavicula = Schlüsselbein; Cerebellum = Kleinhirn; Aorta = Hauptschlagader; Costae = Rippen; Mamma = Brust; Lien = Milz; Vulva = weibliche Scham; Uterus = Gebärmutter; Urethra = Harnröhre; Rectum = Mastdarm; Cardia = Herz, Mageneingang; Colon desc. = absteigender Dickdarm.

ist, ob es sich um eine Erkältung, einen entzündlichen Prozeß oder einen Stein handelt. Deshalb deuten erfahrene medizinische Pendler die entsprechenden Krankheiten lieber nach den jeweils charakteristischen Pendelzeichen.

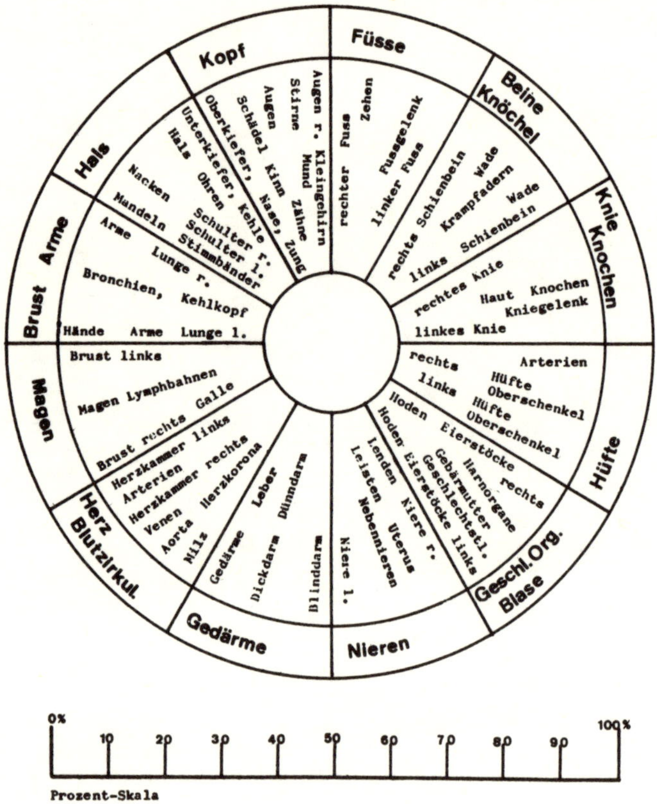

Pendeldiagramm nach Frank Glahn „Der Mensch". Auf der Gradscheibe von 360 Grad sind die wichtigsten anatomischen Teile des Menschen eingetragen.

Pendelzeichen für die verschiedenen Krankheiten

Im Kapitel *Die Pendelzeichen* haben wir bereits die Schwingungszeichen für die gesunden Organe und Körperstellen abgebildet. Von diesen unterscheiden sich die Krankheitszeichen, die wir nun behandeln wollen. Die Krankheitszeichen und die verschiedenen Bezeichnungen für die einzelnen Pendelausschläge, so wie sie uns Sanitätsrat Dr. med. E. Clasen angegeben hat, finden Sie auf der nachfolgenden Übersicht.

BEZEICHNUNGEN FÜR DIE VERSCHIEDENEN PENDELSCHLÄGE (A) und KRANKHEITSZEICHEN (B) NACH SANITÄTSRAT DR. MED. E. CLASEN

A) r.	=	Kreis nach rechts, wie der Gang des Uhrzeigers.
l.	=	Kreis nach links, entgegen dem Gang des Uhrzeigers.
fr.	=	Querstrich von rechts nach links (frontal, Richtung der Stirn).
s.	=	Senkrechter Strich gerade auf die Brust des Pendlers zu (sagittal, also wie die von vorn nach hinten verlaufende Knochennaht in der Mitte des Schädels). Pendelt man aber ein Frauenbild oder überhaupt etwas Weibliches, das nicht mitten vor dem Pendler liegt, sondern mehr oder weniger weit rechts oder links, so geht diese Linie nicht senkrecht, sondern schräg auf die Brust des Pendlers zu.
E. fr.	=	Ellipsen wie fr. verlaufend.
E. s.	=	Ellipsen wie s. verlaufend.
nu.	=	Schräge, im halben rechten Winkel verlaufende Striche von links oben nach rechts unten (nu. = nach unten).
no.	=	ebensolche Striche von links unten nach rechts oben (no. = nach oben).

E. nu und E. no. = Ellipsen wie nu. und no.

B) *Folge der Pendelschwingungen*	*Krankheitsbezeichnung*
l. s. r. s.	Kinderlähmung
l. s. l. s. r. (2mal)	Kolibakterien-Infektion
l. nu.	Tuberkulose
l. nu. no. l.	Tripper
l. s. l. s. r. no.	Syphilis
fr. s. (12mal)	Krebs
fr. l. s.	Gallensteine
s. l. s. r. fr. s. l.	Trunksucht
s. l. s. r. s.	Diabetes mellitus (Zuckerkrankheit)
l. s. l. s. r. fr.	Pallisadenwurm (Darmschmarotzer)
l. s. l. s. r. nu.	Diphtherie
fr. s. (7mal)	Magengeschwür

Über die zu unterscheidende Größe der Pendelausschläge sagt Sanitätsrat Dr. Clasen, daß Ausmaß und Größe scharf unterschieden werden müssen, weil sie die verschiedene Stärke der sie veranlassenden Ursache kennzeichnen:

„Erhalte ich zum Beispiel bei der Untersuchung eines tuberkulös infizierten Organs eine Kreisschwingung nach links von vier Zentimetern Durchmesser, so handelt es sich um einen ganz gelinden Grad tuberkulöser Infektion; bei stärkerer Infektion beschreibt der Pendel immer sich vergrößernde Schwingungen in Form eines nach unten offenen Trichters. Verstärken sich nun die Schwingungen noch weiter, so entsteht aus dem Trichter eine horizontale matte Scheibe, in der von Pendelband und Pendel kaum noch etwas wahrzunehmen ist. Bei weiterer Verstärkung der Schwingungen erhebt sich der vordere Rand der Scheibe und man hat eine schrägstehende Scheibe vor sich. Aber dabei bleibt es sehr oft nicht, die Scheibe stellt sich senkrecht, und in schlimmen Fällen kommt es zur Entstehung einer nach oben schräg gestellten Scheibe, die sich zuweilen sogar noch in eine horizontale Scheibe über der Hand umgestaltet. Die bei Schwingungen dieser Art sich entwickelnde Zentrifugalkraft ist von einer Stärke, daß es dem Pendler ganz unmöglich wird, die Hand stillzuhalten. Sie wird vielmehr kräftig hin- und hergeschleudert und ermüdet dabei so, daß man das Pendeln des betreffenden Gegenstandes abbrechen muß."

Gleichfalls kann es dazu kommen, daß der Pendel bei ellipsen- und strichförmigen Schwingungen über die Horizontale hinausschwingt. In einem solchen Fall fällt der Pendel durch seine Eigenschwere hinunter, so daß man nicht mehr pendeln kann. Solche übermäßigen Schwingungen treten aber nur bei ganz empfindlichen Pendlern, bei Hochsensitiven auf.

Die Größe der verschiedenen Schwingungen werden durch den *Dynamischen Kreis* nach Professor Bähr (siehe gleichlautendes Kapitel dieses Buches) bestimmt und genau in einem Diagnosebuch schriftlich festgehalten. An den kleiner oder größer werdenden Schwingungen anläßlich einer späteren Untersuchung kann der Arzt feststellen, ob sich die Krankheit gebessert oder gar verschlimmert hat. Dr. Clasen verfuhr in folgender Weise: „Als ich mit der schriftlichen Festhaltung der jedesmaligen Penduntersuchung begann, hatte ich Kartothekenblätter von 16 Zentimeter Höhe vor mir liegen, die mir als Maß für die Schwingungen dienten, indem ich die ganze Höhe mit 4, die halbe Höhe mit 2 usw. bezeichnete. Erhielt ich zum Beispiel einen Schwingungskreis von 4 Zentimeter Durchmesser, so galt das für 1; hatte der Schwingungskreis einen Durchmesser, der reichlich daumenbreit die Kartenhöhe übertraf, so war das 5; überragte der Schwingungsdurchmesser das Kartenblatt oben und unten um je zwei Fingerbreiten, so hieß das 6; bei einem Winkel des Pendelbandes von einem halben rechten Winkel oder noch mehr zur Horizontalen hieß die Schwingung 7. Wenn aber der Pendel eine vollständig platte Ebene, eine horizontale Scheibe bildet, so war das 8; die daraus weiter sich entwickelnde schräge Scheibe erhielt die Bezeichnung 9, und 10 war es, wenn weiterhin eine senkrechte Scheibe entstand."

Nach Christoff Dietrich und Kosmas Huber schwingt der Pendel über gesunden Organen stets im Uhrzeigersinn, wobei die Figuren einfach und klar sind. Über kranken Organen schwingt der Pendel demgegenüber in komplizierten Figuren und fast immer in periodischen Schwingungen.

Was wir bereits für andere Bereiche des Pendelns gesagt haben, gilt auch für das medizinische Pendeln: die hier behandelten Figuren sind nicht allgemeinverbindlich, da jeder Radiästhet andere Schwingungen erhalten kann. Jedoch sollte er sie immer mit denjenigen vergleichen, die er über gesunden Organen und Körperteilen erhält. Ein gleichmäßiger Rechtskreis, also im Uhrzeigersinn, bedeutet allgemeine gute Gesundheit, gesunde Hände, Knie und Füße wie auch Nerven. Gesunde Arterien werden durch einen Rechtskreis mit Südost-Nordwest-Strich und Südwest-Nordost-Strich angezeigt. Gesunde Venen haben das Zeichen: rechtsliegende Rechtsellipse. Gesunde Muskeln zeigen sich durch einen Aufwärtsschwung nach oben und einen ebensolchen Abschwung nach unten. Zwischen diesen beiden, durch einen Winkel verbundenen Schenkeln zeigt sich eine liegende Rechtsellipse. Im Scheitelpunkt des Winkels steht die obere Spitze eines Kreuzes (Nord-Süd-Strich), wobei sich die Kreuzbalken (Ost-West-Strich) in der Mitte der Rechtsellipse treffen. Gesunde Arme, Ober- und Unterschenkel zeigen sich in einem einfachen Nord-Süd-Strich (alle Angaben nach C. Dietrich und K. Huber).

Dr. med. Voll beschreibt seine Schwingungsbilder wie folgt: „Besondere Bedeutung gewinnt der Pendel am Krankenbett, wo er sogar der Rute überlegen ist ... Entzündete Stellen sind alle negativ ionisiert. Dieses kann man sofort mit dem Pendel feststellen.

Für Krebs hat der Pendel einen besonderen schrägen, also negativen Winkel, der von dem normalen negativen Ausschlag abweicht. Danach kann man den Krebs schon in seinen frühesten Anfängen erkennen. Was dies für die Heilung bedeutet, brauche ich nicht besonders hervorzuheben.

Auch das Lungenemphysem zeigt der Pendel an. Er schwingt da senkrecht auf die Längsachse des Körpers über der Brust.

KRANKHEITSZEICHEN DES PENDELS NACH C. DIETRICH, K. HUBER U. A.

Ost-West-Striche, die kleiner werden bis zum Stillstand: *Nervenschwäche.*

no. in zuckenden Bewegungen zeigt erhebliche *Entzündung* oder *Störung* an.

l. kleiner Linkskreis, gefolgt von größerem Linkskreis, endend mit kräftigem *nu.* Nordost-Südwest-Strich oder:

E. fr. liegende Ellipse nach links mit *fr.* Ost-West-Strich: *Arterienverkalkung.*

Linksspirale, nach Häufigkeit oder Größe enger oder weiter verlaufend: *Blasensteine* oder auch Gallensteine.

E. fr. liegende, schwächer werdende Linksellipse mit anschließendem *s.* Nord-Süd-Strich: *Blutfleckenkrankheit.*

E. fr. kräftige, liegende Linksellipse mit nachfolgendem *l.* Linkskreis: *Diphtheriebelag.*

Kräftiger *s.* Süd-Nord-Strich, dem sich links im südlichen Teil ein kräftiger kleiner Nord-Ost-Strich beigibt: *Eitriger Zustand.*

no. nach rechts liegende Linksellipse, *nu.* schmale linksliegende Linksellipse, *s.* Süd-Nord-Strich, *fr.* West-Ost-Strich (Kreuz): *Furunkulose.*

Vielseitiges Bild: *l.* Linkskreise, *no.* rechtsgeneigte Linksellipse, Südost-Nordwest-Striche, Südwest-Nordost-Striche: *wechselnder Gesundheitszustand.*

Pendelruhe zeigt krankhafte Stellen an! bei längerem Anhalten: Zerstörung der Gewebe oder des Organs; über dem Herzen: Tod.

Von ausschlaggebender Bedeutung ist der Pendel bei Herzleiden. Über dem gesunden Herzen beschreibt er sehr große Kreisschwingungen. Sind Klappen krank, dann beschreibt er Ellipsen. Einfache Muskelschwäche des Herzens wird durch kleine Kreise angedeutet. Stillstand ist Tod.

Beginnende Störung einzelner Organe zeigt sich dadurch an, daß der Aufhängefaden in zitternde Bewegung gerät. Besserung in den entzündeten Geweben verrät sich dadurch, daß der Pendel erst ruht und dann wieder kleine Bewegungen zeigt."

Gleiche Figuren bei gleichen Krankheiten heißt also die Devise. Um die einzelnen Zeichen aber auseinanderhalten zu können, ist viel Übung und Erfahrung notwendig. Medizinalrat Doktor Mannlicher meint: „Die heutige Medizin hat außerordentlich viel Können, technisches Können, aber es fehlt ihr an Wissen, an Weisheit. In der Erkenntnis der wahren Naturgesetze sind wir erst ganz am Anfang, aber hier ist eben ein ungeahnter Aufstieg von einer vernünftigen Pendelwissenschaft zu erhoffen."

Dr. med. Karl Weiß sieht „in der Pendelforschung für die Zukunft das Mittel zur Erforschung des menschlichen Unterbewußtseins, des Überbewußtseins, das geistverbundener und naturverbundener ist als das Wachbewußtsein, unter dessen Kontrolle es arbeitet."

Immer wieder staunen Fachleute, wie genau die medizinische Radiästhesie arbeiten kann. Über 70 Ärzte suchten Dr. Adolf Pientka, einen Dechanten im ehemaligen Böhmen auf, die er von den mit dem siderischen Pendel erzielten Ergebnissen überzeugen konnte. Dr. Pientka berichtet:

„Aus Prag war ein berühmter Nervenarzt bei mir. Er legte mir einen Handabdruck eines Patienten vor. Ich stellte zuerst auf das Nervenstrahlenzentrum ein. Er hatte nur ultraviolette Strahlen. ‚Neurasthenie im höchsten Grade, Herr Doktor.' – ‚Stimmt', entgegnete er. Dann stellte ich auf das Rindenfeld 19 ein. Das war überreizt. ‚Fixe Ideen', sagte ich. – ‚Stimmt', entgegnete er wieder. ‚Das habe ich aber noch nicht gewußt, daß die fixen Ideen mit dem Rindenfeld 19 zusammenhängen.' –

‚Herr Doktor, das wissen die Professoren auch nicht. Das habe ich gefunden, und daß es stimmt, sehen Sie an ihrem Fall', sagte ich."

Über die Anfertigung der Krankenkarten schreibt Sanitätsrat Dr. Clasen:

„Ich lasse den Kranken drei- bis viermal kräftig auf eine leere Postkarte hauchen, denn Reichenbach machte ausdrücklich aufmerksam auf die außerordentlich starke negative Radioaktivität der Atmungsluft, die an der Karte haftet – und dann drei Zeilen Handschrift, enthaltend 1. Wohnort und Datum des Untersuchungstages, 2. Vor- und Familienname, 3. Geboren d. usw. (ausgeschrieben). Diese Karte wird in einem Briefumschlag mit seitlicher Klappe gesteckt, auf die der Name des Kranken geschrieben wird, und zusammen mit den anderen Karten in einem Kasten aufbewahrt. Zur Pendeluntersuchung entnimmt man die Karte dem Kasten und pendelt nun, ohne die Karte aus dem Briefumschlag herauszunehmen.

Diese Karte benutze ich fortlaufend zur Untersuchung, wenn nötig auch noch für die nächsten Jahre, denn sie zeigt, so wunderbar es klingen mag, stets den jeweiligen Gesundheitszustand des Kranken. Die Radioaktivität des Kranken haftet, wie leicht zu erweisen, an der Postkarte, und die Handschrift läßt sich unbeschränkt lange zur Pendeluntersuchung verwenden."

Der erfahrene Arzt bediente sich einer Kartothek. „Deren Kartonblätter haben die Größe von 23,5 zu 17 Zentimetern, die kreuzweise liniert sind, mit Entfernung von 5 Millimetern der einzelnen Linien. Durch einen senkrechten Tintenstrich, 7 Zentimeter vom linken Rand entfernt, wird das Blatt in zwei Spalten geteilt. In den oberen vier bis fünf Zeilen der linken Spalte wird die Diagnose eingetragen, der Raum darunter ist bestimmt für die Namen der erkrankten Körperorgane mit ihren Pendelausschlägen, wofür jedesmal eine senkrechte Spalte von 5 Millimetern Breite verwendet wird, so daß man für fast zehn Untersuchungen gut Platz findet. Im Bedarfsfall kann man ja seinen senkrechten Strich etwas weiter nach rechts verlegen. Die rechte breite Hälfte zeigt im rechten oberen Winkel den Namen, Alter und Wohnort des Kranken und bietet hinreichend Raum für die Krankengeschichte, die erfolgten Impfungen usw."

Zuerst stellt der Pendler die Frage: Wie schwingt die Krankheit? Hat man diese festgestellt, so fragt man weiter: Ist noch eine andere Krankheit vorhanden? Der Pendel wird diese Frage mit „ja" oder „nein" beantworten. Wird die Frage bejaht, so fragt man weiter: Wie schwingt diese Krankheit? Auch das neue Pendelbild ist zu deuten. Die individuellen Pendelschwingungen erprobt man am besten, indem man den Pendel über die Fotos von Krankheitsbildern in einem medizinischen Lehrbuch hält und sich die Pendelschwingungen genau mit der dazu gehörenden Krankheit notiert.

Nun wird der Körper in folgender Reihenfolge abgependelt: rechte und linke Gehirnhälfte: Krankheitszustand? Funktion? Wenn ein Grund dafür vorliegt – etwa bei Kopfschmerzen – Gehirnarterien rechts und links, Kleinhirn; darauf Ohren, Nase, Mandeln, Augen, je rechts und links, Lungen rechts und links. Zeigt sich hierbei eine (oder beide) tuberkulös, so schließt sich daran die Untersuchung der zu der kranken Lunge gehörigen Hilusdrüsen sowie der Schilddrüse und bei Erwachsenen der Aorta (wegen etwaiger Arterienverkalkung). Dann folgt der Magen, wenn nötig auch Leber und Gallenwege, beide Nieren, Uterus, Darm, namentlich Colon descendens (absteigender Ast des Dickdarms), bei älteren Leuten die Blase, Urethra, die Prostata, die Keimdrüsen etc. An den Gliedern werden die Gelenke untersucht. Diese Untersuchung kann am zweckmäßigsten an der von uns abgebildeten Irisdiagnosetafel vorgenommen werden.

Ein Beispiel der Frühdiagnose gibt Dr. med. Georg Jakob: „Im März dieses Jahres untersuchte ich eine Patientin und fand einen kleinen derben Tumor in der linken Brust. Keine Beschwerden. Keine regionalen Lymphdrüsen, nichts irgendwie Verdächtiges tastbar. Ich schickte die Patientin unter einem Vorwand hinaus und pendelte. Das Ergebnis: Karzinom (Krebs). Daraufhin überwies ich sie zu einem Chirurgen, der den Knoten entfernte und mir zu meiner Überraschung mitteilte, es handle sich um eine harmlose Fibrose. Vier Wochen später entdeckte die Patientin in der Achselhöhle eine Drüsenschwellung. Der Chirurg untersuchte, entnahm eine Probe, die sich als krebsig degeneriert zeigte und entfernte daraufhin die ganze Brust."

Ein typisches Fallbeispiel für eine pendeldiagnostische und -therapeutische Musterverkartung gibt Sanitätsrat Dr. Clasen:

„Anne A ......, 14 Jahre, Skrofulose,

1927	5. 1.	22. 1.	12. 2.	14. 3.	22. 7.
Allgemeiner Krankheitszustand	10	6	3	2	0
Blut	8– –70 ×	5 646 ×	3 734 ×	1 700 ×	0 800 ×
Nase rechts	8– –60 ×	6 640 ×	2 730 ×	0,5 800 ×	0 800 ×
Nase links	8– –70 ×	6 660 ×	3 720 ×	0 800 ×	0 800 ×
Ekzem am Kopf	8– –50 ×	6 640 ×	3 720 ×	1 800 ×	0 800 ×
Herz	8– –66 ×	7 566 ×	7 633 ×	0 800 ×	0 800 ×
Colon desc.	8 –60 ×	6 660 ×	2 720 ×	0 800 ×	0 800 ×

5. 1. Das lang aufgeschossene, bleiche Mädchen leidet an vielen Kopfschmerzen, dauerndem Schnupfen, besonders links, und häufigem Nasenbluten; im Haar am Hinterkopf verschiedene bis zehnpfennig große, mit dicken, gelben Borken bedeckte Ekzemflecke. Starke Verstopfung. Menses sehr unregelmäßig. Dabei volles Wohlbefinden. Kälte der Hände und Füße.

I. Impfung. Ohne Reaktion.

22. 1. Starke Kopfschmerzen und Müdigkeit noch vorhanden, ebenso die Kälte der Hände und Füße, Stuhlgang gebessert.

II. Impfung.

12. 2. An der Nackenhaut entstehen verschiedene kleine Folliculitiden (Eiterbläschen). Der chronische Schnupfen ist abgeheilt, der Stuhlgang regelmäßig, die Ekzemflecke am Hinterkopf sind im Abheilen; die Schuppen sehr dünn und weiß.

III. Impfung.

14. 3. Die gut aussehende Patientin fühlt sich viel kräftiger, so daß sie kürzlich bei einem Schulausflug 40 Kilometer zurücklegen konnte. Die Ekzemstellen am Kopf haben sich zwar noch etwas ausgedehnt, sind aber doch fast abgeheilt. Die immer noch etwas geschwollene Nase schmerzt noch etwas. Die Kopfschmerzen sind wesentlich gebessert, der Stuhlgang regelmäßig täglich.

IV. Impfung."

Soweit die Eintragungen auf der Krankenkarte. Dazu gibt der Radiästhet noch einige erläuternde Hinweise.

„Die erste obere Zeile der Tabelle mit dem Wort ‚Krankheitszustand' bringt den jeweiligen Krankheitszustand an den fünf aufeinanderfolgenden, über der Datumsspalte vermerkten Untersuchungstagen zur Darstellung. Daraus ergibt sich, daß die Pendelausschläge vom 5. 1. bis 22. 7. von 10 bis 0 heruntergegangen sind, daß also der Krankheitszustand aufgehört hat, was sich bestätigt in der Gegenfrage: Gesundheitszustand?

Bei jedem der folgenden als erkrankt verzeichneten Organe finden sich zwei übereinander stehende Zahlenreihen, deren obere immer nur aus einer Ziffer besteht und die Krankheitsschwingung des fraglichen Organes an dem betreffenden Untersuchungstag bedeutet. Aus den bei dem Blut an den folgenden Untersuchungstagen gefundenen Zahlen 5-3-1-0 erhellt also ohne weiteres der abnehmende Krankheitszustand; denn bei eingetretener Gesundung erhält man schließlich statt des immer kleiner gewordenen Pendelschrägstriches einen Pendelstillstand, der auf der Tabelle mit 0 verzeichnet steht.

Nicht ganz so einfach sind die Verhältnisse der unteren Zahlenreihe. Diese besteht jedesmal aus vier einzelnen Ziffern, deren jede ihre bestimmte Bedeutung hat. Die erste Ziffer der unteren Reihe gibt den allgemeinen Gesundheitszustand des untersuchten Organes an, je nach den Zahlen von 1 bis 8. In unserem Beispiel bemerkt man bei dem Blut wie auch an anderen Organen am ersten Untersuchungstag als erste ‚Ziffer' den ominösen, eine schwerere gesundheitliche Beeinträchtigung kennzeichnenden Querstrich, an den folgenden Untersuchungstagen als erste Ziffer 6-7-7-8 als Zeichen fortschreitender Genesung. Bei den übrigen Organen findet sich am 14. 3. an erster Stelle in der unteren Reihe eine 8 mit zwei darauffolgenden Nullen zur Kennzeichnung der eingetretenen Gesundheit . . .

Die zweite Ziffer zeigt den Stand der Tuberkelinfektion an. Es läßt sich leicht ersehen, daß diese Ziffern bei allen untersuchten Organen infolge der Impfung an den späteren Untersuchungstagen mehr und mehr abnehmen, bis sie bei der Untersuchung am 14. 3. verschwunden sind, und damit auch die Tuberkelbazillen.

Aus der dritten Ziffer erhellt der Stand der Streptokokkeninfektion. Bei der Nase und bei dem Ekzem am Hinterkopf sowie dem Colon desc. findet sich in unserem Beispiel an dieser dritten Stelle eine O, d. h. hier machte der Pendel keine Schwingung, sondern stand still wegen des Fehlens der Streptokokken in diesen Organen, die demnach Ponndorf-tuberkulös waren. Der Pendel stellt dieses erste Stadium der Tuberkulose bereits in einer Zeit fest, wo der üblichen ärztlichen Diagnose noch jedes Mittel dazu fehlt . . .

Als vierte Ziffer kommt dann noch mittels einer Rechtsdrehung des Pendels die Feststellung des Standes der Staphylokokken-Infektion hinzu, der aber kaum eine große Bedeutung für die Krankheitsdiagnose beizulegen sein wird.

Im vorliegenden Fall hätte natürlich jeder Arzt die Diagnose der Skrofulose auch gestellt, aber nicht mit der Sicherheit und Genauigkeit, wie es die Pendeldiagnose ermöglichte, die jedes einzelne erkrankte Organ nebst der Art und dem Grad der Erkrankung sowie die durch Impfung erreichte schrittweise fortschreitende Heilung festzustellen vermochte."

Die Festlegung der Therapie

So wie der Pendel die Diagnose stellen kann, so kann er auch das geeignete Heilmittel finden, mit dem die betreffende Krankheit behandelt werden soll, ganz gleich, ob man nun ein Anhänger der Allopathie (Krankheitsbehandlung mit Medikamenten, die den krankhaften Vorgängen entgegenwirken sollen) oder der Homöopathie ist (Heilkunde, die auf der Verabreichung kleinster Mengen solcher Mittel an den Kranken beruht, die beim Gesunden gleichartige krankhafte Erscheinungen hervorrufen, wenn sie in großen Dosen verabreicht werden). Oft findet der Pendler aber das wirksamere Mittel unter den homöopathischen.

Der Pendler hat, wenn er die Therapie bestimmen will, drei Fragen zu beantworten:

1. Welches Mittel bekämpft die diagnostizierte Krankheit am besten und wirksamsten?
2. Wie finde ich von dem Mittel die für den Patienten bestgeeignete Potenz (Verdünnung) des Mittels?
3. In welchen Abständen und über welche Zeit muß der Patient dieses Mittel einnehmen?

Es gibt verschiedene Methoden, das geeignete Heilmittel herauszufinden. Einmal kann der Radiästhet über einem Arzneimittelbuch pendeln. Da es für die einzelnen Krankheiten aber verschiedene Medikamente gibt, muß das für den Patienten beste Mittel erpendelt werden. Lautet die Diagnose auf Gicht, so schlage ich das Buch unter diesem Stichwort auf. Hier finde ich zum Beispiel sieben Mittel verzeichnet: Ammon. phosphor., Calc. carb., Lycopodium, Silicea, Sulfur., Colchicum, Urtica urns. Ich frage also meinen Pendel: „Ist das geeignete Heilmittel Ammon. phosphor.?“ Antwortet der Pendel mit „nein“, so gehe ich zum nächsten Mittel über, bis ich das geeignete gefunden habe und der Pendel mit „ja“ antwortet.

Eine andere, einfachere Methode ist das Pendeln über der Arznei selbst. Der Radiästhet hält seinen Pendel über den verschiedenen Gläschen mit den Heilmitteln. Das Glas, wo er aus-

Herz

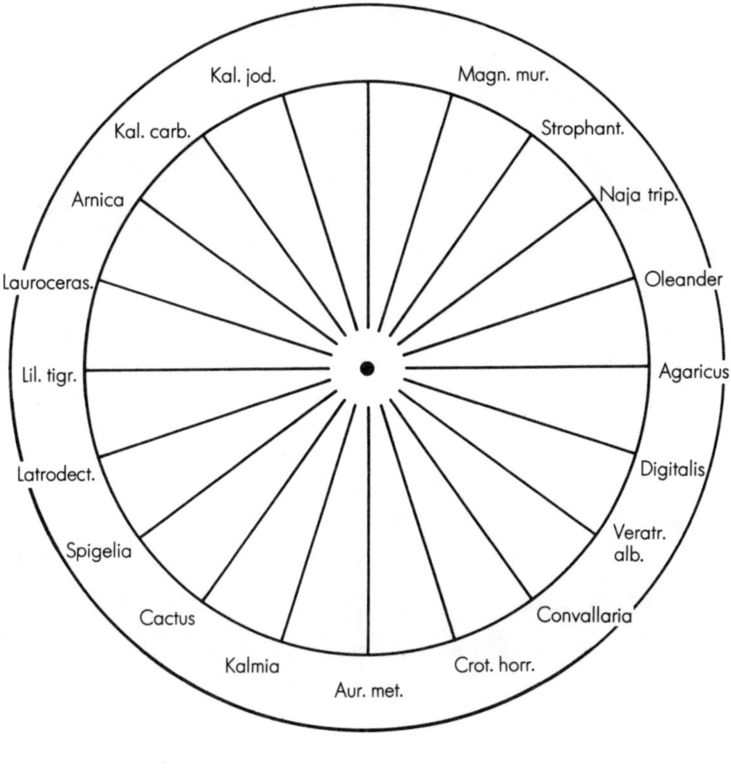

Geeignete Mittel für Herzkrankheiten nach Dr. med. Georg Jakob.

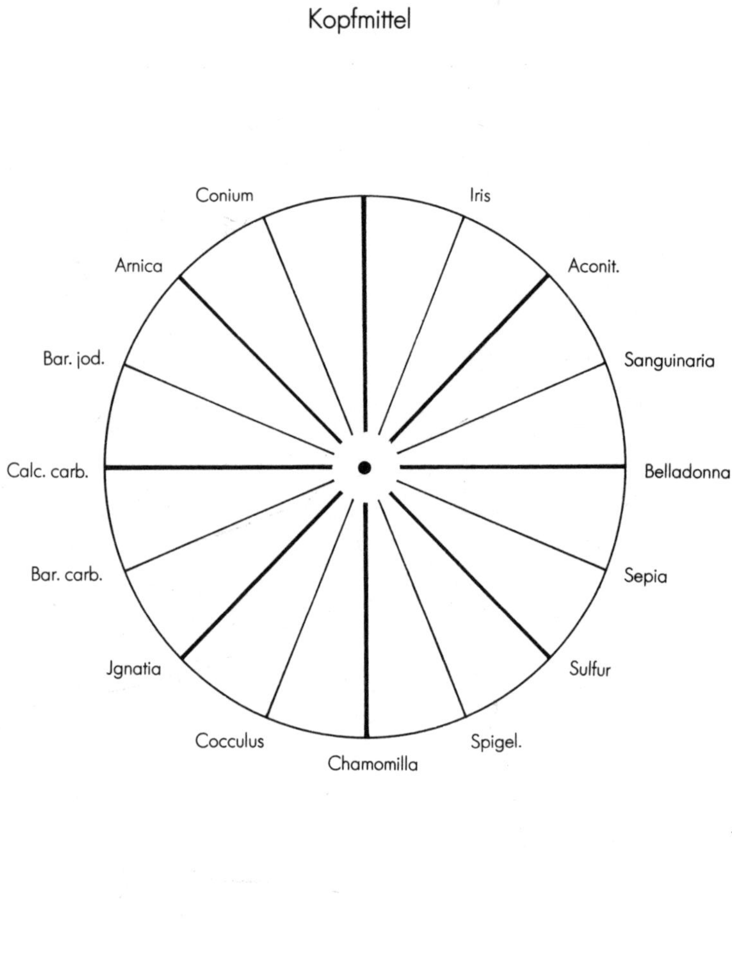

Geeignete Kopfmittel nach Dr. med. Georg Jakob.

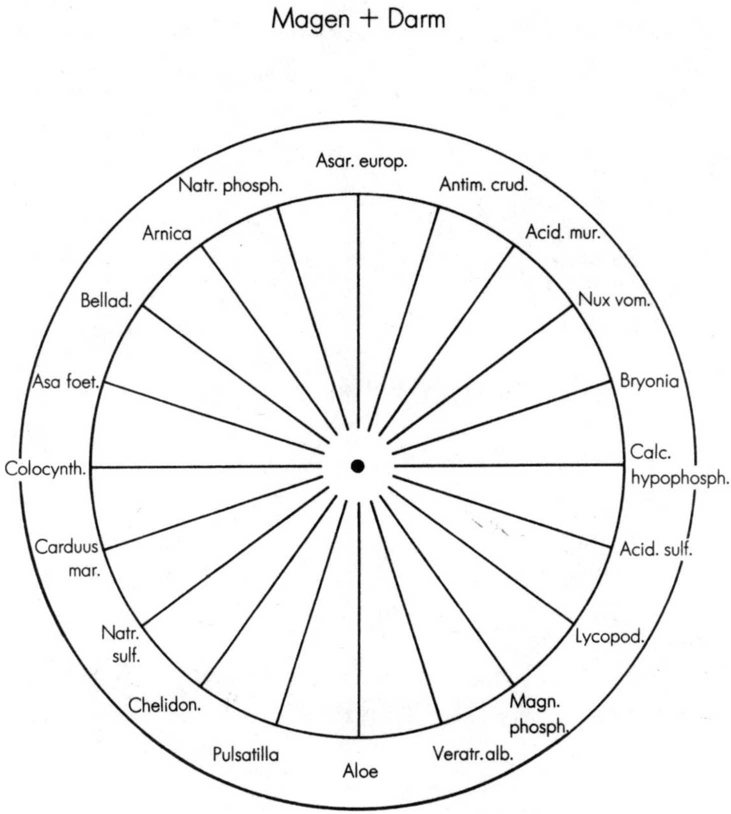

Geeignete Magen- und Darmmittel nach Dr. med. Georg Jakob.

Potenzen

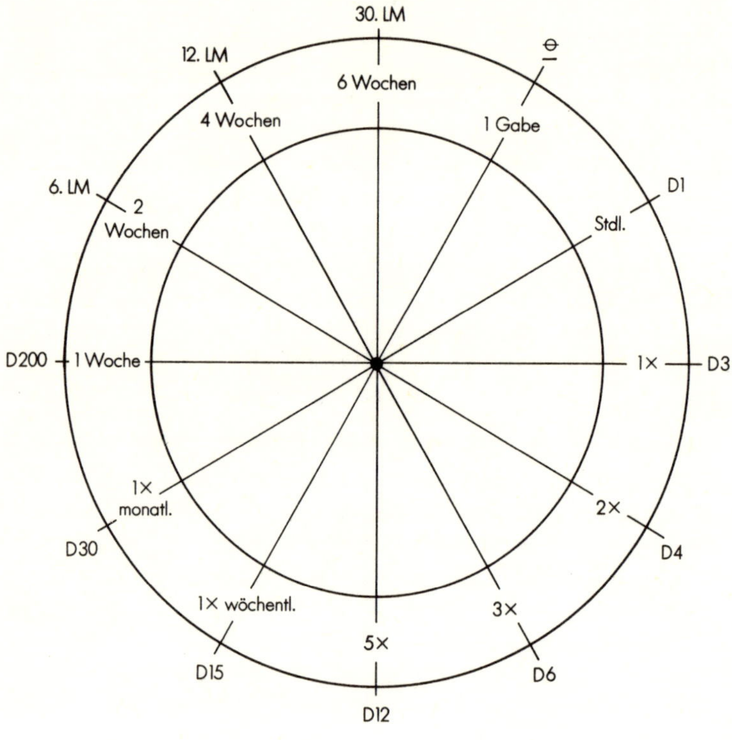

Geeignete Potenz (Verdünnung) und Dauer der Einnahme des Heilmittels nach Dr. med. Georg Jakob.

D = Dezimale; D_1 = Verdünnung 1:10; D_2 = Verdünnung 1:100 usw. Innerhalb des konzentrischen Kreises (des Rades) ist angegeben, wie oft bzw. wie lange das Heilmittel einzunehmen ist. 1 × = einmal täglich; 2 × = zweimal täglich usw. 1 Woche = 1 Woche lang usw.

schlägt, ist das richtige Mittel. Diese Art des Pendelns ist aber sehr zeitraubend und birgt zahlreiche Fehlerquellen in sich.

Bessere Ergebnisse werden erzielt, wenn der Radiästhet über Heilmittel- oder Diagnosetafeln pendelt. Dr. med. Georg Jakob gibt in seinem *Medizinischen Pendelbuch* zahlreiche solcher Tafeln an. Diese können aber auch selbst angefertigt werden. Die Diagnosetafeln stehen unter dem Stichwort der Krankheit, die auf dem Irisdiagnoseschlüssel erpendelt worden sind. Im Therapiekreis stehen nun die einzelnen Heilmittel. Wurde z. B. eine Herzkrankheit diagnostiziert, so hält der Radiästhet seinen Pendel ins Zentrum des Kreises. Je nachdem, wohin der Pendel ausschlägt und auf welches Mittel er deutet, erscheint das richtige Heilmittel angezeigt (z. B. Digitalis).

Ist das Heilmittel gefunden, so muß die Potenz und die Dauer der Einnahme bestimmt werden. Auch hierfür steht wieder eine besondere Tafel zur Verfügung (vgl. Abbildung auf Seite 222). Nun fragt der Radiästhet seinen Pendel, indem er seine Spitze über das Zentrum des Kreises hält: „Welche Potenz des Mittels X ist für die Krankheit Y des Patienten Z die bestgeeignete?" Zeigt die Pendelspitze außerhalb des Kreises auf D 6, so habe ich die geeignete Verdünnung, in der das Mittel zu verabreichen ist (Erklärung D 6 in Bildbeschreibung Seite 222).

Nun bringe ich die Pendelspitze wieder in das Zentrum des Kreises und frage: „Wie oft soll ich das Mittel X in der Potenz D 6 bei der Krankheit Y für den Patienten Z verabreichen?" Deutet der Pendel beispielsweise innerhalb des Rades auf 1 ×, so habe ich das Mittel X in der Potenz D 6 einmal täglich zu verabreichen. Nun mache ich die Probe und halte die Pendelspitze auf 1 × innerhalb des Rades, wobei ich frage: „Soll ich das Mittel X in der Potenz D 6 einmal täglich für die Krankheit Y bei dem Patienten Z verabreichen?" Antwortet der Pendel mit „ja", so ist das Ergebnis richtig.

Danach bringe ich meinen Pendel wieder über das Kreiszentrum und frage: „Wie lange soll der Patient Z mit der Krankheit Y das Mittel X in der Potenz D 6 einmal täglich einnehmen?" Der Pendel schlägt zum Beispiel in Richtung zwei Wochen. Wieder mache ich die Probe und halte den Pendel über zwei Wochen und frage: „Ist es richtig, daß der Patient Z, der an der Krankheit Y leidet, das Mittel X in der Potenz D 6 einmal täglich zwei Wochen lang einnimmt?“ Antwortet der Pendel wiederum mit „ja“, so steht die Arzneimitteldiagnose fest.

Nachfolgend geben wir die entsprechenden Heilmittel für die verschiedenen Organkrankheiten wieder. Danach kann sich jeder Interessent eigene Arzneimittel-Diagnosetafeln nach vorstehendem Muster anfertigen.

Krankheit/ Erkranktes Organ	Homöopathische Heilmittel
After siehe Mastdarm	
Angina (Halsentzündung)	Apis – Merc. sol. – Merc. cyan. – Bellad. – Aconit. – Bar. carb. – Hepar. sulf. – Phytol. – Lachesis – Lycopod. – Acid. nitr. (12 Speichen des Rades mit 11 Mitteln).
Angina pectoris (Herzangst)	Ars. alb. – Veratr. alb. – Lachesis – Latrodectus mact. – Tabacum – Aurum met. – Spigelia – Arnica – Cactus grandifl. (10 Speichen des Rades mit 9 Mitteln).
Akne vulg. (Hautausschlag)	Bellad. – Lachesis – Carbo veg. – Hepar. sulf. – Tuberculin – Sepia – Sulf. – Natr. mur. (8 Speichen des Rades mit 8 Mitteln).
Arm	Ferrum met. – Rhus tox. – Eupator. perf. – Sanguinaria – Kalmia – Formica rufa – Calc. phosph. – Rhodod. – Chelidon. – Causticum (10 Speichen des Rades mit 10 Mitteln).
Asthma, akutes	Luffa – Blatta orient. – Ipecacuanha – Sticta – Chelid. – China – Ambra gr. – Dulcam. – Carbo veg. – Pulsat. – Coccus cacti – Grindelia – Pothos – Bellad. – Ptelea – Lobelia (16 Speichen des Rades mit 16 Mitteln).

Krankheit/ Erkranktes Organ	Homöopathische Heilmittel
Asthma, chronisches	Antim. ars. – Arg. nitr. – Ars. alb. – Cupr. met. – Ipecacuanha – Natr. sulf. – Aral. rac. – Moschus – Sambuc. – Kal. jod. – Kal. nitr. – Spongia – Luffa – Natr. mur. – Ammon. carb. – Grindelia – Medorrhinum – Blatta or. – Tart. stib. – Naphthalin. (20 Speichen des Rades mit 20 Mitteln).
Augen	Hep. sulf. – Apis – Aconit. – Ruta – Bellad. – Phosph. – Pulsat. – Kal. carb. – Calc. carb. – Conium – Silicea – Bryonia – Staphysagria – Sulfur – Acid nitr. – Calc. fluor. – Lycopod. – Natr. mur. (18 Speichen des Rades mit 18 Mitteln).
Beine	Plumb. met. – Kal. sulf. – Colocynth. – Calc. phosph. – Rhus tox. – Kal. jod. – Magn. phosph. – Tellur. – Gnaphal. – Kal. bichrom. – Ledum – Nux vom. (12 Speichen des Rades mit 12 Mitteln).
Blase	Cantharis – Causticum – Chimaphila – Merc. sol. – Sabal serr. – Acid. nitr. – Terebinth. – Berb. vulg. – Dulcamara – Aloe – Aurum mur. – Conium – Ferrum picr. – Clematis – Agaric. – Ars. alb. – Equiset. – Jod. – Arg. nitr. (20 Speichen des Rades mit 19 Mitteln).
weibl. Brust, siehe Mamma Brust und Thorax	Luffa perc. – Ranunc. bulb. – Rhus tox. – Mezereum – Aur. met. – Cactus gr. – Lachesis – Kal. nitr. – Carbo bet. pol. – Calc. phosph. – Spongia – Phellandr. (12 Speichen des Rades mit 12 Mitteln).

Krankheit/ Erkranktes Organ	Homöopathische Heilmittel
Cataracta senilis (Altersstar)	Carbo animal. – Calc. carb. – Calc. fluor. – Caustic. – Naphthalin. – Silicea – Sulf. – Secale (8 Speichen des Rades mit 8 Mitteln).
Darm siehe Magen	
Depressionen	Nux. vom. – Sulf. – Aurum met. – Lachesis – Pulsatilla – Acid. phosph. – Natr. mur. – Sepia – Staphys. – Ignatia – Carbo anim. (12 Speichen des Rades mit 11 Mitteln).
Enuresis noct. (Bettnässen)	Cina – Sulf. – Tuberculin. Koch (D 30, D 200) – Ferrum – Caustic. – Rhus tox. – Plantago – Equiset. – Ferrum phosph. – Pulsat – Natr. mur. – Arg. nitr. – Ars. alb. – Pallad. – Platin – Staphysagria – Tuberculin. Marmor. (D 30, D 200) (18 Speichen des Rades mit 17 Mitteln).
Epilepsie	Zinc. met. – Lachesis – Calc. carb. – Sulf. – Belladonna (6 Speichen des Rades mit 5 Mitteln).
Fluor alb. (Weißfluß)	Acid. nitr. – Hepar. sulf. – Kreosot. – Lilium tigr. – Alumina – Kal. bichrom. – Graphit. – Arg. nitr. – Ignatia (10 Speichen des Rades mit 9 Mitteln).
Gallenblase	Chelidon. – Belladonna – Bryonia – Ferrum met. – Lycopod. – Nux vom. – Magn. mur. – Dioscor. – Carduus mar. (10 Speichen des Rades mit 9 Mitteln).
Gehirn	Nux vom. – Apis – Cicuta – Arg. nitr. – Glonoin – Belladonna – Arnica – Gelsemium – Sulfur – Arg. met. – Cocculus – Agaricus (12 Speichen des Rades mit 12 Mitteln).

Krankheit/ Erkranktes Organ	Homöopathische Heilmittel
Gicht	Ammon. phosph. – Calc. carb. – Lycopodium – Silicea – Sulfur. – Colchicum – Urtica urens (8 Speichen des Rades mit 7 Mitteln).
Grippe	Gelsemium – Sulfur – Eupatorium – Lycopodium – Bryon. – Ars. alb. – Phosph. – Cupr. met. – Veratr. alb. – Baptisia (10 Speichen des Rades mit 10 Mitteln).
Haemangiom (Blutgefäßgeschwulst)	Acid. fluor. – Carbo anim. – Silicea – Abrotan. – Ferrum phosph. – Bellis per. – Phosph. (8 Speichen des Rades mit 7 Mitteln).
Hals und Struma (Kropf)	Barium mur. – Ammon. jod. – Spongia – Hedera helix – Calc. carb. – Lachesis – Bar. jod. – Calc. jod. – Sulf. jod. – Silicea (10 Speichen des Rades mit 10 Mitteln).
Harnröhre	Tereb. – Arg. nitr. – Cannab. sat. – Merc. corros. – Cantharis – Alumina – Acid. nitr. – Pulsat. – Caustic. – Thuja – Clematis – Magn. mur. (12 Speichen des Rades mit 12 Mitteln).
Haut 1	Ars. alb. – Lycopod. – Petrol. – Graphit. – Rhus tox. – Sepia – Sulf. – Silicea – Mezereum – Cantharis – Ranunc. bulb. – Natr. mur. – Calc. carb. – Antim. crud. – Phosph. (16 Speichen des Rades mit 15 Mitteln).
Haut 2	Thuja – Calc. fluor. – Clematis – Croton. tigl. – Dulcamara – Acid. nitr. – Agaricus – Arnica – Tarant. – Hep. sulf. – Galphimia gl. – Apis – Pulsat. – Lache-

Krankheit/ Erkranktes Organ	Homöopathische Heilmittel
	sis – Acid. fluor. (16 Speichen des Rades mit 15 Mitteln).
Herpes zoster (Gürtelrose)	Hyperic. – Mezereum – Ranunc. sceler. – Ars. alb. – Ranunc. bulb. – Rhus tox. – Pocken-Lymphe (8 Speichen des Rades mit 8 Mitteln).
Herz	(Siehe Muster Seite 219; 20 Speichen des Rades mit 19 Mitteln).
Heuschnupfen	Pulsat. – Nux vom. – Sulf. – Phosph. – Calc. carb. – Cepa; in hohen Potenzen ab Februar (6 Speichen des Rades mit 6 Mitteln).
Hoden	Sepia – Rhodod. – Kal. jod. – Aurum – Apis – Pulsatilla – Clematis – Conium – Medorrhinum – Silicea – Spongia – Arg. met. (12 Speichen des Rades mit 12 Mitteln).
Husten	Cuprum – Ipecacuanha – Nux vom. – Drosera – Mephit. – Tart. stib. – Kal. sulf. – Carbo veg. Conium – Hep. sulf. – Phosph. – Rumex – Caustic. – Pulsat. – Hyosc. – Bellad. (16 Speichen des Rades mit 16 Mitteln).
Ischias	Colocynth. – Gnaphal. – Kal. jod. – Sulf. – Phytolacca – Rhus tox. – Ammon. phosph. (8 Speichen des Rades mit 8 Mitteln).
Kehlkopf	Sulfur. – Caustic. – Spongia – Calc. sulf. Coccous cacti – Kal. sulf. – Phosph. – Kal. bichrom. – Hepar. sulf. – Bellad. – Rumex cr. (12 Speichen des Rades mit 12 Mitteln).
Kopf	(Siehe Muster Seite 220; 16 Speichen des Rades mit 15 Mitteln).

Krankheit/ Erkranktes Organ	Homöopathische Heilmittel
Krebs	Malleinum – Kreosot. – Carbo betul. polar. – Ars. alb. – Arg. nitr. – Carbo anim. – Erbasit – Jod. – Schlangengifte (Lachesis, Naja usw.) – Acid. nitr. – Acid. carbol. – Sulfur. (12 Speichen des Rades mit 12 Mitteln).
Leber	Flor de piedra – Carduus mar. – Chelidon. – China – Berb. vulg. – Bryonia – Leptandra – Lycopod. – Magn. mur. – Merc. sol. – Phosph. – Natr. sulf. – Nux mosch. – Podophyll. – Nux vom. – Sepia – Sulf. – Stannum met. (18 Speichen des Rades mit 18 Mitteln).
Lungen	Phosph. – Jod. – Hepar. sulf. – Tart. stib. – Lobel. – Drosera – Stannum met. – Kal. jod. – Kal. bichrom. – Chelidon – Ferrum phosph. (12 Speichen des Rades mit 11 Mitteln).
Magen und Darm	(Siehe Muster Seite 221; 20 Speichen des Rades mit 20 Mitteln).
Mamma (weibl. Brust)	Phytol. – Conium – Carbo anim. – Lac defl. – Jod. – Lac can. – Kal. jod. – Nux mosch. – Bufo – Calc. carb. – Zinc. met. – Pulsat. – Silic. – Condurango – Phosph. (16 Speichen des Rades mit 15 Mitteln).
Mastdarm und After	Aloe – Ignatia – Ferrum met. – Nux vom. – Sulf. – Aescul. – Acid. nitr. – Caustic. – Graphit. – Natr. mur. – Alumina – Lycopod. – Ipecacuanha – Merc. corr. – Carbo veg. – Hamamel. – Acid. mur. – Thuja – Collinsonia – Paeonia (20 Speichen des Rades mit 20 Mitteln).

Krankheit/ Erkranktes Organ	Homöopathische Heilmittel
Menses	Apis – Bryonia – Kal. carb. – Pulsat. – Gelsemium – Graphit. – Ipecac. – Bellad. – Caustic. – Sulf. – Chamom. – Crocus sat. – Nux vom. – Aristol. – Platina – Ammon carb. – Calc. carb. – Sabina – Phosph. – Cimicifuga (20 Speichen des Rades mit 20 Mitteln).
Milz	Plumb. met. – Bryonia – Ferrum met. – Jod. – China – Ceanoth. am. – Helianth. – Aranea diad. (8 Speichen des Rades mit 8 Mitteln).
Mund und Zunge	Acid. sulf. – Ars. alb. – Merc. sol. – Borax – Hepar. sulf. – Phosph. – Arg. nitr. – Arum triph. – Acid. fluor. – Nux mosch. – Apis – Lachesis – Antim. crud. – Acid. nitr. – Kreos. – Carbo veg. – Iris vers. (18 Speichen des Rades mit 17 Mitteln).
Nase	Cinnabaris – Agaricus – Ars. alb. – Arum triph. – Cepa – Euphrasia – Nux vom. – Natr. mur. – Pulsat. – Sabad. – Hepar. sulf. – Bellad. (12 Speichen des Rades mit 12 Mitteln).
Neuralgie	Ranunc. bulb. – Aconit. – Belladonna – Arnica – Ars. alb. – Colocynth. – Chinin ars. (8 Speichen des Rades mit 7 Mitteln).
Nieren	Pulsat. – Solidago – Phosph. – Berb. vulg. – Coccus cacti – Terebinth. – Bellad. – Merc. corr. – Apis - Equiset. – Sarsap. – Plumb. met. – Calculi ren. – Lycopod. – Lith. carb. – Nux vom. –

Krankheit/ Erkranktes Organ	Homöopathische Heilmittel
	Saxifr. – Cupr. met. – Balsam. per. (20 Speichen des Rades mit 19 Mitteln).
Ohren	Bellad. – Aconit. – Chamomilla – Ferrum phosph. – Capsicum – Hepar sulf. – Merc. sol. – Caustic. – Silicea – Merc. jod. flav. – Kal. mur. (12 Speichen des Rades mit 11 Mitteln).
Opstipation	Phosphor. – Graphit. – Lycopod. – Nux vom. – Sepia – Sulf. – Opium – Aescul. – Alumina – Magn. mur. – Plumb. – Natr. mur. (12 Speichen des Rades mit 12 Mitteln).
Ovar (Eierstock)	Pallad. – Apis – Jod. – Platin. – Tuberculin. – Hamam. – Thuja – Conium – Lycopod. – Lachesis – Thyreoidin. – Bufo rana (12 Speichen des Rades mit 12 Mitteln).
Pleura (Brustfell, Rippenfell)	Bryonia – Phosph. – Asclep. tub. – Sulf. – Senega – Carbo anim. – Apis – Canthar. – Merc. sol. (10 Speichen des Rades mit 9 Mitteln).
Prostata	Chimaph. – Sabal serr. – Ferrum picr. – Magn. phosph. – Magn. mur. – Conium – Clematis – Aristolochia – Cannabis ind. – Selen – Bar. carb. (12 Speichen des Rades mit 11 Mitteln).
Rheuma	Sulf. – Berb. vulg. – Phytolacca – Pulsatilla – Cimicifuga – Formica rufa (6 Speichen des Rades mit 6 Mitteln).
Rücken	Agaricus – Phosph. – Arnica – Bryonia – Nux vom. – Rhus tox. – Tart. stib. – Sulf. – Ranunc. – bulb. – Chelid. – Kal. carb. – Aescul. – Lycopod. – Silicea –

Krankheit/ Erkranktes Organ	Homöopathische Heilmittel
	Thuja – Caustic. – Arg. nitr. – Gelsemium (18 Speichen des Rades mit 18 Mitteln).
Sexuelle Störungen	Phosph. – Staphysagria – Moschus – Murex purp. – Origan – Platin. – Ignatia (8 Speichen des Rades mit 7 Mitteln).
Speiseröhre	Lachesis – Asa foetida – Ignatia – Baptisia – Acid. nitr. – Aescul. – Merc. corros. – Ars. alb. – Caustic. – Sepia (10 Speichen des Rades mit 10 Mitteln).
Syphilis	Asa foetida – Luesin. – Aur. met. – Merc. sol. – Kal. bichr. (6 Speichen des Rades mit 5 Mitteln).
Schlund	Belladonna – Apis mel. – Ars. alb. – Merc. sol. – Asa foet. – Lachesis – Acid. nitr. – Arum triph. – Lycopod. – Phytol. – Caustic. – Arg. met. – Lac. can. – Hep. sulf. – Arg. nitr. (16 Speichen des Rades mit 15 Mitteln).
Schrunden	Acid. nitr. – Caustic. – Graphit. – Acid. fluor. – Lycopod. – Petrol. – Sulf. (8 Speichen des Rades mit 7 Mitteln).
Schulter	Visc. alb. – Chelidon. – Ferrum met. – Sanguin. – Rhus tox. – Sulf. – Ferrum mur. – Ledum – Hep. sulf. – Rhodod. (10 Speichen des Rades mit 10 Mitteln).
Unterleib	Sabina – Pulsatilla – Sepia – Lachesis – Ars. alb. – Lac. can. – Acid. nitr. – Carbon. sulf. – Calc. sulf. – Graphit. – Platin. – Origanum – Ambra (14 Speichen des Rades mit 13 Mitteln).

Krankheit/ Erkranktes Organ	Homöopathische Heilmittel
Uterus	Erigeron – Murex – Conium – Ars. jod. – Bufo – Thuja – Secale – Kal. carb. – Stannum – Lil. tigr. – Carbo anim. – Ferrum (12 Speichen des Rades mit 12 Mitteln).
Vagina	Kreosot. – Hydrastis – Merc. sol. – Natr. mur. – Calad. – Cyclamen – Senega – Millefol. – Croc. sat. – Phosph. – Sulf. (12 Speichen des Rades mit 12 Mitteln).
Vertigo (Schwindel)	Conium – Cocculus – Agaricus – Arg. met. – Carbon. sulf. – Gelsem. – Lycopod. – Calc. carb. – Nux vom. – Bryonia – Natr. mur. – Phosph. (12 Speichen des Rades mit 12 Mitteln).
Wirbelsäule	Aescul. – Agaricus – Chelid. – Cimicif. – Calc. carb. – Calc. phosph. – Silicea – Ruta – Zinc. met. (10 Speichen des Rades mit 10 Mitteln).
Zwerchfell	Nux vom. – Hepar. sulf. – Nux mosch. – Ranunc. bulb. – Stramon. – Niccol. sulf. – Lycopod. (8 Speichen des Rades mit 7 Mitteln.
Zunge siehe Mund	

Acht Regeln für Pendelanfänger

1. Konzentrieren Sie sich ganz auf die Sache und vermeiden Sie alle Nebengedanken. Verhalten Sie sich rein erwartend und ohne Vorurteil. Verfolgen Sie den Pendel mit den Augen und zählen Sie die Pendelschwingungen. Treten andere Schwingungen auf, so wird wieder neu begonnen. Vertrauen Sie auf den Erfolg Ihres Pendelns. Mißtrauen und Skepsis schließen einen Erfolg aus.

2. Der Anfänger soll sich mit dem Gesicht nach Süden an den Tisch setzen, den rechten Ellbogen darauf stützen und den Pendel zwischen Daumen und Zeigefinger über den abzupendelnden Gegenstand halten, wobei er die Hand im Handgelenk etwas beugt. Die Hand muß beim Pendeln völlig ruhiggehalten werden, soweit das möglich ist. Die kleinen unregelmäßigen Schwankungen des hängenden Pendels spielen keine Rolle gegenüber den großen regelmäßigen Schwingungen des arbeitenden Pendels. Dabei ist eine ganz zutreffende Bemerkung Glahns sehr zu beachten, daß die von einem Punkt des untersuchten Gegenstandes ausgehenden Strahlen sich strahlenförmig nach oben ausbreiten, etwa in Form eines nach oben offenen Trichters, so daß die Pendelausschläge, diese unsichtbare Wand respektierend, mit wachsender Entfernung des Pendels von dem Gegenstand immer weiter werden, selbstverständlich nur bis zu einem gewissen Grad, den jeder für sich herausfinden muß.

3. Als Pendelkörper soll man zunächst nur Kupfer, Blei, Silber oder Gold verwenden; Messing erweist sich für starke Pendler oft als zu empfindlich.

4. Anfangs sollte der Pendler alle Metallgegenstände vom Körper und Pendeltisch nach Möglichkeit entfernen. Sobald er die Entbehrlichkeit dieser Maßnahme einsieht, kann er davon abstehen.

5. Nach Ansicht der meisten Pendler soll man bei körperlichem und seelischem Unwohlsein, zum Beispiel bei Ärger, Verstimmung und Verdruß, das Pendeln unterlassen.

6. Solche Fotografien, Handschriften und Gebrauchsgegenstände, die mit anderen zusammenliegend aufbewahrt wurden, sind zu vermeiden. Sie sollen nach Möglichkeit acht bis vierzehn Tage allein liegend aufbewahrt werden, ehe sie zum Pendeln benutzt werden.

7. Der Anfänger gehe methodisch vor und frage den Pendel immer wieder, ob das Ergebnis richtig ist. Der Pendel wird mit „ja" oder „nein" antworten. Verneint er, so wurde vorher ein Fehler gemacht.

8. Der Anfänger soll es vermeiden, in Gegenwart von Zuschauern zu pendeln, damit er nicht in seiner Konzentration gestört werde. Auch könnten unter den Zuschauern willensstarke Persönlichkeiten sein, die auf telepathischem Weg den Pendel beeinflussen könnten.

II.

Die Wünschelrute

Sinnbild der Menschlichkeit

Pendel und Wünschelrute orten nach demselben Prinzip. Deshalb gilt das, was wir über den siderischen Pendel und die ihn bewegenden Kräfte gesagt haben, auch für die Wünschelrute. Zweifellos ist diese aber älter als der Pendel. Das beweisen prähistorische Zeugnisse. Schon die Kelten haben um die mit der Rute wahrnehmbaren Kräfte gewußt.

Der zweigegabelte Stock stellte ein außerordentliches Symbol dar, das auf etruskischen Gräbern, babylonischen Säulen, im Tempel der Venus und auf Münzen aus Zypern nachgewiesen werden konnte. Auch das pythagoreische „V", das Sinnbild der Menschlichkeit, wird in diesem Sinn gedeutet. In China wurde die Rute schon 2000 Jahre vor unserer Zeitrechnung praktisch angewandt. Nach den Aufzeichnungen des Philostratos haben schon die Brahmanen im Altertum unsichtbare Strahlenkräfte geortet. Bis in unsere Zeit werden durch die Rute die Schätze der Erde – Wasser, Öl, Metalle und Kohle – gesucht und gefunden. In allen Ländern der Erde, bei primitiven Stämmen und auch bei den großen Kulturvölkern, ist die Rute unter verschiedenen Namen bekannt.

Im *Nibelungenlied* wird sie kurz „Wunsch" genannt. Da heißt es: „Der Wunsch lag darunter, von Gold ein Rütelein." Das mittelhochdeutsche Wort „Wunsch" ist mit „wünschen" verwandt, was soviel bedeutet wie „zaubern". In Niedersachsen nennt man die Rute „Wickerute" (Wickerode = Weissagerute), was auf das Wort „wiegen" zurückgeführt wird, da die Rute beim Ausschlagen wiegende Bewegungen vollführt. In Dänemark spricht man von der „Spaasticke" (Vorhersage), aber diese Bezeichnung ist irreführend, denn mit Wahrsagerei oder Zukunftsdeutung hat unsere Rute nichts gemein. Dieser Irrtum geht wohl auf das Mittelalter zurück, in dem man den Namen mit *virgula divina* angab, dem göttlichen oder wahrsagenden Stab. Auf diese Übersetzung ist der englische Ausdruck *divining rod* und das französische *baguette divinatoire* zurückzuführen. Im Mittelalter nannte man die Rute auch *virgula mercurialis* in Anspielung auf den Stab der Mercurius oder Hermes. In der Schweiz wird ein Rutengeher auch Rütlimann oder Wasserschmecker genannt.

Über den allgemeinen Gebrauch der Rute im 15. Jahrhundert berichtet der Benediktinermönch Basilius Valentius im *Testamentum novum,* 1. Buch, Kapitel 25. Der Jesuit Athanasius Kircher (1601–1680) führte den Ausschlag der Wüschelrute auf Ausdünstungen der Erzgänge zurück. Johann Philipp Büntingen schreibt folgendes in seinem 1693 erschienenen Buch *Sylva subterranea:*

„Daß die Wündteschelruthen, die unter der Erden verborgene *metalla* und *minerlia* pflegen zu entdecken, ist mehr denn zu gewiß, wird auch hoffentlich niemand, der es nur einmahl gesehen, solches mehr in Zweiffel ziehen. Ob aber diese *Sympathie* unter der Wündtschel-Ruthe und den *metallen* oder *mineralien ex causis naturalibus* oder *super naturalibus* entstehe, ist noch ein großer Streit unter den Naturkündigern, welche *Contraire Controversien* aber alle hier anzuführen sehr weitläufig fallen würde. Damit Ich aber auch mein geringes *Sentiment* geben möge, so *judicire* nach meinem geringen Verstande: daß die *causae naturales* schon sufficient sind, diese Sympathien zu beweisen, und man also nicht viel Ursache habe, ins Übernatürliche *ad supernaturalia* zu fliehen, bevoraus weil der Gegner *adversariorum causae super naturales* von keiner solchen Wichtigkeit seynd, daß man ihnen beyzuflichten, dadurch sich persuadiren lassen könte. *par exemple.*

1. So ist es eben nicht nöthig (wie sie *ex supernaturalibus* zu ihren *defensionen* anführen), daß die Wündtschelruthe des Sonntags den ersten Pfingsttag geschnitten werde.

2. So ist auch von keiner Nothwendigkeit, daß die Wündtschelruthe im Nahmen der Heil. Dreyfaltigkeit abgeschnitten werde, denn diese *ceremonien,* soferne sie begangen werden, geschehen *ex superstitione* oder abergläubischen Fabel, welche aber zu der Würckung der Wündtschel-Ruthe nichts *contribuiren.*

Darstellung der „Ausdünstungstheorie“ aus dem Jahre 1704.

3. So ist auch nicht zu glauben, daß die Wündtschelruthe, so ferne sie richtig schlagen solle, müsse in einem gewissen und glücklichen Himmels-Zeichen geschnitten werden, auff daß sie recht *constelliret* und mit einer magnetischen Krafft begabet wurde.

4. So schlägt auch die Wündtschel-Ruthe so wohl in eines gottlosen als frommen Menschen Hand, so ferne derselbe nur, so sie hält, darmit recht weiß umzugehen. Bestehet demnach die *causa naturalis* der *Sympathie* zwischen der Wündtschelruthe und den *metallen* einig und allein *ex effluviis:* denn gleich wie die *effluvia* in dem Magnet verursachen, daß er seines gleichen, nehmlich das Eisen, weil der Magnetstein der beste Eisenstein ist, mit Gewalt an sich ziehet und gleichsam umarmet, also gehen auch dergleichen *effluvia* aus denen *mineralibus* oder *metallis* und *conjugiren* sich mit denen *effluviis* der Wündtschelruthe (die zuvor auff dergleichen mineralischen Erdreich gestanden, darunter *metalla* anzutreffen gewesen) und concentriren also die *porosität* der Wündtschelruthen, daß sie sich beugen und fast gezwungen an die Oerter der *metallen* und *mineralien* neigen und dieselben gleichsam liebkosen muß, welches aus folgenden *demonstrationibus* klährlicher und ausführlicher erhellet: denn

1. so fern die Wündtschelruthe richtig und accurat schlagen soll, so muß sie an dergleichen Orte geschnitten seyn allwo man gewiß ist, daß daselbst *metalla* oder *mineralia* sich werffen.

2. Muß die Wündtschelruthe recht *porös* und reiff seyn.

3. Muß sie im Frühlinge, und zwar in vollen Monden, geschnitten seyn, da der völlige Safft und also die meisten *effluvia* in den Bäumen sich befinden.

4. Weil die Wündtschel-Ruthe stärcker auff dergleichen *mineralien* und *metalle* gehet, die mehr und stärckere *effluvia* von sich geben.

5. Weil sie stärcker schläget auff die *mineralia* oder *metalla,* die annoch in ihrer natürlichen Lage begriffen seynd, als auff die, so an einem andern Orte ausgegraben seynd. Dahero die

Sonderbare, aber teilweise noch heute gebräuchliche Ruten aus einem im Jahre 1700 erschienenen Buch.

Wündtschelruthe auch nicht richtig und starck schlagen wird in deßjenigen Hand, der *metalla* bey sich führet.

Daß nun auch die Wündtschelruthe die verborgenen Steinkohlen entdecken können, ist aus obangeführten zur Genüge zu ersehen, überdieß geben

1. die Steinkohlen solche starcke *exhalationes* von sich, als fast kein ander *minerale* geben kan, welches die *spirituosa incenda effluvia* und andere *effectus* bey Nachtzeit bekräfftigen.

2. So haben auch vornehmlich die *bituminosa* einen sonderlichen *magnetismum* andere trockene Sachen an sich zu ziehen, welches aus dem Agtstein abzunehmen, welcher, wenn er warm gerieben wird, Spreu und andere trockene *quisquilias* mit Verwunderung an sich ziehet, gleich wie der Magnet das Eisen."

Johann Gottfried Zeidler (*Pantomysterium,* Halle 1700) spricht der Rute folgende Fähigkeiten zu: Aufsuchen und Finden von Erzgängen, Quellen, feindlichen Minen, unbekannten Wegen und Stegen, versetzten Grenzsteinen, vergrabenen Schätzen, Dieben und Mördern, verirrten Leuten und verlaufenem Vieh sowie verlorenen Gegenständen. Ebenso könne man feststellen, wo jemand gesessen habe, ob jemand tot oder lebendig sei, krank oder gesund. Freilich kann die Rute nicht alles, wovon die Phantasie des Autors hier träumt, doch sicher können Erdstrahlen mittels der Rute festgehalten werden.

Der Landrat von Bülow-Bothkamp entdeckte im Schloß zu Podiebrad in Böhmen mit der Rute in 110 Meter Tiefe eine neue Heilquelle. Schließlich verwandte sich der Geheime Admiralitätsrat und Hafenbaudirektor Georg Franzius, der von der Brauchbarkeit der Rute überzeugt war, lebhaft für dieselbe und empfahl Kaiser Wilhelm einen Rutengänger, den Landrat von Uslar-Apenrade, der dann auch tatsächlich zur Wassersuche in den Kolonien eingesetzt worden ist. Dieser mutete an 800 Stellen Wasser. 168mal wurde gebohrt, 15mal brach der Bohrer dabei ab. Von den übriggebliebenen 153 Bohrungen stimmten 122, und nur 31 blieben erfolglos. In der *Deutschen Kolonialzeitung* (Jahrgang 1908, Nr. 29, S. 520) ist folgende Notiz zu lesen: „Am 20. August beabsichtigt der unermüdliche Wassersucher das Schutzgebiet zu verlassen. Vor kurzem hatte er die Freude, daß in der Namib bei Garup an einer von ihm bezeichneten Stelle ein mächtiges und sehr gutes Wasser erschlossen wurde. Auch auf der Farm Ovikokorero der Liebig-Kampagnie ist an allen drei Stellen, die von der Rute gemeldet worden waren, Wasser gefunden worden, und zwar soviel, daß die Farm jetzt etwa zwölf Kubikmeter Wasser stündlich zur Verfügung hat."

Die Schweizerische Zeitschrift für Radiästhesie, Geopathie und Strahlenbiologie (*RGS*) berichtet in ihrer Ausgabe Nr. 129 von November-Dezember 1975:

„Was Experten schier für unmöglich gehalten hatten, das schaffte jetzt ein Laie. Prinz Rasso von Bayern half mit einer Wünschelrute der Starnberger Alpenvereinssektion aus ihren Wassernöten und rettete damit die Hörndle-Hütte bei Bad Kohlgrub.

Die rund tausend Bergfreunde waren arg in Bedrängnis geraten, weil die sektionseigene Hörndle-Hütte nicht mehr den Auflagen des Wasserwirtschaftsamtes genügte, um den Wirtschaftsbetrieb aufrechtzuerhalten. Es blieb keine andere Wahl, als die bereits vorhandene Wassergewinnungsanlage zu sanieren und eine zweite Quelle zu erschließen. Das schien keine leichte Aufgabe zu sein, da das Gebiet um den Hörndle wassergeologisch problematisch ist. Fachleute behaupteten seit 50 Jahren, daß weiteres Wasser um die Hörndle-Hütte nicht auffindbar sei.

Prinz Rasso von Bayern (Schloß Leutstetten), 48 Jahre alter Landwirt und Mitglied des Alpenvereins Starnberg, widerlegte diese Behauptung. Der Wittelsbachersproß, begeisterter Jäger, Pferdeliebhaber und erfolgreicher Hundezüchter, griff zu einer Wünschelrute und machte sich auf die Suche nach einer neuen Quelle. Unweit der schon vorhandenen Quelle im Hörndle-Gebiet schlug die Rute kräftig aus. Der Prinz hatte eine neue Quelle entdeckt, die pro Minute etwa 50 Liter Wasser liefert."

Wissenschaftler wie der Physiker und Nobelpreisträger Albert Einstein, der Geologie-Professor Dr. Bruggen in Santiago/Chile und der Astrologe und Meteorologe Professor Kritzinger haben selbst mit der Rute experimentiert oder standen der Erforschung der dabei auftretenden Phänomene positiv gegenüber, wie zum Beispiel Professor Max Planck, Professor Dr. Ing. Weihrauch und der Geologe Professor Salomon, Heidelberg. Der Ordinarius für Geologie und Paläontologie in Halle, Geheimrat Professor Dr. Johannes Walther, erkannte durch seine über zehn Jahre lang durchgeführten Versuche die Störungen der Gesundheit über Reizzonen. Von ihm stammt der Begriff *Geopathie*. Mediziner bestätigten seine Ergebnisse.

Auf die gesundheitliche Gefährdung des Menschen, der sich über solchen Reizzonen aufhält, haben wir bereits im ersten Teil dieses Buches hingewiesen. Dr. med. E. Hartmann, der den „Forschungskreis für Geobiologie" leitet, hat zahlreiches Nachweismaterial zu diesem Thema gesammelt und die Schädlichkeit unter Verwendung physikalischer Apparate nachgewiesen.

Der Strahlenphysiker Dr. Bürklin konnte im Jahr 1954 Erdstrahlen mit einem Neutronenrohr nachweisen. Diese durchdrangen noch eine acht Meter hohe Säule, die mit Strahlenbremsmitteln wie Paraffinöl und Graphit gefüllt war. Doktor Herbst und Dr. Hübner vom Radiologischen Institut der Universität Freiburg berichteten in dem Heft *Atomkernenergie* (Nr. 12, 1962) über die Verschiedenheit der Dosisleistung der „terrestrischen Komponente" über verschiedenen Gesteinspaketen des Untergrundes. Die geringste Dosisleistung (0 – 100 mr/a) wurde über Kalkstein, Kreide und Nagelfluh gemessen.

Im *British Waterworks Association Journal* verzeichnete die amtliche Statistik aus Neuseeland, daß die dortigen Rutengänger bei über 1820 Brunnenbohrungen mit 81 Prozent erfolgreich waren. Der Rutengänger Wilhelm Meseck führt seinen Lehrer, Professor Wimmer, an (Zeitschrift für Radiästhesie, München, Nr. II, 1967):

„A) Die Arbeit mit der Wünschelrute ist keine geheimnisvolle Tätigkeit, sondern ein Vorgang auf physikalischer Basis! Aus dem Atom- bzw. Molekulargefüge der Oberfläche jedes materiellen Gegenstandes gehen magnetische Schwingungen aus, die bei ausreichender Stärke auf den rutenfähigen Menschen einen Reiz ausüben.

B) Der Rutengänger muß zwei Grundbedingungen besitzen:

1. die ungleiche Polung der Brusthälften und ihrer Endpunkte, der Hände,

2. eine ausreichende Menge sogenannter ‚innerer Energie' (die wir bildlich wohl besser Spürkraft nennen, von deren Größe es abhängt, ob wir viel oder wenig spüren).

C) Wie ist die Rutenbewegung zu verstehen? Drei Gegebenheiten müssen vorhanden sein:

a) der menschliche Körper mit seinem dynamisch-magnetischen (bzw. elektrischen) Kraftfeld hinreichender Stärke und ungleicher Polung (der Hände),

b) die gespannte Rute als drehbare Brücke und (wegen ihrer Drehbarkeit auch) Anzeiger der Reaktion,

c) der materielle Gegenstand, der auf den Rutengänger einen Reiz ausübt.

Fehlt auch nur eine dieser Gegebenheiten, so kommt keine Rutenreaktion zustande. Faßt der Rutengänger seine Rute mit beiden Händen, so schließt er sein Magnetfeld kurz und erhält einen Gleichgewichtszustand in seinem Körper. Hält er eine seiner rutenhaltenden Fäuste in das Kraftfeld eines materiellen Gegenstandes, so wird durch dessen Kraftfeld das innere Gleichgewicht des Menschen gestört und es tritt solange Rutenreaktion ein, bis das Gleichgewicht über die Rute (als Brücke!) wiederhergestellt ist (Anpassungsvorgang des Körpers?). Berührt der Rutler einen Gegenstand mit den Händen, so wird er (für eine gewisse Zeit) nur für diesen Stoff empfindlich unter Ausschaltung aller anderen materiellen Beeinflussungen."

Glücklicherweise hat sich in den letzten Jahren und Jahrzehnten doch eine deutliche Änderung in der Haltung der Wissenschaftler gegenüber der Radiästhesie abgezeichnet. In dem faszinierenden und im deutschen Sprachraum einzigartigen Werk *Psi-Resümee – eine Bestandsaufnahme der neuesten Forschungen jenseits von Materie, Raum und Zeit* (Genf 1975) gelang es dem Autor Paul Uccusic, selbst einerseits gelernter Physiker, eine solche Fülle wissenschaftlich erwiesenen Tatsachenmaterials und anderseits überzeugender Stellungnahmen führender Forscher der Parapsychologie und Paraphysik zu präsentieren, daß die simple Ablehnung dieser neuen Wissenschaften – „ohne die ein durchgängiges Verständnis der Erscheinungen dieser Welt heute nicht mehr möglich ist“ – einem vernünftigen Wissenschaftler schlechthin nicht mehr gestattet ist. Uccusic nimmt darin auch Stellung zur Radiästhesie, insbesondere zu den durch die Wünschelrute indizierten Phänomenen. „Der Beweis hierfür erscheint auf Grund umfangreicher Kasuistik erbracht.“ Und Uccusic bietet, mit Berufung auf namhafteste Forscher in aller Welt, hierfür sowie für andere heute noch paranormal genannte Phänomene hypothetische Erklärungen an, auf die wir hier nicht näher einzugehen brauchen. Denn wir befinden uns damit einmal mehr auf dem Boden noch junger Wissenschaft, an den Grenzmarken des Gelehrtenstreites über Erklärungsversuche. Die Phänomene gültig zu erklären und in einer wissenschaftlich relevanten Theorie zu begründen, ist nicht das Anliegen dieses Buches. Wir gehen von dem aus, was heute schon einwandfrei erwiesen ist – die Phänomene –, und versuchen die Nützlichkeit der Radiästhesie anhand der Methoden und Erfahrungen von Praktikern zu demonstrieren.

Die Rutenformen

Hofrat Karl von Eckartshausen, Geheimer Archivar und Mitglied der Akademie der Wissenschaften, schrieb 1788 über die Herstellung der Rute:

„Man schneidet einen Zwieselast von einer Haselstaude, anderthalb Schuh lang und einen Finger dick, ab, und nimmt, wenn es möglich ist, einen Jahrwachs oder Sammerlatte dazu."

Eine andere Herstellungsmethode ist folgende: „Man nimmt einen Schößling von einer Haselstaude, der ganz gleich und ohne Knoten ist, schneidet ihn in zwei gleiche Teile von einer Länge; höhlet dann den einen Teil wie ein Näpfchen aus und spitzet den anderen zu, so daß man eins in das andere stecken und es zwischen den beiden Zeigefingern haltend, tragen kann." Oder: „Man nimmt einen langen Schößling von einer Haselstaude oder einem anderen festen Holze, gleich einem Rohre, faßt die beiden Enden mit den Händen, beugt es ein wenig bogenförmig und trägt es horizontal."

Ein Zwiesel ist ein gegabelter Zweig von einem halben bis einen Zentimeter Stärke. Generell unterscheiden wir drei Arten von Ruten:

1. Die Holzrute

Die wohl älteste Art der Wünschelrute ist die Holzrute. Sie besteht aus einem gegabelten Zweig, der einige Zentimeter oberhalb der Gabelung abgekappt ist. Besonders bevorzugt werden elastische Hölzer wie Weide, Haselnuß, Maßholder und vor allem junge Eichentriebe. Interessant ist, daß die alten Rutengänger für jeden gesuchten Stoff eine spezielle Rute benutzten. Damit die Rute elastisch bleiben sollte, wurde sie in Wasser gelegt, bevor sie benutzt wurde.

2. Die Spiralrute

Diese Rutenform aus metallischen Spiralen ist eine Erfindung des Rutengängers Ferdinand Gruber aus Wien um die Jahrhundertwende. Die Firma Kirchner & Wilhelm in Stuttgart bietet eine neue Spiralrute, die in Zusammenarbeit mit Professor Angerer in München entwickelt wurde, aus Silber (850 Promille) oder aus Gold (8 Karat) an. Diese Rutentype hat feststehende Griffe, kann aber auf Wunsch auch mit drehbaren Griffen geliefert werden. Diese Edelmetallruten eignen sich ganz besonders für die Untersuchung an Patienten.

3. *Die Schlingen- oder Schleifenrute*

Sie ist die wichtigste und wohl auch die gebräuchlichste Rutenform. Die Schlingenrute besteht aus Metalldraht. Alle möglichen Metalle werden hierzu verwendet. Neuerdings ist man aber wieder von der Vorstellung abgekommen, daß den verschiedenen Stoffen verschiedene Wirksamkeit bezüglich des Rutenausschlags zukomme. Ruten werden am häufigsten aus Stahldraht, Kupfer, Nickel, Bronze und Silber hergestellt. Die Stärke der Rute ist unterschiedlich und sollte der Empfindlichkeit des Rutengängers entsprechen. Der Anfänger sollte jedenfalls mit einer dünnen Rute arbeiten, weil diese leichter und sicherer zu handhaben ist.

Die Firma Kirchner & Wilhelm in Stuttgart liefert Schleifenruten mit drehbaren und feststehenden Griffen in drei Längen: in einer Rutenlänge ohne Griffe von 21 Zentimetern, in mittlerer Länge mit 30 Zentimetern und als lange Rute mit 42 Zentimetern. Das Material ist Stahldraht, die Griffe sind aus Kupfer mit galvanischer Goldauflage.

Auf alten Darstellungen ist gelegentlich ein einfacher Stab, der in der Hand gehalten wird, zu sehen. Diese Stabrute ist aber nicht gebräuchlich. Allerdings wollen wir wieder darauf hinweisen, daß es sich auch bei der Rute nur um einen Indikator in der Hand des Rutengängers handelt. Dabei sind Form und Stoff vollkommen gleichgültig. Es gibt ja auch Sensitive, die mit ihrer ausgestreckten Hand – ganz ohne Indikator – das Vorhandensein und die Eigenart strahlender Stoffe in der Erde erspüren. Diese Feinfühligkeit ist allerdings sehr selten, doch jeder Rutengänger muß davon etwas in sich haben, will er erfolgreich arbeiten.

DIE VERSCHIEDENEN RUTENFORMEN

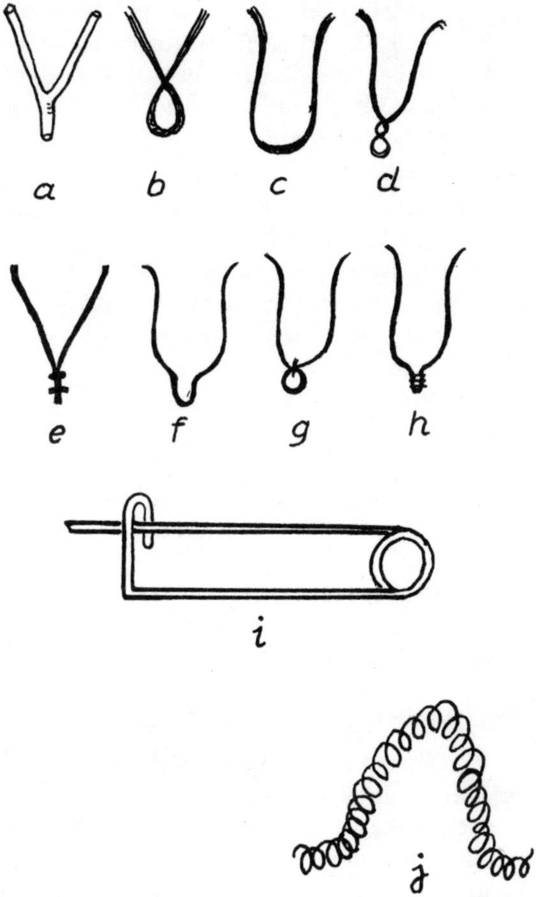

a gewachsene Holzrute; b schleifenförmig gebogener Draht, wobei die Äste so elastisch gebogen sein müssen, daß sie leicht nach außen gebogen werden können; c U-förmige Rute; d Modell, wie es der Landrat von Uslar-Apenrade gebrauchte; e zwei einzelne Metallstäbe aus verschiedenem Metall, die durch zwei Ringe zusammengehalten werden; f Rute nach Professor Brockmann-Offenbach; g Rute wie b, jedoch mit kleinem gebogenem unterem Ring als Schlaufe und einer Halteklammer; h U-förmige Rute mit auslaufender Spitze und Wicklung; i Modell des Landrates von Bülow-Bothkamp; j Spiralrute nach Ferdinand Gruber.

Dr. med. Adam Voll berichtet allerdings, daß die Franzosen mehrere Ruten aus verschiedenem Metall benutzt hätten: „Um Gold, Silber oder Kupfer zu finden, nehmen sie eine Rute aus Eisen oder Nickel, ‚révélateur positif‘; um aber Eisen oder Nickel zu finden, wird eine kupferne oder eine silberne Rute gebraucht, ‚révélateur négatif‘."

Dieser bekannte Rutengänger weist darauf hin, daß Metallruten zweckmäßiger als Holzruten seien, da letztere zu schnell austrocknen und durch den Gebrauch mechanische Veränderungen erleiden. Denn (so Dr. Voll): „Mit jedem Ausschlag findet eine Drehung der Holzfasern in der Längsachse statt, zumal dann, wenn man die Griffe fest in der Hand hält. Es kommt so zu einer Art Knickung am Drehungspunkt, so daß sehr leicht durch eine ungewollte Bewegung ein Ausschlag erzeugt werden kann.

Hält man sich aber an eine Drahtrute, so hat man immer sein gewohntes Instrument, dessen Empfindlichkeit man ganz genau kennt, so daß man viel exaktere Angaben machen kann. Hüten muß man sich nur davor, daß man bei Begehung desselben Feldes zu verschiedenen Zeiten verschiedene Ruten nimmt; denn man könnte sonst an den Grenzen nicht genau übereinstimmende Resultate erhalten. Bei elastischen Messingruten kann man nämlich die Grenzen eines Flözes um mehrere Meter weiter hinaus verfolgen als mit einer starken eisernen."

Wir schließen uns der modernen Definition Wilhelm Mesecks an: Die Wünschelrute ist eine frische, elastische Astgabel oder ein ihr nachgebildetes Gerät aus Metall oder anderen elastischen Stoffen. Sie ist nichts weiter als ein Anzeiger der Reaktion für die im Menschen verlaufenden Vorgänge an bestimmten Orten unter bestimmten Bedingungen. Von „Wünschelrute" spricht man, wenn man mit mentalen Methoden arbeitet, d. h. mit Wunschvorstellungen, mit *geistiger Einstellung* und Konzentration auf einen bestimmten Stoff oder eine Aufgabe. Man sagt „Rute" – und spricht von Rutenarbeit, Rutengänger –, sobald man die *physikalischen Methoden* anwendet. Das Gerät ist dabei ein und dasselbe.

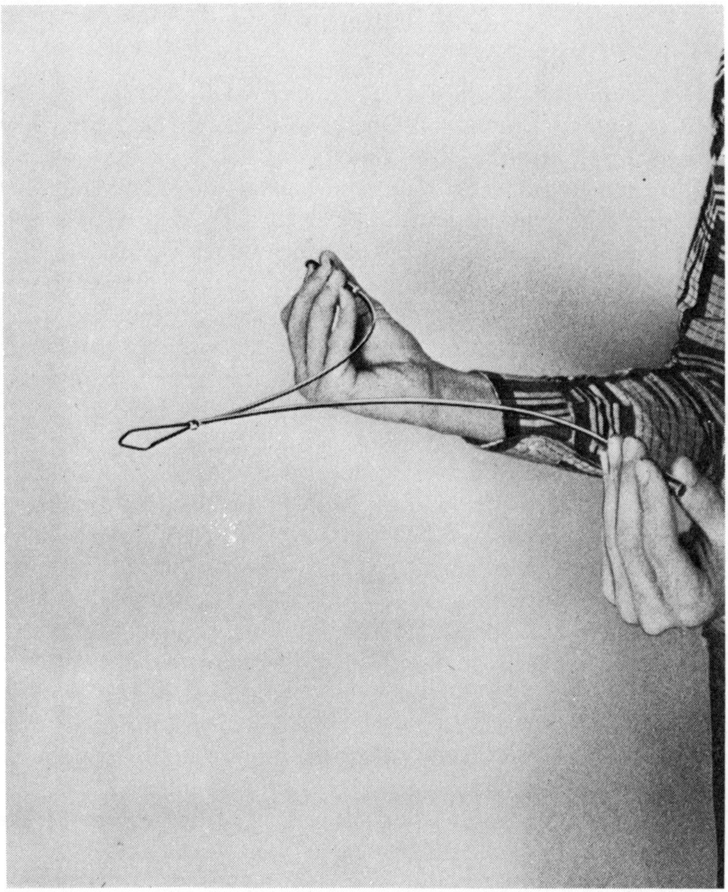

Eine moderne Rute der Firma Kirchner & Wilhelm.

Die Rutenhaltung

Die moderne Radiästhesie unterscheidet drei Arten der Rutenhaltung: Untergriff, Obergriff und Pfötchengriff. Alte Rutengänger benutzen den Untergriff, wobei die Rutenspitze nach oben gerichtet ist. Die Rutenenden läßt man entweder innerhalb der ganzen geschlossenen Hand oder zwischen einzelnen Fingern spielen. Jeder Rutengänger wird die für ihn beste Rutenhaltung herausfinden müssen. Dr. Franz Wetzel meint:

„Die Rute hält man beim Angehen einer vermuteten Wasserader so, daß die Spitze oder Schleife waagrecht nach vorn zeigt. Die Oberarme sind an den Körper etwas (aber nicht zu stark) angedrückt, die Oberarmmuskeln gespannt. Die Unterarme sind frei, damit die Rute sich unbehindert bewegen kann. Die Rute selbst liegt fest in den Händen, wobei man ihr durch mäßigen Zug nach außen und anschließenden leichten Druck nach innen eine gewisse Eigenspannung verleiht, die aber niemals bis zum Auslösen eines Drehmoments führen darf. Man vermeide unbedingt jeglichen ‚Krampf'. Je natürlicher und ruhiger der Rutengänger bei seinen Bewegungen bleibt, um so sicherer sind seine Ausschläge, um so überzeugender auch seine Angaben für den Zuschauer. Der Rutengänger darf unter keinen Umständen mit der Absicht an seine Arbeit gehen, unter allen Umständen etwas finden zu wollen; gar leicht ist er dann von allem Anfang an beeinflußt und damit allen Täuschungen ausgesetzt. Er sei gesammelt, aber ja nicht aufgeregt!"

Dr. med. Adam Voll meint über den Untergriff:

„Da jedoch bei dieser Haltung der Kleinfinger unbewußt einen Einfluß auf die Rute ausüben könnte, wird von vielen die Rute zwischen viertem und fünftem Finger durchgesteckt, so daß der ‚Übeltäter' ausgeschaltet ist. Die Haltung mit Untergriff hat den großen Vorzug, daß durch die hierbei unvermeidliche Muskelanstrengung im Körper eine größere Elektrizitätsmenge erzeugt wird, so daß hierdurch die Rute bedeutend empfindlicher wird; aber dies wird durch eine große Schattenseite

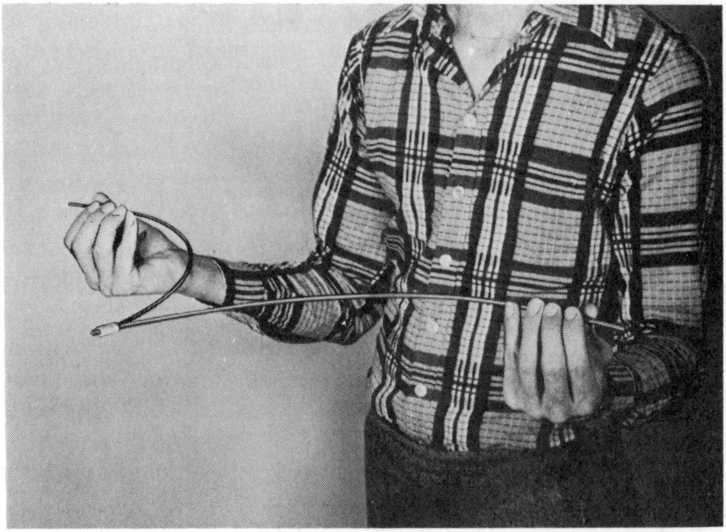

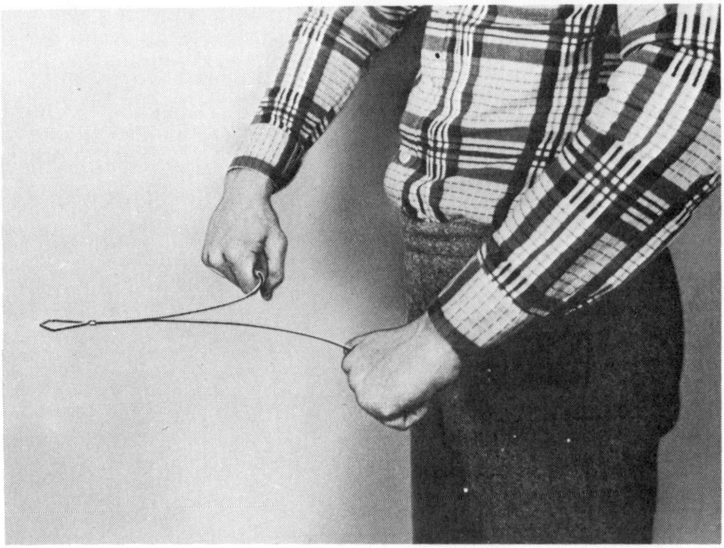

Unter- und Obergriff, demonstriert an modernen Ruten
der Firma Kirchner & Wilhelm.

reichlich wieder aufgewogen. Man wird viel zu rasch müde, und dann treten ungewollte Muskelzuckungen auf, welche ein fehlerhaftes Resultat verursachen können. Eine längere Zeit andauernde Begehung kann bei dieser Haltung nicht vorgenommen werden."

Die Rute soll in Höhe der Magengrube etwa 20 Zentimeter vom Körper entfernt gehalten werden, wobei sie sich aber stets *über* und nicht unter dem gesuchten Gegenstand befinden sollte. Wird nur ein einfacher Stab benutzt, so soll er im Untergriff soweit gebogen werden, wie es seine Elastizität zuläßt.

Der Rutengänger soll langsam und schrittweise das zu untersuchende Gebiet abgehen. Bei Annäherung an einen unterirdischen Wasserlauf wird sich die Rute senken, bei Entfernung wieder heben. Auf keinen Fall soll der Rutengänger versuchen, der Rute nachzuhelfen oder ihren Ausschlag zu beeinflussen.

Die Rutenausschläge

Die individuelle Körperausstrahlung, die bei jedem Menschen anders polarisiert ist, bewirkt den Rutenausschlag, denn dieser kommt ja nur in der Hand eines sensitiven Menschen zustande. Wie wir bereits gesagt haben, ist aber fast jeder Mensch mehr oder weniger sensitiv. Durch die verschiedene Polarisation bedingt, kommt es auch zu verschiedenen Ausschlägen der Rute in der Hand des Rutlers.

Wie schon Professor Voll festgestellt hat, geht die Rute bei den meisten Menschen über Wasseradern nach unten, bei einzelnen dagegen nach aufwärts, bei anderen gerät die Rute in vollkommen kreisartige Bewegungen und rollt gewissermaßen zwischen den Händen des Rutengängers. Einige Rutengänger erhalten im Stehen keinen Ausschlag, sondern nur im Gehen. Professor Endrieß stellte fest, daß die Reaktion bedeutend stärker wird, wenn der Rutengänger seine Muskulatur anstrengt, also sich in körperlicher Bewegung befindet; auch sei der Winter zum Rutengehen ungeeignet, da die Kälte die Sensibilität stark herabsetze. Das bestätigt die Erfahrungen alter Rutengänger, die den Sommer zum Rutengehen bevorzugen. Entsprechend fand Professor Voll, daß erwärmte Gegenstände heftigere Reaktionen hervorrufen als kalte.

Erfahrene Rutler wissen auch, daß die Rute in der Nacht schlechter reagiert als am Tag. Zahlreiche Rutengänger sind auch wetterempfindlich und können bei Regen nicht arbeiten. Der Anfänger sollte das wissen und bei seinen Übungen berücksichtigen.

In der Hand von Professor Voll bewegte sich die Rute über Wasser abwärts, über Eisen aufwärts. Durch Experimente zeigte sich, daß die Rute aber nur auf Brunnen- oder Quellwasser reagierte, nicht aber auf destilliertes Wasser. Ebenso wurde Blei von seiner Rute nicht angezeigt.

Kombinierte Ausschläge zeigten sich bei Professor Voll über einem Lager von eisenschüssigem Sandstein, einer Verbindung von Eisen und Silizium, wobei die Rute eine wippende Bewe-

RUTENAUSSCHLÄGE
NACH PROFESSOR DR. MED. ADAM VOLL

nach oben

dem Körper zugewandt

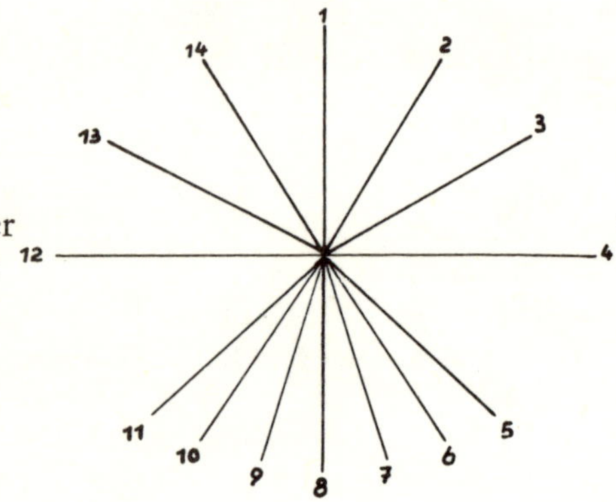

vom Körper abgewandt

nach unten

1. Gold, N, O, W – Silber, S, O, W – Kupfer, NO, SW;
2. Zinn, O, W;
3. Aluminium;
4. Ruhelage, positive Elektrizität;
5. Kohle, Diamant, O, W;
6. Petroleum;
7. Graphit, unterirdische Hohlräume;
8. Wasser;
9. starke Elektrizität;
10. Silizium, Magnesium;
11. Kalzium, Barium;
12. Mensch und schwache negative Elektrizität;
13. Kalium, Natrium;
14. Eisen, Nickel, NO, NW.

gung machte und sich zwischen Eisen- und Siliziumlage hin- und herbewegte:

„Man kann dann auch finden, welches Element im Übergewicht ist. Ist nämlich der Siliziumgehalt sehr groß, dann bleibt die Rute länger bei diesem Ausschlag und nimmt für eine kürzere Zeit die Eisenstellung ein. Bei etwas Erfahrung kann man eine annähernd richtige Abschätzung machen. Das Gleiche findet man an den Grenzen. Hier geht die Rute zwischen der dem betreffenden Stoff zugehörigen Stellung und der Ruhelage hin und her."

Das abgebildete Schema der Rutenausschläge nach Professor Voll zeigt, daß die Rute über Metallen nach aufwärts, über Nichtmetallen nach abwärts weist:

„Die Höhe des Ausschlages richtet sich bei den Metallen genau nach der Höhe der elektrischen Leitungsfähigkeit. Gold, Silber und Kupfer sind ja außerordentlich leitungsfähig; darum muß die Rute bei der Goldgruppe senkrecht in die Höhe steigen, während sie bei Wasser senkrecht nach unten gezogen wird, weil eben Wasser, das irgendeinen Stoff gelöst enthält, sehr leitungsfähig ist."

Bei allen Stoffen, die sich im menschlichen Körper befinden, schlägt die Rute auf denselben zu aus.

Professor Benedict ist allerdings der Überzeugung, daß ein falscher Rutenausschlag entweder auf den zu langen Gebrauch der Rute oder auf eine zu lange Arbeitszeit des Menschen zurückzuführen ist. Die Folgen sind mangelndes Wohlbefinden und, manchmal, das Auftreten von Schmerzen. Über die „rollende Rute" meint er:

„Wenn man über ein emanierendes (strahlendes) Objekt mit der Rute kommt, so muß man sorgfältig die Rute über die Stelle halten, in der sie ausschlägt. Geht man nun in einer etwas längeren Richtung vor, so wird bei jedem nahen Abschnitt, und zwar in kleinen Distanzen voneinander, ein neuer Ausschlag entstehen und sofort in derselben Richtung bei weiterem Vorschieben der Hände. Es kommt also ein ‚Rollen' zustande, und wenn man jetzt die Hände in umgekehrter Ordnung bewegt, so bekommt man ein Rollen in der entgegengesetzten Richtung."

Durch die Rute werden die beiden polaren (+ und —) Körperhälften zu einem Strom geschlossen. Manche Radiästheten sind der Meinung, daß die Rute durch den Gebrauch immer derselben Hand geeigneter wird. Sie begründen das damit, daß offenbar eine Art Anordnung in den kleinsten Teilchen geschaffen wird, welche die Leitung erleichtert. Deshalb sollte die Rute auch nur zum eigenen Gebrauch genützt und nicht in die Hand solcher Personen gelegt werden, die nur probieren wollen. Über die Polarität beider Körperschaften meint Professor Benedict:

„Die Untersuchung Gesunder ergibt im Durchschnitt 360 Grad Ausschlag über dem Kopf und denselben Ausschlag über dem linken Arm und der Hand der linken Seite. Über den rechten Extremitäten ist der Ausschlag in der Regel bei der Haltung der Rute nach allen Seiten Null. Was von den oberen Extremitäten gilt, gilt auch für die unteren."

Merkwürdig ist, daß die meisten Substanzen und Gruppen gerade einen Ausschlag nach einer Zahl von Quadraten ergeben (90°, 270° = 3 × 90, 360° = 4 × 90, 450° = 5 × 90, 540° = 6 × 90, 810° = 9 × 90 und 1170° = 13 × 90), wie Professor Benedict feststellte (vgl. nachfolgende Tafel der Rutenbefunde).

Die Rute kann aber auch wie der Pendel zur Krankheitsbestimmung des Menschen dienlich sein, insbesondere was Epilepsie und Geisteskrankheiten betrifft. „Vor allem ist es bei diesen Kranken häufig, da dieselben Reaktionen und überhaupt Reaktionen, wie in der linken Seite, auch rechts auftreten. Dabei sind die Ausschläge selbst an allen Stellen, meist bei vielen Formen, sehr hoch, bis zu 450 Grad und höher. Besonders über entzündlichen und eiternden Stellen steigt auch die Reaktion außerordentlich hoch. Die Rute zeigt auch Veränderungen an, welche zum Beispiel die Röntgenstrahlen nicht zu demonstrieren vermögen; sie lokalisiert Herde präzis, wo andere Methoden versagen", stellte Professor Benedict fest. Weiter heißt es in seinem 1916 erschienenen *Leitfaden der Rutenlehre:*

Ältere Darstellung eines Rutengängers auf der Suche nach einem Brunnen.

„Von der größten Wichtigkeit ist die gleichzeitige Untersuchung in der Dunkelkammer mit jener der Rute.*) In der Dunkelkammer ist beim normalen Menschen Stirne und Scheitel blau, die ganze linke Körperhälfte ebenfalls; die rechte Seite rot oder allenfalls bei einem dunkel angepaßten Orangegelb. Es fanden sich dabei zum Beispiel bei Epileptikern beide Körperhälften gleich gefärbt, gewöhnlich rot; bei schweren älteren Fällen von Gehirnkrankheiten erscheinen in der Dunkelkammer dunkle Stellen am Oberkopf, Unterkopf, auf der Stirn und in der Herzgegend. Auch andere Körperstellen können bei anderen Fällen emanationsschwach sein. Hochinteressant sind die Ergebnisse bei Leichen. Wenige Stunden nach dem Tod treten schon außerordentliche Veränderungen ein. Die Rutenreaktionen werden stärker, sie greifen rasch auf die rechte Seite über, und solange der Verwesungsprozeß im Grab dauert, zeigt die Rute – in allmählich sinkender Stärke – die Leichen an.“

Dem angehenden Rutengänger sei empfohlen, sich in praktischen Versuchen zu üben und die Ergebnisse seiner Übungen sorgfältig aufzuzeichnen. Auf diese Weise kann er sich sein eigenes Experimentierbuch herstellen, in dem alle seine Rutenausschläge nach Graden verzeichnet sind. Dieses ist richtungweisend für die Bestimmung aller Stoffe und Gegenstände.

---

*) Vgl. im ersten Teil dieses Buches das Kapitel *Der siderische Pendel,* worin die Dunkelkammerversuche und die dabei auftretenden Phänomene ausführlich geschildert sind.

Rutenbefunde nach Prof. Dr. Moritz Benedict

Stoff	*Rutenausschlag in Graden*
Petroleum, sehr verschieden	bald 450, bald 810, bald 1170 etc.
Benzin	450
Alkohol abs.	360+90
Äther	360+90
Gesunde Harne durchschnittlich	450
Harn mit Zucker	810
Würfelzucker (Rüben-)	5×90 (450)
Milchzucker	120+330
Butter	450
Milch	450
Schweine- oder Gänsefett	450
Elemente und Metalle	
Schwefel (S)	120
Phosphor (P)	100
Jod (J)	810
Quecksilber (Hg)	810
Kohle (C)	270
Mangan (Mn)	450
Silizium (Si)	90+270+90+90 (=540)
Tellur (Te)	120
Lithium (Li)	100
Selen (Se)	450
Thallium (Tl)	360+90 (=450)
Nickel (Ni)	810
Antimon (Sb)	90+270+90 (=450)
Blei (Pb)	360
Zinn (Sn)	450
Aluminium (Al)	810
Zink (Zk)	120
Silber (Ag)	90

Stoff	*Rutenausschlag in Graden*
Gold (Au)	90
Eisen (Fe)	90
„Reduziertes“ Eisen	810
Stahl	90
Kupfer (Cu)	400
Radium in Glaseprouvette (Ra)	810
Tantal (Ta)	450
Uran mit kleinen Spuren von Kohle (U)	90+270 (?)
Diamant (C)	400+360
Kalzium (Ca)	450
Kadmium (Cd)	450
Magnesium (Mg)	450
Brom (Br)	810
Natrium (Na) in Petroleum aufbewahrt, bei geöffneter Flasche mit breitem Hals	850+1170
Kalium (K) in Petroleum, enger Flaschenhals; offenbar Glasverladung von 90 Grad gegen Kaliumausschlag, daher 720 statt 810; 1170 bei Kalium und Natrium, offenbar Petroleumausschlag	1170+720
Chrom (Cr)	450
Wolfram (W)	810
Vanadium (V)	360
Schwedisches Rein-Nickel (Ni)	810
Cereisen (Ce Fe)	540 abgehackte Bewegung
Legierungen	
Messing	120+400

Stoff	*Rutenausschlag in Graden*
Chrom–Vanadium–Nickel–Stahl	90+450+360+810+90
(Vanadium 360, Chrom 450. Letzte 90 Grad mögen von Eisenspuren herrühren oder von einer Stahlrepetition sozusagen)	
Nickel-Stahl	90+810
Kupfer-Nickel-Legierung	400+810
Kupfer-Nickel-Zinn-Legierung	400+810+450
Ferrowolfram	90+810
Ferrovanadin	90+360
Ferrochrom	90+450

Säuren

Phosphorsäure (10 %)	120
Schwefelsäure (10 %)	120
Kieselsäure (2,5 %)	120
Arsensäure	120
Borsäure	120
Salzsäure (10 %)	120
Salzsäure (1 · 12)	120
Pyrogallussäure	120
Gerbsäure (Pulver)	120
Ameisensäure	120+330 (=450)
Zitronensäure (Pulver)	120
Milchsäure (flüssig)	120
Oxalsäure (flüssig)	120
Eisessig (flüssig, konz.)	120
Karbolsäure (3 %)	450
Zinnsäure	120+330 (=450)
Chromsäure	120+330 (=450)
Salpetersäure	450+810
Karbolsäure (konz.)	450

Stoff	*Rutenausschlag in Graden*
Pikrinsäure (konz.)	120
Schweflige Säure	120
Benzoesäure (Pulver)	120
Salizylsäure	120 + 330 (= 450)
Basen	
Ätzkali (Stangenform)	120
Ätznatron (Stangenform)	120
Bleioxyd (Pulver)	120
Zinkoxyd (Pulver)	450
Arsentrioxyd (Pulver)	810
Kupferoxyd (Pulver)	450
Ammoniak	450
Bariumoxyd (Pulver)	450
Chromoxyd	450
Eisenoxyd	810
Eisenoxyduloxyd (Magneteisenstein)	810
Einfache Salze	
Kalihydrojod (Pulver)	120 + 330
Natriumhydrojod (Pulver)	120 + 330
Chlornatrium	120 + 330
Chlorkalzium (Pulver)	120 + 330
Schwefelantimon	120 + 330
Kalihydrobrom	120 + 330
Natriumhydrobrom	120 + 330
Ammoniumhydrobrom	120 + 330
Natriumbromid	120 + 330
Talkum	450
Schwefelkalzium	120 + 330
Schwefeleisen	120, dann zurück 120, dann hinunter 90
Eisenuran	450

Stoff	*Rutenausschlag in Graden*
Zusammengesetzte Salze	
Ferr. sulfuricum	450
Cupr. sulfuricum	450
Lithiumkarbonat	120+330
Strontiumkarbonat	120+330
Mangankarbonat	120+330
Natriumphosphat	120+330
Ammoniumphosphat	120+330
Eisenphosphat	450 (12+330)
Chromphosphat	120+330
Bariumnitrat	120+330
Natronnitrat	120+330
Kadmiumnitrat	120+330
Kaliumnitrat	120+330
Urannitrat	450 (12+330)
Bariumkarbonat	450
Ammoniumkarbonat	120+330
Bleinitrat	120+330
Zinksulfat	450 (ohne Unterbrechung)
Nitr. argent.	120+330
Salmiaksalz	120+330
Alaun	120+330
Chrom-Alaun	90 dann zurück 450
Magnesiumkarbonat	120+330
Kohlensaures Kali (Pottasche)	120+330
Weinstein	120+330
Unterschwefelsaures Natron	120+330
Borax ($Na_2 B_4 O_7$)	120+330
Soda bicarbonata	120+330
Gelbes Blutlaugensalz	120+330
Kalium-Natrium-Superoxyd	90 (schwach) + noch schwächer 90 dann schnellend 270
Uran-Natrium-Chlorid	540

Stoff	*Rutenausschlag in Graden*
Erze	
Pechblende–Silber (?)	450+90
Ozokerit (Erdwachs), (Gold oder Silber, Eisen ?, Petroleum)	90+810+90
Malachit	450
Reinste Pechblende	1170
Lignit	450
Bleiglanz	360+90
Pflanzen	
Blühende Tulpe	
über der Blüte	810
über einer sich bereits öffnenden Knospe	360
über den Blättern am Boden	180
Pelargonie	
über die Blüte	480
über der Knospe	370
über den Blättern	300
Im allgemeinen über nicht blühenden Pflanzen	450
Bakterien	1170
Wasser	220

Über die Tiefenbestimmung

Alle Strahlen wirken um so intensiver, je senkrechter sie auftreffen. Je schräger sie verlaufen, um so schwächer werden sie. Der nachfolgende Versuch wird das deutlich machen.

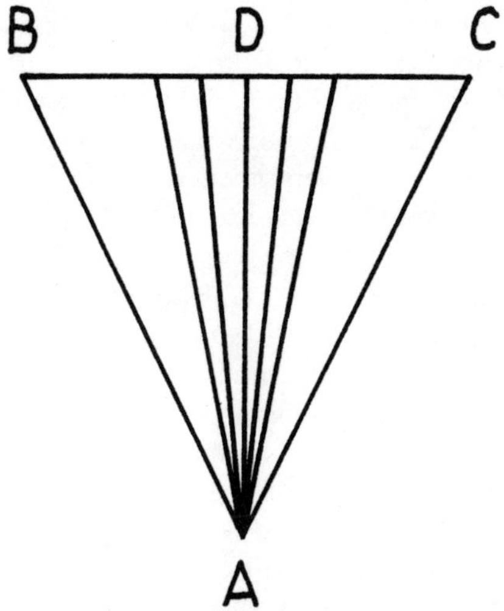

Auf unserer Zeichnung liegt bei A eine Quelle, die zunächst senkrechte Hauptstrahlen nach D in die Höhe sendet. Je weiter man nach außen kommt, desto geringer werden die Strahlen, d. h. je weiter man sich von der Quelle entfernt, je mehr nimmt die Strahlungsintensität ab. Die Stellen, an denen wir zu beiden Seiten keine Strahlungen feststellen können bzw. die ersten schwachen Strahlen muten können, sind mit B und C gekennzeichnet. Wie unsere Zeichnung verdeutlicht, zeigt sich in den Punkten A–B–C ein gleichschenkeliges Dreieck. Der Tiefe der Quelle entspricht die Entfernung B–C.

Der Ausschlag, den der Rutengänger bei D empfängt und der die Quelle selbst anzeigt, wird als Hauptstrahl bezeichnet, während die Ausschläge bei B und C Ankündigungsstrahlen genannt werden, da durch sie die Quelle angekündigt wird.

Beide Strahlenarten sind leicht auseinanderzuhalten. Wenn sich der Rutler über dem Hauptstrahl langsam im Kreis dreht, wird die Rute fast überall ihren Ausschlag beibehalten und nur an einer Stelle in ihre Ruhelage zurückfedern. Diese Stelle aber zeigt die Richtung des Wasserlaufes an.

Dreht man sich nun über den Ankündigungsstrahlen im Kreis, dann hört der Ausschlag sofort auf, wenn man sich von der Quelle abwendet. Die Rute reagiert also auf die veränderten Strahlenverhältnisse durch Schlagen. Dieses Phänomen haben sowohl Professor Voll als auch Professor Benedict eingehend beschrieben und berechnet, so daß uns der verhältnismäßig komplizierte Nachweis an dieser Stelle erspart bleiben kann.

Liegt die Quelle in geringer Tiefe, dann folgen die Ankündigungsstrahlen rasch zweimal hintereinander und können in manchen Fällen sogar mit dem Hauptschlag zusammenfallen. Liegen aber die Ankündigungsstrahlen erheblich voneinander entfernt, so kann man daraus schließen, daß sich die Wasserquelle in erheblicher Tiefe befindet. Bei einer Begehung, bei der eine Quelle in 700 Metern Tiefe vermutet wurde, zeigte sich zum Beispiel ein gruppenweises Auftreten der Ankündigungsstrahlen, und zwar siebenmal je fünf oder sechs Schläge. Da noch einige Fehlerquellen auftreten können – sowohl durch die geologischen Verhältnisse als auch durch die Person des Rutengängers bedingt –, gilt folgendes Gesetz nach Professor Voll:

Die Entfernung des ersten Ankündigungsstrahles vom Hauptstrahl bedeutet die halbe Tiefe des Wasserlaufes.

Was für das Wasser gilt, gilt auch für die Mineralien und Erze, wobei man allerdings noch zusätzlich die Mächtigkeit eines Lagers abschätzen kann. In unserer nachstehenden Zeichnung wird die Mächtigkeit eines Kohle- oder Erzlagers durch die Entfernung A – A1 gekennzeichnet. Natürlich leuchtet es dem Radiästheten ein, daß sowohl vom Punkt A als auch vom Punkt A1 Strahlungen ausgehen, wobei sich zwei verschiedene Arten von Ankündigungsstrahlen zeigen: B entsprechend C und B1 entsprechend C1. Dabei zeigen B und C den unteren Boden des Flözes an, B_1 und C_1 dagegen die obere Decke. Der Abstand B – B_1 und C_1 – C, der in der Regel gleich groß sein muß, signalisiert also die Mächtigkeit des Flözes, während bei A_2 der eigentliche Hauptausschlag erfolgt. Liegt nun die Decke des Lagers (A_1) dicht unter der Erdoberfläche, so kann es geschehen, daß B_1 und C_1 mit A_2 zusammenfallen und nur mit den Punkten B und C der Boden des Lagers angezeigt wird.

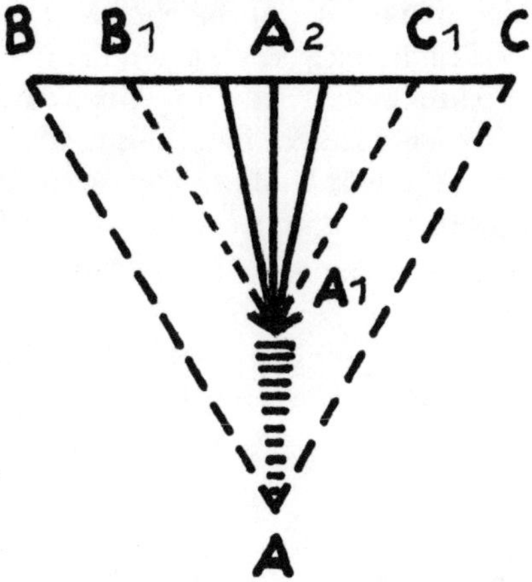

Mächtigkeitsbestimmung eines Erzlagers.

Die Praxis des Rutengängers sieht so aus: Mutet der Rutler einen Ankündigungsstrahl, so bestimmt er durch kreisförmige Drehung die Richtung, in welcher er weiter zu suchen hat, d. h. dorthin, wo die Rute ausschlägt. Der Hauptschlag wird sich deutlich bemerkbar machen. Die Entfernung des Ankündigungsstrahls bzw. der Strahlen lassen auf Tiefe und Mächtigkeit des Lagers schließen.

Erscheint dem Rutengänger eine gemutete Wasserquelle zu tief liegend, so wird er zweckmäßigerweise danach trachten, ob diese Quelle nicht an anderer Stelle erheblich höher gefaßt werden kann. Liegt die erste, tiefere Ortung etwa im Tal, so wird er den Wasserlauf entsprechend den Bergen hinauf verfolgen (vgl. im ersten Teil unseres Buches das Kapitel *Gesundheit:*

Besser schlafen). Das ist verhältnismäßig einfach, denn verläßt der Rutler den unterirdischen Wasserlauf nur um weniges zur Seite, federt die Rute in die Ruhelage zurück. Da, wo die Rute eine wippende Bewegung von der Ruhelage bis zum Wasserausschlag macht, hat man die Quelle erreicht. Manchmal entsteht auch eine Quelle durch den Zusammenfluß mehrerer Adern.

Ähnliches findet man bei der Suche nach Metallen und Kohle, denn wenn man den Bereich des Flözes überschreitet, schlägt die Rute nur in Richtung des Flözes aus. Über mächtigen Lagern und ergiebigen Quellen hat man das Gefühl, als ob man in den Oberarmen elektrisiert würde. Besonders Sensitive geben an, daß dabei sogar Schmerzen auftreten.

In diesem Zusammenhang sei vor allen Dingen auf das kleine Buch von Geheimrat Prof. Dr. Johannes Walther, dem bekannten Geologen und Paläontologen aus Halle, mit dem Titel *Das Rätsel der Wünschelrute* verwiesen (München 1954).

Über die Tiefenbestimmung mit der Rute berichtete der österreichische Major des Ingenieurkorps Karl Beichl an Professor Benedict:

„Die nachfolgend kurz erörterte Methode der Tiefenbestimmung erhebt weder den Anspruch, die beste zu sein, noch als unfehlbar zu gelten, auch ist für sie noch kein wissenschaftliches Gewand zugeschnitten. Wohl aber haben die mit ihr erzielten oft verblüffenden Ergebnisse manchen skeptischen Intellektuellen in einen warmen Anhänger des Wünschelrutenphänomens umzuwandeln vermocht.

Vermutlich ist die Tiefenbestimmung ebenso individuell verschieden wie der Ausschlag der Rutengabel bei den einzelnen Rutengängern über gleichen Substanzen und wie die Haltung der Gabel selbst. Bei der zu beschreibenden Methode stellt sich der Rutengänger mit der gewöhnlichen Holzrute, welche beide Hände am Untergriff umfassen und in die horizontale Ausgangsstellung bringen, über die emanierende Substanz. Schon nach wenigen Sekunden wird sich der typische Rutenausschlag einstellen, der der betreffenden Substanz nach der Intensität

WASSERMUTUNG NACH PROF. DR. MORITZ BENEDICT

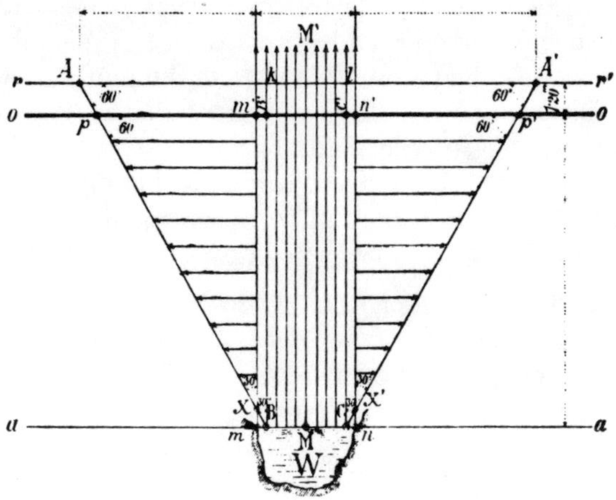

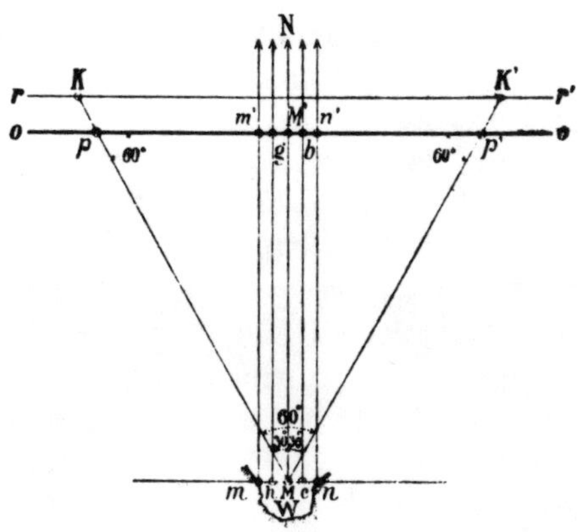

In beiden Abbildungen bedeutet W den Wasserquerschnitt, die Linie m–n deren Oberfläche. Die Linien o–o bedeuten die Oberfläche der Erde, auf welcher der Untersuchende sich quer bewegt. Die vertikalen Linien m–m' und n–n' bedeuten die äußeren Grenzen der vertikalen Emanationssäule m–n–n'–m'. Die Linie r–r' bedeutet die Ebene, in der die untersuchende Rute bewegt wird, und A–A' in der oberen Abbildung und K–K' in der unteren Abbildung die Punkte, an welchen die Schräglinien C–p' und B–p in der oberen und M–p und M–p' in der unteren Abbildung die Linie r–r' erreichen.

ihrer Strahlung zukommt. Ist der dieser Substanz eigentümliche Winkel des Rutenausschlages erreicht, was dem Rutengänger auch in einem vorübergehenden Entspannen des Gefühls in den inneren Handflächen zum Bewußtsein kommt, so wird die Gabel stillstehen. Hierauf wird wieder die horizontale Ausgangsstellung eingenommen, die Gabel ausschwingen gelassen und dieser Vorgang so lange wiederholt, bis die Gabel in der Ausgangsstellung oder in einer Zwischenlage beharrt und auch nach längerem Zuwarten keine Bewegung mehr eintritt.

Die erzielte Anzahl der Rutenausschläge hat sich der Rutengänger zu merken; denn diese Zahl mit einem vorher ermittelten Koeffizienten multipliziert, ergibt die Tiefe der emanierenden Substanz unter dem Standpunkt.

Die Bestimmung dieses Koeffizienten hat der Rutengänger durch vielfache Versuche in der Weise vorzunehmen, daß er, über in bekannter Tiefe befindlichen emanierenden Substanzen stehend, ermittelt, wie viele Ausschläge die Rutengabel auf einem und demselben Standpunkt zu produzieren vermag, und die bekannte Anzahl der Tiefenmeter sodann durch die Zahl der erzielten Rutenausschläge dividiert. Diesbezügliche Versuche werden sich über unterirdischen Wasserleitungsröhren, Kabeln und wasserführenden Kanälen, deren Tiefenlage bekannt ist, über Quellaustritten, in Bergwerken, dann bei Schachtbauten und Tiefbohrungen, bei welchen emanierende Substanzen verzeichnet werden, leicht durchführen lassen.

Vorbedingung bei der praktischen Tiefenbestimmung ist, daß der Rutengänger sich bemühe, jede Voreingenommenheit von sich fernzuhalten. Hat er beispielsweise die Aufgabe, die Stelle für eine Tiefbohrung auf Wasser zu suchen, so vermeide er es, sich nach der Tiefe der in der nahen Umgebung bereits ausgeführten gleichen Bohrungen zu erkundigen. Tritt nämlich der Fall ein, daß die Gabel durch vorübergehendes Zögern eine andere emanierende Substanz – zum Beispiel einen Lignitschmitz – zufällig in derselben Tiefe anzeigt, in der den eingeholten Erkundigungen zufolge andere Bohrungen Wasser ergeben hatten, so ist der Rutengänger nur zu leicht geneigt, die Tiefen-

Ältere Darstellung eines Wünschelrutengängers.

bestimmung als beendet anzusehen und eine Übereinstimmung zwischen der gesuchten und der früher erbohrten Tiefe anzunehmen, während in Wirklichkeit das gesuchte Wasser erst in einer bedeutenderen Tiefe sich vorfindet. Die Versuchung hierzu ist um so größer, als die Bestimmung speziell größerer Tiefen äußerst ermüdend wirkt. Auch halte sich der Rutengänger vor Augen, daß oft nur unweit voneinander gelegene Bohrstellen das Wasser dennoch aus beträchtlich verschiedenen Tiefen liefern können. Aber selbst in dem Fall, daß die mit der Gabel ermittelte und später mit positivem Resultat erbohrte Tiefe mit jener identisch ist, welche durch Erkundigungen über bereits früher durchgeführte Bohrungen erhoben wurde, wird dies weder den ernsten Rutengänger voll befriedigen, weil der die Mitwirkung einer Autosuggestion immerhin für möglich halten wird, noch auf den skeptischen Beobachter überzeugend wirken, der jedenfalls sofort auf die Zwecklosigkeit der Wünschelrute hinweisen dürfte.

Um Irrtümern vorzubeugen, empfiehlt es sich, bei der Tiefenbestimmung auf Wasser vorher das Umterrain nach dem Vorkommen anderer strahlender Substanzen, zum Beispiel Kohle oder Erze, abzusuchen und auch deren Tiefenlage zu bestimmen, da es darunter solche gibt, die – vermutlich infolge der größeren Intensität ihrer Strahlung – eine richtige Tiefenbestimmung auf Wasser überhaupt unmöglich machen, wie Bauxiterde im Karstkalk.

Wichtigere Tiefenbestimmungen sollen bei einem vollkommen ausgeruhten und seelisch im Gleichgewicht befindlichen Organismus durchgeführt und womöglich zu verschiedenen Tageszeiten und bei verschiedenen Witterungsverhältnissen überprüft werden, um physische und psychische Hemmungen sowie atmosphärische Störungen tunlichst auszuschalten. Das Bestreben des ernsten Rutengängers ist darauf gerichtet, die infolge der strahlenden Substanz in seinem Körper ausgelösten und durch die Wünschelrute sichtbar registrierten Reaktionen richtig und logisch zu werten, wozu Selbstbeobachtung und Kombination unerläßliche Vorbedingungen sind. Man gebe ihm daher speziell bei der Tiefenbestimmung die Möglichkeit, seine Gedanken auf den Gegenstand zu konzentrieren, und halte ihm zu diesem Zweck aufdringliche Zuseher vom Leib.

Zum Schluß wären noch einige Worte über den Grad der Genauigkeit zu sagen, der bei den Tiefenbestimmungen erreicht werden kann. Nach meinen Erfahrungen, welche bei Ausführung von einigen hundert Bohrbrunnen und sonstigen einschlägigen Arbeiten auf dem Gebiet der Wünschelrute gesammelt werden konnten, ist es möglich, eine derartige Genauigkeit zu erzielen, daß bei 100 Meter Bohrtiefe eine Toleranz von 5 vom Hundert nicht überschritten wird. Dieses Verhältnis wird bis zu 500 Meter Tiefe wesentlich ungünstiger. Der Bestimmung von Tiefen über 800 Meter hinaus dürfte durch die zumeist inzwischen eingetretene Erschöpfung des Rutengängers eine Grenze gesetzt sein."

III.

Erfahrungs-berichte

Rutenkünstler in der Dunkelkammer

(Professor Dr. Moritz Benedict)

Es war vorauszusehen, daß besonders sensitive Rutenfähige charakteristische Erscheinungen in der Dunkelkammer haben werden.

Da traf sich die Gelegenheit am 3. Oktober 1915, als das Fräulein Lintrup bei mir erschien und von Herrn Póra in der Dunkelkammer untersucht werden konnte.

Die Dame ist klein und wenig beleibt. In der Dunkelkammer erscheint ihre Leuchtfigur riesig, erhöht und verbreitert und sehr stark leuchtend. Die auftauchenden Farben sind sehr intensiv, normal verteilt. Stirn und Scheitel blauleuchtend. Herr Póra sieht gewöhnlich Orangegelb statt Rot, ohne emanationsblind zu sein. Bei der Lintrup erscheint die rechte Seite blau, die linke von der Stirn bis zur Zwerchfellhöhe hinab rot, dann weiter hinab orangegelb, die Füße wieder rot. Die Daumen sehr verbreitert und ihre Emation besonders verlängert.

Man sieht: exzessive Emanation als charakteristisch für diese Rutengängerin.

Zu bemerken ist, daß sie nicht bloß auf unter ihr emanierende Stoffe mit der Rute reagiert, sondern auch für Laboratoriumsversuche gleich geeignet ist. Ihre leichte Stahlrute mit Öse verhalf mir selbst schon wenige Tage später zur vollen Rutenfähigkeit, nicht bloß im Laboratorium, und ich konnte fortan parallel und allein arbeiten. Unsere Resultate stimmten vollständig überein.

Wenige Tage später hatten wir Gelegenheit, unsere heimische, berühmte Rutenkünstlerin Madame Tyköri zu untersuchen. Sie ist wenig empfindlich für Laboratoriumsversuche, aber enorm empfindlich für von unten aufsteigende Emanationen.

Die Emanationsfigur der stattlichen Dame erschien in der Dunkelkammer nicht so exzessiv wie bei der Lintrup (entsprechend der einseitigen Rutenbefähigung?). Als die Farben aufleuchteten, zeigte sich folgende Merkwürdigkeit: Herr Póra fragte die Dame, ob sie leidend sei, und er bezeichnete die schmerzhafte Stelle an der linken Schulter, in der Halsgegend, welche die Dame als die leidende bestätigte. Das Rot dieser Stellen war verschleiert, um bald unsichtbar zu werden und bald wieder aufzutauchen. Und das wiederholte sich während der ganzen Beobachtung. Es schien, als ob die betreffenden Stellen abwechselnd abgehackt würden, um wieder angelegt zu werden.

Die Dame hat vor wenigen Tagen eine stark emanierende Stelle überschritten, ohne die sonst ableitende Rute bei der Hand zu haben. Es war also der innere Emanationsstrom an diesen Stellen in Unordnung geraten und dadurch das Leiden entstanden, das ich als „emanatorischen Rheumatismus“ bezeichne.

Bei der darauffolgenden Rutenuntersuchung der genannten Gegend trat ein furchtbarer Schmerzanfall auf, der sich durch Durchzucken durch die Nerven äußerte und erst nach etwa 20 Minuten abzuklingen begann.

Wir haben also zwei Haupttypen von Rutenfähigen.

Der erste Typus ist durch Fräulein Lintrup repräsentiert. Dieser Typus fühlt die unter ihren Füßen verborgenen Emanationen auch ohne Rute, ohne davon leicht krankhaft affiziert zu werden, und zweitens genügt ihr Körperstrom ohne Ladung von unten zum Gelingen der Rutenausschläge im Laboratorium, und zwar quantitativ ganz so wie bei der Ladung von unten. Der zweite Typus wirkt nur bei einer Ladung von unten, wobei ohne Gebrauch der Rute leicht eine schwere Störung der Körperemanationen entsteht (Typus Tyköri).

Es gibt noch einen sekundären Typus des ersten, der beide Haupteigenschaften des ersten in geringem Grad besitzt. Ein Repräsentant dieser Art – Herr Oberinspektor Karl Kamptner, 58 Jahre alt, gesund – wurde ebenfalls in der Dunkelkammer untersucht. Seine „Aura“, das ist die Lichthülle des Körpers, war durchaus breiter und höher als gewöhnlich; die Leuchtintensität bedeutend gesteigert. Farben normal und intensiv. Eine für den Sachkenner bedeutsame Erscheinung ist die starke Leuchte der Füße, die auf den Boden übergriff, und zwar in beiden Farben, links rot, rechts blau.

Erkrankungen über Reizstreifen

(Rutenmeister Hans Dannert)

Schon während des Ersten Weltkrieges war ich Rutengänger der Kronprinzenarmee. Anschließend war ich längere Zeit in Spanien tätig und in den Jahren 1930 und 1931 in Südafrika, wo ich für die dortige Regierung und für Farmer Wassersuchen vorzunehmen hatte. Auf Grund dieser Tätigkeit und durch die Möglichkeit, die angegebenen Stellen durch eine Erschließung nachzukontrollieren und damit die Ursache einer Fehlmutung festzustellen, hatte ich mir mit der Zeit eine große Sicherheit in der Feststellung unterirdischer Wasservorkommen angeeignet.

In Südafrika erhielt ich eines Tages ein Schreiben des Chefarztes eines großen südafrikanischen Krankenhauses. Er bat mich, bei einer Anzahl von ihm benannter Farmer zu untersuchen, ob deren Anwesen von Wasserläufen unterzogen seien, wenn ja, diese in einer Skizze eines Grundrisses des Farmerhauses einzutragen und ebenfalls die Bettstellen der Bewohner mit einzuskizzieren. Das machte ich gewissenhaft. Als ich den Arzt später aufsuchte, erklärte er mir folgendes:

„Ich habe in der neuen deutschen Literatur von der Vermutung gelesen, daß zwischen Wasseradern und Krebserkrankungen ein Zusammenhang bestehe. Bei sechs Krebskranken, die ich hier hatte, hat mir nun ihre Skizze bewiesen, daß diese über Wasseradern geschlafen haben. Dies bestätigt mir die Vermutung der deutschen Forscher. Unter den Eingeborenen ist nie eine Krebserkrankung beobachtet worden. Der Grund liegt wohl darin, daß diese Leute viel umherwandern und ihre Pontoks verlassen, um anderwärts wieder neue zu erbauen."

Diese Feststellungen des Arztes interessierten mich sehr. Ich nahm mir vor, nach meiner Rückkehr nach Deutschland mit Hilfe eines Physikers zu versuchen, ein objektives Empfangsgerät zu entwickeln.

In Hagen war als Lehrer am Gymnasium ein Physiker, Herr Dr. Henrich. Als ich mich an diesen wandte, lehnte er zunächst ab, weil er es nicht für möglich hielt, daß irgendwelche elektromagnetische Vorgänge aus der Erde vorliegen könnten, welche nicht von der Wissenschaft irgendwie angesprochen oder registriert worden seien. Nach wenigen Tagen machte er aber einen anderen Vorschlag, und zwar den, einen Sender zu bauen, um mit diesem alle möglichen Wellenarten in eine Antenne zu bringen. Wenn dann über einer der gesandten Wellen ein Ausschlag wie über einem Wasserlauf erfolgen würde, könnte er an der Sendung feststellen, um welche elektromagnetischen Vorgänge es sich handle. Dieser Weg leuchtete mir sofort ein. Ich pachtete ein leerstehendes Haus und richtete Herrn Dr. Henrich ein Laboratorium ein, in dem er einen passenden Sender installierte. Die Versuche glückten erst nach längeren Mißerfolgen, als Doktor Henrich Kippschwingröhren in den Sender einbaute. Als ich dann an einem Novembernachmittag einen Ausschlag wie über Wasser erhielt, erklärte Dr. Henrich, er habe eine ultralange Welle schwächster Intensität gesandt.

Bei den weiteren Versuchen konnte festgestellt werden, daß eine Erhöhung der Intensität die Schwächung des Rutenausschlages hervorrief, und daß dieser sogar bei der Intensität der Rundfunksendung, obgleich die Frequenz noch ultralang war, ganz ausblieb. Zum erstenmal erhielten wir mit diesem Versuch die Neuerkenntnis, daß es sich bei den sogenannten Erdstrahlen nicht um radioaktive Gammastrahlen handelt, sondern im Gegensatz hierzu um ultralange Wellen schwächster Intensität.

Selbstverständlich können auch in Erdspalten radioaktive Vorgänge als Reizwellen für die biologische Wirkung mitverantwortlich sein.

Um nun weiter den Beweis zu erbringen, daß es sich auch bei künstlich erzeugten Wellen zum Beispiel von 1,8 Hertz um die gleichen physikalischen Vorgänge handelt wie in der Natur, interessierte ich einen deutschen Professor für ähnliche Versuche über künstlich erzeugte Wellen mit dem Henrichschen Sender, ebenfalls mit der Frequenz von 1,8 Hertz. Diese Versuche wurden in den Jahren 1937 und 1938 ausgeführt, und zwar in einem staatlichen Institut. Leider wurden sie durch Ausbruch des Krieges und damit vor Abschluß und vollständiger Auswertung unterbrochen. Die in den zwei Jahren gemachten Feststellungen ähnelten nach der biologischen Seite hin bei Pflanzen wie auch bei den Tieren den Versuchen in Aarau und München, welche über natürlichen Strahlungen durchgeführt worden waren.

Durch Zufall stellte es sich sogar heraus, daß, wenn die Frequenz von 1,8 Hertz nicht genau im Sender eingehalten wurde, die Tumorbildung bei den Tieren zum Stillstand kam. Leider wurden durch den Krieg diese für die Wissenschaft und für die Menschheit so wertvollen Versuche nicht weiter verfolgt.

Die Messung der Frequenz der „Erdstrahlen" erfolgt durch das sogenannte Rutenaggregat. Es besteht aus Ampullen, welche ganz bestimmte Elementenstoffe enthalten. Diese Stoffe werden in eine Gabel aus Kunststoff eingesetzt. Der Rutengänger kann nur dann einen Ausschlag mit dieser Rute erhalten, wenn die Frequenz des darin eingesetzten Elementes derjenigen des untersuchten Objektes bzw. Reizstreifens entspricht.

Schon vor Schaffung dieses Instruments konnten Rutengänger übereinstimmend feststellen, daß einzelne Reizstreifen einen kurzen und harten Ausschlag auslösten und daß in diesem Fall meist Krebserkrankungen über diesem Reizstreifen festgestellt wurden. Bei anderen Erkrankungen, wie Rheuma, war der Ausschlag weicher und löste sich langsamer aus. Ich bat Dr. Henrich, mir zu helfen, diese einzelnen Erscheinungen zu differenzieren. Wir hatten jedoch festgestellt, daß in einzelnen Gebieten die Reizstreifen vorwiegend Krebs, in anderen dagegen Rheuma oder Nervenerkrankungen auslösten. Es mußte ein Unterschied entweder in der Frequenz oder in der Intensität der Wellen vorliegen. Mit nur menschlichem Erfühlen war es unmöglich, diese Verschiedenheiten zu differenzieren.

Dr. Henrich wies nun darauf hin, daß jedes Element eine Eigenstrahlung habe und daß wir daher die Elemente suchen müßten, mit denen wir über den einzelnen Reizstreifen Reaktionen erzielen könnten und über anderen nicht.

Bei Benutzung eines ziemlich selten vorkommenden Elementarstoffes erhielt ich eine Rutenreaktion über einem krebserzeugenden Streifen, die sich über anderen nicht ergab. Nun wurden durch den Henrichschen Sender so lange verschiedene Wellen gesandt, bis wir mit dem gefundenen Stoff wieder einen Rutenausschlag erhielten. Nun konnten wir mit dem Sender feststellen, daß die Frequenz von 1,8 Hertz der Schwingung jenes Elementes entspricht.

Auf Grund dieser Ergebnisse arbeitete ich dann in dem staatlichen Institut bei den Versuchen mit Tieren und Pflanzen mit dem Henrichschen Sender und mit der Welle 1,8 Hertz und erreichte bei 68 Prozent der Versuchstiere Naturkarzinombildung und bei den Pflanzen Mißwuchs genau wie über natürlichen Reizstreifen.

Diese jahrelang fortgesetzten Versuche und Forschungen ergaben, daß wir unter Reizzonen oder pathogenen „Erdstrahlen" physikalische Vorkommen mit den Frequenzen zwischen 1 und 10 Hertz verstehen.

Weiter haben unsere Forschungen ergeben, daß Frequenzen von 0,89 bis 2,4 Hertz Blut- und Wachstumsstörungen hervorrufen, und zwar sowohl bei Menschen als auch bei Tieren und Pflanzen. Diejenigen zwischen 1,5 und 5 Hertz erzeugen Nervenstörungen und diejenigen schließlich zwischen 5 und 10 Hertz Organstörungen.

Ich bin überzeugt, daß es möglich ist, mit einer dieser Frequenzen, zum Beispiel der Nervengruppe, durch Bombardierung des Objektes ganz erhebliche gesundheitliche Störungen des Nervensystems auszulösen. Dasselbe gilt auch für alle anderen Gruppen.

Die Erklärung der Apparatur und der Funktion unseres Abschirmgerätes „Phylax" möchte ich dahin zusammenfassen:

Die Anregung gab der Physiker Dr. Henrich. Es gelang uns mit diesem Gerät, dessen Apparatur auf dem Prinzip der Interferenz beruht, die durch einen Schwingungskreis erzeugt wird, die Wirkung der „Erdstrahlen" zu neutralisieren. Exakte physikalische Überprüfungen der Phylaxgeräte mit magnetometrischen Apparaten haben gezeigt, daß durch sie die Reizstreifenwirkung tatsächlich neutralisiert wird, was sich im Meßkurvenbild deutlich ausdrückt.

Die Rute allein genügt nicht

(August von Bischoping)

Geboren bin ich 1894. Mein Beruf ist Rutenmeister. Ich lebe in Neuastenberg im Hochsauerland und bin Berater für Wasserbeschaffung und Spezialist für die Erschließung von Erz-, Uran-, Erdöl- und Kohlevorkommen. Als Junge von sieben Jahren entdeckte ich meine Begabung für das Rutengehen. Es war damals im Jahr 1901, als einem Bauern im sauerländischen Cobbenrode ein Brunnen versiegte. Da erinnerte man sich an einen meiner Vorfahren, einen Herrn von Schloß Schnellenberg bei Attendorn, der als Rutengänger berühmt war. Was dem Ahn gelang, sollte dem Jungen glücken. Man drückte mir eine Haselrute in die Hand, und diese schlug auch tatsächlich an einer Stelle aus. Damit war der neue Brunnen gefunden.

Neun Jahre später erinnerten sich Markscheider in Meggen an der Lenne, die bis dahin vergeblich nach Schwefelkies und Schwerspat gesucht hatten, an meinen ersten Erfolg. Wieder hatte ich Erfolg. Als Angehöriger einer Rutengänger-Kompanie im Ersten Weltkrieg habe ich dann über tausend Brunnen an der Westfront gefunden. Als Bauschüler und späterer Zimmerpolier entschloß ich mich nach der Heimkehr, so viele geologische Kenntnisse wie möglich zu erwerben.

Nach achtjähriger Ausbildung erwarb ich 1936 das Diplom eines Rutenmeisters der Fachschaft deutscher Rutengänger. Ich habe sehr früh erkannt, daß es nicht allein genügt, nur mit der Rute loszuziehen, man muß auch – wobei man sich auf Kenntnisse und Erfahrungen stützt – wissen, wo etwas liegt, was es ist und wieviel.

Einen meiner größten Erfolge konnte ich 1957 in Spanien verzeichnen, wo ich in viermonatiger Arbeit bei Ponferrada ein Gebiet von 120 Kilometern Länge erschloß. Man hatte mich geholt, nachdem zahlreiche Schürfungen und Bohrungen nach abbauwürdigen Erzlagern ohne Erfolg geblieben waren. Ich mutete an anderer Stelle als die Geologen ein Lager von großer

Mächtigkeit und behielt recht. Von 1957 bis 1961 wurden allein in dem nach mir benannten „Felon Augustus“ bereits 750.000 Tonnen wertvolles Erz gefördert.

Meine Haupttätigkeit erstreckt sich allerdings auf die Wassersuche. Zahlreiche Dankschreiben von Brauereien, Gemeinden, Stadtwerken und Industriefirmen beweisen meine erfolgreiche Tätigkeit. Da schrieb mir zum Beispiel der Bürgermeister einer sauerländischen Gemeinde: „Wenn wir Ihnen, gegen den Willen des Wasserwirtschaftsamtes und trotz aller Unkenrufe, volles Vertrauen schenkten und Sie uns zum Erfolg verhalfen, so sollte man auch seitens der Wasserwirtschaftsämter mit einem Mann, der – wie Sie – wirklich etwas kann, zusammenarbeiten.“

Es ist eine ärgerliche Sache. Die amtlichen Geologen sind gegen mich. Ich bin der meistgehaßte Mann bei den Wasserwirtschaftsämtern und bei den Geologischen Landesanstalten. Die Herren halten nun einmal nichts von Rutengängern. Dabei habe ich bewiesen, daß durch meine Methode den Firmen viel Geld erspart worden ist, denn Fehlbohrungen sind teuer und 100.000 Mark kein Pappenstiel.

Wie Bad Wiessee einem Rutengänger die Entdeckung seiner Jodquellen verdankt, so legte ich durch die Entdeckung ergiebiger Schwefelquellen den Grundstock für das Schwefelbad Leveren bei Minden.

Ich habe das wohl zweitgrößte Erdölvorkommen in der Bundesrepublik entdeckt. Es hat eine Ausdehnung von 800 × 3000 Metern und liegt nur 100 bis 120 Meter tief. Aber die Stelle, wo dieser Millionenschatz an flüssigem Gold liegt, will ich nicht eher verraten, bis man mir eine fünfprozentige Beteiligung an der Förderung zugesichert hat. Es tut mir jedesmal in der Seele weh, wenn ich an der Stelle vorbeifahre, wo dieser unermeßliche Schatz ruht. Aber bis jetzt hat mir noch keine Gesellschaft eine Garantiebeteiligung geben wollen.

Als siebzehnjährigen Mann rief mich die unabhängige westafrikanische Republik Togo nach Afrika, wo ich in dem ausgedörrten Land neue Quellen suchen sollte. Es handelte sich um ein neuerbautes Textilwerk. Schon bei einer kurzen Trockenheit drohte die gesamte Wasserversorgung des Werkes zusammenzubrechen. 168 Kilometer von der Hauptstadt Lomé entfernt mutete ich Wasser. Ich bestimmte die Tiefe genau. Die Bohrmaschinen bestätigten meinen Rutenbefund. Die Schwarzen feierten mich wie einen Super-Medizinmann, und ich kam mir vor wie ein weißer Riese.

Die Stadtwerke in Altena (Westfalen) zahlten mir eine Sonderprämie, weil drei von mir ermittelte Bohrstellen nach Wasser genau richtig waren und die drei Quellen auch während der katastrophalen Trockenzeit des Jahres 1959 ständig Wasser lieferten.

Die Nachwuchsfrage ist ein heikles Problem. Da laufen zu viele Leute herum, die überhaupt keine Ahnung haben. Natürlich wird es immer Zweifler an unserer Arbeit und Fähigkeit geben. Um sie zu überzeugen und erfolgreich arbeiten zu können, ist eine gründliche Ausbildung wünschenswert.

*

Möglicherweise wird eines Tages das Geheimnis des Öllagers, von dem August von Bischoping erzählte, gelüftet werden. Nach einem Bericht der Wochenzeitung *Welt am Sonntag* vom Juni 1976 ist übrigens der 80 Jahre alte Rutengänger Gottfried Meyer aus Allensbach bei Konstanz sicher, daß im österreichisch-schweizerischen Rheintal nahe dem Bodensee Erdöl zu finden ist. (Von Bischoping hatte allerdings ausdrücklich bemerkt, daß sich das von ihm entdeckte Vorkommen auf deutschem Boden befinden soll.)

Gottfried Meyer entdeckte mit seiner Rute Thermalquellen in Konstanz und Thermaladern in Bad Ragaz (Schweiz). Erst im Jahr 1975 fand er in Hard am österreichischen Seeufer 38 Grad warmes Wasser. Meyers Ölprognose dürfte den Wissenschaftlern, die im Rheintal mit seismographischen Messungen dem Öl auf die Spur kommen wollen, neuen Ansporn geben.

Auf Wassersuche für die Industrie

(Dr. Peter Treadwell)

Der Pharma-Konzern Hoffmann-La Roche ist das viertgrößte Industrieunternehmen der Schweiz mit einem Jahresumsatz von mehreren Milliarden Franken. Wenn dieser Konzern irgendwo in der Welt – in Japan, Indien, Djakarta, Bangladesh oder auf den Philippinen – eine neue Fabrik bauen will, muß natürlich erst einmal herausgefunden werden, ob es auf dem vorgesehenen Gelände auch Wasser gibt, denn ohne Wasser kann man nun einmal keine Fabrik betreiben. Hoffmann-La Roche ist ein Unternehmen, bei dem Wissenschaft und Forschung großgeschrieben werden. Dessenungeachtet gehen auftrags dieser Firma Leute auf Grundwassersuche – mit der Wünschelrute.

Roche-Wünschelrutengänger Nummer eins ist ein netter weißhaariger Herr mit Hornbrille. Der Chemiker Dr. Peter Treadwell überraschte seine skeptischen Vorgesetzten bereits vor 30 Jahren mit seinen außergewöhnlichen Fähigkeiten. Sich selbst übrigens auch, denn bis dahin hatte er nur „blind" gewünschelrutet.

„Ich hab's von einem Verwandten gelernt, einem Ingenieur beim Wasserwerk Zürich", berichtet Dr. Treadwell. Seinen ersten Wünschelrutentest absolvierte er erfolgreich auf dem Areal des Basler Mutterhauses seiner Firma. Seitdem blieb der Erfolg ihm treu. An die hundertmal hat der Chemiker mit der Wünschelrute bis heute Wasser gefunden. Und er präzisiert gleich, was er unter Wasserfinden versteht: „Die Bohrstelle genau bezeichnen, ein Loch bohren und Pumpversuche machen."

In Australien zum Beispiel entdeckte Treadwell im Dünensand nahe am Meer das begehrte Wasser und veranlaßte Roche dadurch, das Gelände zu kaufen. Auf dem Rückweg machte er in Indien Station und setzte seine Arbeit auf einem ebenfalls noch unbebauten Grundstück fort. In Ingenieur Rudolf Rupp, dem dortigen technischen Leiter seiner Firma, fand er unverhofft einen Schüler, der ebenfalls mit der Rute umgehen kann. Rupp glaubt, daß diese Fähigkeit etwas mit dem Nervensystem zu tun hat, daß, wie russische Wissenschaftler vermuten, eine gewisse Substanz im Nervensystem bestimmter Menschen auf die unterirdischen Grundwasserströme anspricht.

Dr. Treadwell meint: „Das Wünschelruten-Phänomen hat wahrscheinlich etwas mit Elektrizität zu tun.“ Sein Kollege fügt hinzu, daß farbige Rassen diese Gabe möglicherweise nicht haben, auch die Japaner, die sich alle erdenkliche Mühe gaben, es den beiden Schweizer Rutengängern gleichzutun, brachten keinen einzigen Erfolg zustande.

In Indien ist die Wassersuche besonders schwierig. Die Grundwasseradern verlaufen dort oft in nur ein bis zehn Zentimeter breiten Felsschlitzen. Die beiden Männer mit der Wünschelrute mußten also Maßarbeit leisten. Zehn Wochen dauerten die Bohrarbeiten durch das Basaltgestein, und dann traf das Bohrgerät in rund 70 Meter Tiefe haargenau auf den engen Wasserspalt. Die Konkurrenz, so erzählt Rudolf Rupp, hatte physikalische Wassersuchgeräte eingesetzt, den Wasserstrang jedoch verfehlt. Mit der Wünschelrute dagegen klappte es prompt.

Im Kampf gegen die Dürre

(Charles Graves)

In einer der normalerweise feuchtesten Jahreszeiten ist Großbritannien durstig geworden. In mehr als 50 Distrikten ist das Wasser streng rationiert. Das Themse-Tal führt täglich 1.673,000.000 Gallonen Wasser unter dem Durchschnitt. Mehr als 165,000.000 Gallonen Regenwasser fehlen. Es gibt dafür keinen Ersatz, um den Fehlbedarf zu decken. Die Regierung hat eine Million Pfund Sterling für die Dürregebiete zur Verfügung gestellt. Ein System wirksamer Abhilfe würde schätzungsweise eine Milliarde Pfund Sterling kosten. Rutengänger sollen diesem Mißstand jetzt Abhilfe schaffen (1976).

Mindestens 50 Prozent der Brunnenbohr-Firmen in England verfügen über fest angestellte Rutengänger und viele von ihnen sind bei der Wassersuche erfolgreich gewesen. In England gibt es insgesamt 200 berufliche Rutengänger. Sie erhalten für eine Diagnose zwischen 5 und 55 Guineen.

Eine meiner Schwestern, die vor Jahren den bisher tiefsten Brunnen in Athen entdeckte, gestattete mir einmal, beim Rutengehen ihre Hände zu halten. Dabei verspürte ich einen plötzlichen Aufwärtsruck. Als ich versuchte, die Gabel niederzuhalten, verursachte ich ihr heftige Schmerzen.

Ich hatte kürzlich mit einem sehr skeptischen Manager einer erfolgreichen Brunnenbohr-Gesellschaft, die im ganzen Land arbeitet, ein interessantes Interview. Er bestätigte, daß die Rutengänger außerordentlich gute Ergebnisse erzielt haben, so daß ihr Erfolg sich nicht länger in Zweifel ziehen lasse, und erklärte dann, daß er, falls er auf einem eigenen Grundstück einen Brunnen anlegen wollte, ohne zu überlegen, einen Rutengänger zu Rate ziehen würde:

„Ich würde dieser Art der Wassersuche vorurteilslos gegenübertreten und die Ergebnisse auswerten; aber zuvor würde ich sie mit meinen eigenen geologischen Forschungen vergleichen. Wir lassen unseren Rutengängern bei ihrer Arbeit die volle

Freiheit. Andererseits zwingen wir keinen unserer Kunden, der Rute zu vertrauen. Dennoch sind wir froh, wenn die Kunden diesbezüglich keine Vorbehalte machen. Denn die Gefahr der vergeblichen Wassersuche wird durch die Rute erheblich herabgesetzt. Obwohl wir den Erfolg unserer Wassersuche nicht garantieren können, möchten wir natürlich die Mißerfolgsquote möglichst niedrighalten."

Schließlich gab der Manager noch zu, daß er während der letzten zehn Jahre ein und denselben Rutengänger beschäftigt, eine in Oxford wohnende bekannte Persönlichkeit, die während dieser langen Zeit nur vier Mißerfolge zu verzeichnen hatte. Die Firma machte die Bekanntschaft dieses Wünschelrutengängers zuerst in Südwales, als ein Kunde das Bohren eines 60 Meter tiefen Brunnens durch kohlehaltigen Lehm verlangte. Die Bohrung verlief erfolglos. Der Kunde zog dann den Rutengänger hinzu. Dieser lief einige Minuten auf dem Grundstück umher und sagte dann: „Es gibt Wasser in einer Tiefe von 30 bis 36 Metern. Die Bohrung ging knapp an dieser Wasserader vorbei." Wir befolgten seinen Rat und nahmen eine zusätzliche Sprengung vor. Gleich darauf sprudelte das Wasser hervor.

Beeindruckt durch diesen Erfolg hielt die Firma die Verbindung zu diesem Rutengänger aufrecht. Als das Unternehmen bald darauf in Buckingshamshire Sand statt Wasser auf einer Tonschicht in 45 Metern Tiefe fand, wurde der Rutengänger erneut herbeigerufen. Auch in diesem Fall erwies sich seine Ansage als richtig. Aus der Bohrung kamen stündlich 500 Gallonen Wasser.

Einen dritten Auftrag erhielt dieser Rutengänger in Somerset. Nach seiner Voraussage fand man genau in 10,50 Meter Tiefe das Wasser. Der Kunde verlangte jedoch einen tiefer hinabreichenden Brunnen. Deshalb wurde die Bohrung bis in 75 Meter Tiefe weitergeführt. Dort fand man jedoch nicht einen Tropfen Wasser.

Durch diese Fähigkeit, die Tiefe der Wassermenge richtig vorauszusagen, unterscheidet sich der berufliche Rutengänger von einem Amateur. Es wird behauptet, daß mindestens eine Person unter zehn die Gabe des Rutengehens besitzt. Die wenigsten Menschen wissen jedoch, daß sie fähige Rutengänger sind. Jeder sollte es also selbst einmal ausprobieren. Es bedarf jedoch einer gewissen Übung, die Zusammenziehung der Muskeln, die durch die elektrischen oder magnetischen Strahlen verursacht wird, in Metern und Litern auszudrücken.

Die Tatsache, daß Rutengänger in anderen Ländern offiziell anerkannt werden, wird dadurch bewiesen, daß es zum Beispiel in Britisch-Kolumbien einen beamteten Rutenfachmann der Regierung gibt. Es handelt sich dabei um eine Frau. Auch in Indien beschäftigt die Regierung Rutengänger.

Jede der großen Wasser- und Pipeline-Gesellschaften in den Vereinigten Staaten hat ihren festangestellten Rutengänger. Das kanadische Ministerium für Ackerbau hat einen ständigen Rutenspezialisten verpflichtet. Selbst die UNESCO hat einen holländischen Rutengänger und Geologen angestellt, der offizielle Untersuchungen vornimmt.

Ingenieure der (seinerzeit in Vietnam stationierten) Ersten und Dritten US-Marinedivision sind in der Benützung von Wünschelruten ausgebildet worden. Die tschechoslowakische Armee hat eine Spezialeinheit von Rutenspezialisten im Dauereinsatz.

Die Geologiefachschaft der Moskauer Staatsuniversität und das Institut der Universität von Leningrad haben mit einer systematischen Erforschung des Ruten-Phänomens begonnen. Geologen und Hydrologen sind dazu verpflichtet, mit Rutengängern der Roten Armee zusammenzuarbeiten.

Nach Tausenden von Versuchen berichtete eine Kommission von Wissenschaftlern, daß die Ruten sowohl auf unterirdische Wasserquellen als auch auf elektrische Kabel mit einer derartigen Kraft reagierten, daß diese in großem Umfang gemessen werden konnte. Es zeigte sich, daß es keine Rolle spielte, wie schnell ein Rutengänger sich bewegte und wie sorgfältig er durch Stahlplatten oder Bleibelag abgeschirmt wurde – die Ruten schlugen in jedem Fall aus. In manchen Fällen wurden

Blei, Zink und Gold aufgespürt. Die Kommission schließt mit der Bemerkung, daß das Rutengehen mit überzeugendem Erfolg angewandt werden kann, um u. a. unterirdische Kabel, Rohrleitungen, schadhafte Stellen im Kabelnetzwerk, Minerale und Wasser ausfindig zu machen.

Im Laboratoire de Physique in Paris getestete Rutengänger waren in der Lage anzugeben, ob das elektrische Licht ein- oder ausgeschaltet war, indem sie in der Entfernung von 90 Zentimetern einen abgeschirmten Gang durchschritten. Andere Forschungsergebnisse beweisen, daß Rutengänger mitunter einen erhöhten Blutdruck und einen rascheren Pulsschlag als „normale" Menschen haben.

Weder Hokuspokus noch Aberglaube

(Karl Heinz Petry)

Ein Vorderpfälzer Landwirt schwärmte: „Vor Jahren habe ich mein Feld für teures Geld nach einem Brunnen abbohren lassen – ohne Erfolg! Seither galt die betreffende Gemarkung als absolut trocken. Allein Ihrer Kunst ist es zu verdanken, wenn ich meine Äcker jetzt doch aus eigenem Brunnen beregnen kann.“

Ein Frankenthaler Unternehmer schrieb: „Sie haben mit Ihrer Rute die defekte Stelle an der unterirdischen Wasserleitung auf den Meter genau geortet.“

Und ein Pfarrer war des Lobes voll: „Seit Generationen wird im Pfarrgarten nach Wasser gesucht. Erst Ihnen war es beschieden, welches zu finden. Endlich kann der Garten aus eigenem Brunnen berieselt werden.“

Diese Erfolge machten dem 28jährigen Verwaltungsbeamten Karl Heinz Petry aus Bobenheim-Roxheim Mut, einen heiklen Auftrag der Stadtwerke Frankenthal anzunehmen. Der Auftrag lautete: Suchen Sie das Erschließungsgebiet des Wasserwerkes Nord nach vorhandenen Wasservorkommen ab. Gefordert wird ein Bohrpunkt, der eine Mindestschöpfmenge von 100 Kubikmetern pro Stunde erbringt.

Eines Abends begibt sich K. H. Petry in die betreffende Gemarkung und besieht sich das Gelände genau. Ein Streifen mit ersichtlichem Kümmerwuchs der Pflanzen, der das gesamte Gelände überquert, bewegt ihn zu der Vermutung: Hier könnte ein unterirdisches Flußbett sein.

Voll Zuversicht greift er zur Wünschelrute und begeht diese Zone, Schritt für Schritt – die Rute in den vorgestreckten Händen. Mühsam ist die Arbeit, Stunden vergehen. Sollte die Suche erfolglos sein? Plötzlich: die Rute zuckt! Petry geht einige Schritte zurück, peilt erneut die Stelle an. Wieder, wie von Geisterhand bewegt, bäumt sich die Wünschelrute auf. Er überschreitet die Stelle um einige Schritte, macht kehrt und zielt sie aus entgegengesetzter Richtung aufs neue an. Er nähert sich ihr – die Rute dreht sich, ihre Spitze zeigt deutlich nach oben. K. H. Petry lächelt und treibt einen Pflock in die Erde, den er mit einer Aufschrift versieht.

Einige Tage später schreibt er in einem Gutachten: „Bei der angegebenen Stelle handelt es sich um eine Fließwasserzone, die bei einer maximalen Bohrtiefe von 150 Metern eine Gesamtschüttung von 200 Kubikmetern Wasser pro Stunde erwarten läßt."

Adressat dieses Gutachtens: Die Stadtwerke Frankenthal. Dort ist man mutig genug, dem Wünschelrutengänger zu vertrauen. Ein einschlägiges Unternehmen wird beauftragt, für teures Geld an markierter Stelle die Bohrung niederzubringen. Und siehe da: Ortung, Tiefenmutung und Schüttung stimmen, das kristallklare Wasser sprudelt nur so heraus.

„Der ergiebigste Brunnen im gesamten Umkreis von Frankenthal", sagt Petry heute stolz. Seither ist Karl Heinz Petry der Erfolg treugeblieben. Zweihundert Brunnen allein in der Vorderpfalz verdanken dem bekannten Rutengänger ihre Existenz. Weitgesteckt ist sein Arbeitsbereich. Er sucht den Frankenthaler Friedhof nach schadhaften Wasserleitungsrohren ab. Für die Stadt Frankenthal spürt er Versorgungsleitungen auf in Stadtbezirken, für die kein Plan mehr existiert.

Unter dem Betonboden einer großen Lagerhalle platzte bei einem Handelsunternehmen das Wasserrohr. Wie die lecke Stelle finden? Preßlufthämmer hätten den Beton der Halle in voller Länge aufreißen müssen. Petry beging die Halle und sagte: „Hier!" An angegebener Stelle bohrten sich die Preßlufthämmer in die Tiefe. Sie fanden die undichte Stelle auf den Meter genau.

Worauf führt Petry die augenfälligen Beweise seiner Rutenkunst zurück? „Veranlagung und Erfahrung" – so benennt der kundige Rutler die beiden Quellen, aus denen er sein Können speist. „Etwa 15 Prozent aller Menschen sind rutenfähig", erklärte Petry. Und fügt hinzu: „Indes mit der bloßen Tatsache, daß sich in ihren Händen die Rute bewegt, ist es noch längst nicht getan. Der Rutengänger muß auch lernen, die Sprache der Rute zu verstehen."

Heute vermag er aus der Art, der Heftigkeit und Häufigkeit des Rutenausschlages zu erkennen, wie ergiebig die gefundene Wasserader, und zu berechnen, in welcher Tiefe sie zu finden ist.

Erfahrung mit der Wünschelrute – ist das die Frucht jahrelanger Arbeit? „Nein", versicherte Petry. Und verweist darauf, daß beispielsweise er selber erst seit sieben Jahren „in der Branche" ist. Und das kam so: In seiner Eigenschaft als Denkmalpfleger war Petry bei der Ausgrabung von alten römischen Steinsärgen zugegen, die man zufälligerweise in Kleinniedesheim gefunden hatte. An einen Vertreter der Dienststelle für Vor- und Frühgeschichte gewandt, meinte er damals: „Wenn wir doch nur irgendein Suchgerät hätten, mit dessen Hilfe man weitere Begräbnisstätten in dieser Gegend feststellen könnte."

Der Frühgeschichtler lächelte: „Herr Petry, ein solches Gerät gibt es: die Wünschelrute!"

„Du lieber Gott", winkte Petry ab. Er spöttelte: „Die Wünschelrute: das ist doch eine Kuriosität des Mittelalters, die im 20. Jahrhundert keine Existenzberechtigung mehr hat."

Trotzdem hatte es ihn gepackt. In aller Heimlichkeit schnitt er sich eine Rute aus Haselnußzweigen. Eines Abends zog er damit los – und traute seinen Augen nicht, als in seinen ausgestreckten Händen die Rute sich ohne eigenes Zutun zu regen begann. Fortan ließ ihn die Wünschelrute nicht mehr los – jenes faszinierende Ding, das sich, keiner weiß wie, auf geheimnisvolle Weise selbsttätig in seiner Hand zu bewegen begann.

Heute sagt K. H. Petry: „Wir sind keine Betrüger und Scharlatane. Die Rutenkunst ist weder Hokuspokus noch Aberglaube." Die zahlreichen verblüffenden Erfolge Petrys untermauern das. Sie machen ihn selbstbewußt genug, der Skepsis, die der Rutenkunst noch immer entgegengebracht wird, dem Spott, dem sie auch heute noch ausgesetzt ist, mit dem überzeugenden Argument entgegenzutreten: „Goethe, Sauerbruch und Einstein waren Wünschelrutengänger – wer will behaupten, daß sie Scharlatane gewesen sind?" Und Leuten, die ihm mit dem wohlfeilen Argument in die Quere kommen: „Ihr Rutengänger könnt gut Wasser finden, denn wo immer man bohrt, auf Grundwasser stößt man stets" – solchen Leuten gräbt K. H. Petry mit dem Hinweis das Wasser ab: „Zugegeben: Grundwasser findet sich fast überall. Aber nicht das (stillstehende) Grundwasser, sondern einzig und allein das unterirdische Fließwasser garantiert eine entsprechende Ergiebigkeit des Brunnens."

Ebenso überraschend wie zahlreich sind die Erfolge, die Petry auf archäologischen Gebieten zu verbuchen hat. Beispielsweise erfuhr er von einem Dorfbewohner, daß nach alter Kunde in der Nähe von Katzenbach bei Rockenhausen in grauer Vorzeit ein „großes Gebäude, ein Schloß" gestanden haben soll. Petry ging der Sache nach – das heißt: er beging die Gemarkung mit seiner Rute. Das Amt für Vor- und Frühgeschichte schenkte ihm Vertrauen und ließ an markierter Stelle ausschachten. Seither sind an dieser Stelle Grundmauern einer 2000 Jahre alten römischen Villa riesigen Ausmaßes freigelegt, deren Fußboden-Heizungsanlage noch fast unversehrt erhalten ist. Das Gelände ist längst in den Besitz des rheinland-pfälzischen Kultusministeriums übergegangen, dessen Nachgrabungen auch heute noch überraschende Funde zutage fördern.

Petry – menschliches Echolot – fand auf der Burg Battenberg eine bisher unbekannte Burgvormauer ebenso wie die genaue Umgrenzung des mittelalterlichen Dorfes Berghaselbach bei Laumersheim. Und wenn heute ein altes, längst verschüttetes Quecksilberbergwerk bei Katzenbach und eine mittelalterliche Kapelle beim Ormsheimer Hof nach jahrhundertelangem Schlummer dem dunklen Schoß der Erde entrissen sind, verdankt die heimatliche Archäologie diese Funde einzig und allein dem „Ruten-Petry", jenem wünschelrutenfühligen Pfälzer aus Roxheim, der sich längst zum exzellenten „Archäologen aus Gespür" entwickelt hat.

(Klaus Manfred Enderlein in: *RGS,* Nr. 125/1973).

Unerklärliche Empfindsamkeit

(Wilhelm de Boer)

Einer Brauerei in Bayern verhalf er in drei Stunden zu frischem Quellwasser, und Ölsuchern in Bremen hatte er vorausgesagt, was sie dann nach wochenlanger kostspieliger Arbeit enttäuscht selbst feststellten: Alles Bohren war vergeblich gewesen. Neuerdings aber widmet sich der Bremer Wilhelm de Boer, der für den Rhododendronpark seiner Heimatstadt den Standort dreier neuer Brunnen genauso präzise bestimmt hat, wie er den Verlauf von Baumwurzeln unter der Erde angeben kann, nur noch der Wissenschaft als „menschliches Meßinstrument".

Der 64jährige Frührentner und „Meister" unter den Wünschelrutengängern arbeitet mit einem amerikanischen Physiker daran, dem Geheimnis seiner Fähigkeiten auf die Spur zu kommen. Vor wenigen Tagen kam er von einer sechswöchigen Reise aus Amerika zurück. Im Gepäck hatte er Forschungsarbeiten über seine Fähigkeit, Radiosender aufzuspüren, aber auch über den teuren Humbug, mit dem sich angeblich Erdstrahlen vernichten lassen. De Boer: „Da ist nichts dran, die armen Leute müssen nur Geld dafür bezahlen."

Wilhelm de Boer zeigte sich bei den Tests des amerikanischen Wissenschaftlers Z. V. Harvelick (Lorton/Virginia) als der vermutlich feinfühligste Rutengänger der Welt. „Ich bin jedenfalls enorm magnetisch", sagte er. Harvelick, der mit neuartigen Instrumenten mehr als 300 Medien auf ihre Fähigkeiten untersucht hat, sagte über den Bremer: „Seine Sensitivität übertraf die des empfindlichsten Rutengängers außer ihm um ein Vielfaches."

Der gelernte Sattler hatte seine unerklärbare Empfindsamkeit im Jahr 1938 durch einen Zufall entdeckt, als er einem anderen Rutengänger zuschaute und schließlich selbst die Astgabel in die Hand nahm: „Ich hab' es erst gar nicht glauben wollen." Als er bei Kriegsende drei Jahre in Ägypten in britischer Gefangenschaft zubrachte, begann er seine Fähigkeiten zu vervollkommnen. „Wer musikalisch ist, kann ja auch nicht gleich Klavier spielen, er muß üben." Und Übung macht eben auch beim Rutengänger den Meister.

Wissensdurst und Fortbildungseifer brachten de Boer schließlich in Kontakt mit dem amerikanischen Wissenschaftler. Mit Experimentreihen versucht dieser dem Geheimnis auf die Spur zu kommen.

So suchten er und de Boer nach dem Sitz jener „Sensoren" im Körper, die Rutengänger für die elektromagnetische Strahlung reaktionsfähig machen und die Rute in ihrer Hand ausschlagen lassen wie eine Tachonadel. Vorläufiges Ergebnis der Arbeit: Wahrscheinlich bestimmt ein Zusammenspiel von Nebennierenrinde, Sonnengeflecht und Zirbeldrüse die Reaktion.

Der 64jährige de Boer mag seine Fähigkeiten nicht vermarkten. „Eine Erwerbsquelle ist das nicht für mich, für mich ist das Forschungsarbeit." Das Geld, das er hin und wieder einnimmt, wenn er Quellen aufspürt und sogar deren Tiefe und Ergiebigkeit voraussagt, gibt er für Fachliteratur und seine Reisen nach Amerika aus. „Und für den Bremer Staat arbeite ich umsonst", sagt der Rentner. Ziel seiner Arbeit ist die Anerkennung der Rutengängerfähigkeit auch durch skeptische Wissenschaftler. „Und wenn sie nicht anerkannt wird, dann soll man sie wenigstens tolerieren", fügt er hinzu.

(AP-Bericht, Bremen, vom 8. Oktober 1975).

Der Mann mit den Antennen-Händen

(Hans Herdeis)

Erst nach einigem Suchen fanden wir im idyllisch gelegenen Lengenfeld bei Neumarkt die einsame Weihermühle. Jenen Ort, wo der Mann wohnt, der „Rohrbrüche, Wasseradern, Erz und vergrabene Schätze findet und anderer Leute Schmerzen spürt", wie Tageszeitungen in großen Schlagzeilen berichtet hatten.

Für die erste Überraschung sorgte Hans Herdeis selbst: er ist kein bärtiger, alter „Wurzelmann", sondern ein junger Mann. Seit einigen Jahren ist der gelernte Müller Teleradiästhet.

„Was bedeutet diese Berufsbezeichnung?" fragte ich ihn. „Tele", antwortete er lächelnd, „heißt so viel wie fern. Radiästhet bedeutet die Feinfühligkeit gegenüber Strahlen." Teleradiästhet Hans Herdeis behauptet, Rohrbrüche, Wasseradern, Erz, Gasbrüche und im Innern der Erde liegende Schätze aufzuspüren – nur mit dem Pendel, einem Messingkegel und einem Metallkettchen, mit der Wünschelrute oder mit blanken Händen. Nun, das können die rund sechzig im „Verband der Pendler und Rutengänger" mit Sitz in München-Solln registrierten bayrischen Rutengänger auch, darunter befinden sich Wissenschaftler und bekannte Ärzte. Aber Herdeis ist Teleradiästhet. Das machte diesen bescheiden wirkenden Mann zu einem Phänomen.

„Wie arbeiten Sie?" fragten wir.

Hans Herdeis gab uns eine Probe. Aus dem Stapel von Briefen suchte er einen Brief hervor, in dem ein Angestellter aus Bochum um seine Hilfe bat. „Ich habe ein Grundstück gekauft und möchte ein Wochenendhaus darauf errichten. Bitte sagen Sie mir, wo eine Wasserader ist, um einen Brunnen bohren zu können."

Dem Brief lag der Bebauungsplan mit bei. Herdeis entfaltete den Plan, konzentrierte sich und ließ den Pendel über die Bauzeichnung schweben.

„Ich kenne diesen Herrn aus Bochum nicht", erklärte er, „und natürlich habe ich niemals vorher das Gelände gesehen."

Er hielt den Pendel in der rechten Hand und ließ ihn ruhig und langsam über die Zeichnung kreisen. Die linke Hand hielt er frei von sich; als „Antenne“, wie er mir später berichtete. Der Pendel bewegte sich anfangs nicht. Aber dann fing er zu vibrieren an, schwang hin und her, die Bewegungen wurden stärker und weit ausholend, immer auf einen Punkt der Karte gerichtet. „Hier ist eine Wasserader“, sagte er und bezeichnete die Stelle mit einem Kreuz.

Um es vorweg zu sagen: Die Beweise seines mit Verstandesmitteln nicht erklärbaren Könnens waren zahlreich und genug. Selbstverständlich haben wir die Angaben Herdeis' nachgeprüft.

Eine Frau aus Nürnberg sandte dem Teleradiästheten eine Zeichnung mit der Bitte: „Irgendwo auf unserem Grundstück muß alten Berichten zufolge ein Schatz vergraben sein. Können Sie ihn finden?“

Hans Herdeis fuhr mit der rechten Hand über die ihm zugesandte Zeichnung und bestimmte eine Stelle als Fundort. Man grub die Erde auf und fand alte Münzen und Gold.

Ein Wasserwart aus Thann rief Hans Herdeis ebenfalls zu Hilfe: im Ort gab es einen unauffindbaren Rohrbruch. Im Gasthaus des Ortes legte man ihm den Bauplan vor. Herdeis fand nach kurzer Konzentration zentimetergenau die unterirdische Bruchstelle.

„Zufall“, bemerkten die Einwohner. – Aber schon einige Wochen später wurde er nochmals nach Thann gerufen, ein Hauptleitungsrohr war gebrochen. Man zeigte ihm die Skizze. Herdeis fand die Stelle.

Ein Herr aus Simbach sandte nach Lengenfeld Skizze und Hilferuf: „Rohrbruch!“ Herdeis gab die Bruchstelle genau an. Und er bezeichnete eine andere Stelle als undicht, was sich als richtig erwies.

Die 17jährige Tochter eines Landwirts in Harzenhofen übersandte Herdeis eine Zeichnung der im Haus verlaufenden Rohre. „Das Wasser fließt dreißig Meter hinter der Stallung aus dem Boden. Wo ist das Rohr geplatzt?“ – Herdeis gab eine

Fundstelle an, die der Landwirt als „unmöglich" bezeichnete. Trotzdem grub er auf und stieß auf den Rohrbruch.

Die skeptische katholische Kolpingfamilie von Velburg lud Teleradiästhet Herdeis zu einem Vortrag und zur Beweisführung seiner Kräfte ein. Herdeis kam. Stadtpfarrer Kreutzner und sechs weitere Zuschauer legten Herdeis Zeichnungen von Straßen und Gebäudeteilen vor und baten um die Bestimmung von Brunnen und Wasseradern. – Herdeis fand alle sieben Brunnen mit seinen Händen. „Den Pendel", erklärte er, „benutze ich nur, wenn ich müde werde."

Ein Mann und seine ganze Familie litten jahrelang unter starken Halsbeschwerden, Kopfschmerzen, Rheumatismus und Schlaflosigkeit. Teleradiästhet Herdeis stellte zwei unter dem Haus durchlaufende Wasseradern fest – und entstrahlte sie.

Er benutzte dazu Geräte, die die Erdstrahlen abschirmen. Es sind von der Industrie entwickelte Geräte aus Spezialmagneten und Kupferspiralen.

„Ausstrahlungen von Wasseradern können positiv oder negativ sein", erklärte Hans Herdeis. „Ob sie gesundheitsschädlich sind, kommt auf die Bodenschichten an und auf den Winkel der Strahlungen. Zwei Wasseradern, die sich unterirdisch kreuzen, sind stets gefährlich, zumal wenn man jahrelang darüber wohnt oder schläft. Das gilt für Mensch und Tier."

Alle vorliegenden Erfahrungen lassen keinen Zweifel darüber, daß an bestimmten Aufenthaltsorten von Mensch und Tier unerklärliche Gesundheitsstörungen auftreten. Dr. rer. nat. A. Hunkele erklärte dazu in einer Abhandlung: „Es ist erwiesen, daß diese Störungen in zahllosen dokumentierten Fällen nach Einsatz erprobter Maßnahmen verschwanden oder wesentlich gemildert wurden. Ob diese Einflüsse erdmagnetischer, elektrischer, kosmischer, radioaktiver oder anderer Natur sind, ist noch nicht genügend erforscht. Unerforscht ist aber nur die Natur dieser Einflüsse, ihre Symptome sind bekannt."

Eine Frau aus Thann litt jahrelang an rheumatischen Beschwerden und an einem Kropfleiden. Nach einer Entstrahlung ihres Hauses durch Herdeis wurde die Frau gesund, der Kropf verschwand nach kurzer Zeit.

„Ich will nur kostenlos Rat und Hilfe geben", erklärte dazu H. Herdeis. „Ich bin kein Arzt. Selbstverständlich schicke ich meine Besucher immer zum Arzt."

„Ich finde alles, was unter der Erde liegt", versicherte Herdeis, „aber ich muß mir diesen Gegenstand bildlich vorstellen können. Entfernungen sind unwichtig."

Bei Wasseradern gibt er – immer vom Schreibtisch seiner Mühle aus – Tiefe, Ergiebigkeit und die Genießbarkeit an.

Beweise seines Könnens hat er in vielen Jahren erbracht: von 3000 von ihm aufgespürten Rohrbrüchen war nur ein einziger dabei, der nicht gestimmt hat. Auf rund 300 entdeckte Brunnen fielen lediglich drei Fehlanzeigen.

Herdeis ist auch überzeugt, daß viele Menschen diese „Empfindlichkeit" gegenüber Strahlungen besitzen – aber daß ihnen diese Anlagen nie bewußt geworden sind. Er selbst erklärt seine ungewöhnlichen Eigenschaften als eine Gabe der Natur.

(Gerhard Wolf in: *RGS*, Nr. 117).

Geglückte Bohrung in Claraval

(Franz Xaver Ach)

Claraval liegt im Staat Minas Gerais, 60 Kilometer von der Grenze des Staates Sao Paulo entfernt. Geologisch betrachtet ist das Land dort sehr hügelig und vulkanischen Ursprungs, so daß das Urgestein des Basalts vorherrscht. Das Dorf Claraval, das zur Zeit etwa 2000 Einwohner zählt, liegt auf dem Plateau eines Hügels, auf dessen Höhe eine Zisterzienserabtei erbaut ist. Vom Abt des Klosters erhielt ich den Auftrag, auf dem Boden des äbtischen Grundstückes gesundes Trinkwasser zu suchen; er hatte großes Vertrauen in meine Ruten- und Pendelkunst. Leider sind dort alle Oberflächenwasser besonders während der Regenzeit durch Kolibazillen (Darmbakterien) und Amöben (Urtierchen) verpestet. Das Volk leidet sehr unter dem Genuß dieses Trinkwassers.

Ich war mir meiner schwierigen Aufgabe wohl bewußt, denn die ganze Gegend ist auch für einen Rutengänger sehr schwierig, da der ganze Untergrund von vielen Verwerfungen und Hohlräumen durchzogen ist. Auf einem flachen Gelände, das ungefähr 30 Meter unterhalb des Klosters liegt, fand ich mit der Rute eine Kreuzung, deren Untergrundadern teils in einer Tiefe von 120 bis 130 Metern und teils bei 170 bis 180 Metern flossen. Im Monat Juli markierte ich den Bohrpunkt, und im Monat August begannen die Bohrarbeiten. Da die Bohrmaschinen älterer Konstruktion mit Rotationsbohrern arbeiteten, gingen die Arbeiten etwas langsam voran. Die Bohrung wurde mit 8-Zoll-Rohren angesetzt. Schon in 7 Metern Tiefe stieß man auf Basalt, der sich bis in eine Tiefe von 125 Metern erstreckte. In diesem harten Urgestein brachen während der Bohrung drei Bohrer ab, wovon man leider nur einen heraufholen konnte.

In 125 Metern Tiefe stieß man auf den ersten feinkörnigen Arenit, der dann bei 130 Meter in eine grobkörnige Schicht überging. In dieser wasserführenden Schicht wurde nun das begehrte Naß gefunden. In 126 Metern bekam man das erste Wasser, und in 130 Metern wurde die erste Wasserprobe mit einer Unterwasserpumpe gemacht, die das schöne Resultat von 24.000 Stundenlitern ergab. Ermutigt durch diesen Erfolg wurde dann noch bis auf 134 Meter weiter hinuntergebohrt, worauf das Wasser im Bohrloch durch den eigenen Druck emporstieg. Also konnte man an den Ausbau eines halbartesischen Brunnens denken. Es wurde eine zweite Wasserprobe gemacht, die das herrliche Resultat von 36.000 Stundenlitern ergab. Für diese Gegend, ja überhaupt für den ganzen Staat Minas Gerais, bedeutet dieser radiästhetische Fund sehr viel, denn Wasser ist flüssiges Leben für Mensch, Tier und Pflanze. Für die dortige Bevölkerung wurde einem großen Elend abgeholfen. Da die Bohrstelle rund 30 Meter unterhalb der Abtei liegt, muß das Wasser jetzt hinaufgepumpt werden.

Die zweite Wasserführung, die zwischen 170 und 180 Metern gemutet worden war, wurde nicht erreicht, weil man wegen den abgebrochenen Bohrern nicht mehr tiefer bohren konnte. Man nahm von einer Weiterbohrung Abstand. Die ganzen Bohrarbeiten dauerten acht Monate und wurden ausgeführt während meiner Abwesenheit, als ich zum Dreiländertreffen 1970 nach Meersburg und in meine alte bayerische Heimat reiste.

(*RGS*, Nr. 102).

Brunnen für das Hallenbad

(Emanuel Dité)

Für das neue Wiener Stadthallenbad, für eine Brauerei und viele andere Auftraggeber stellte er die Wasserversorgung sicher. Gösser-Bier schmeckt dem Rutengänger Emanuel Dité am besten, denn es wird mit Wasser gebraut, das er 1960 entdeckt hat. Die vier Brauereibrunnen lieferten damals zuwenig Wasser. Dité kam und spürte mit seiner Wünschelrute drei neue Brunnen auf, die so ergiebig sind, daß auf die anderen vier verzichtet werden konnte. Die Brauerei produziert jetzt über 800.000 Hektoliter Bier im Jahr – alles mit Wasser aus Ditės Brunnen. Das Vertrauen in die Rute kommt heute noch vielen wie Aberglaube vor. Doch sogar Techniker geben zu: „Das Phänomen ist erwiesen."

Dité, einer der besten Rutengänger Österreichs, geht an seine Mutungen mit Kompaß, Lupe, Rute und Pulswärmern, um die Hände warmzuhalten. Er kann auch bei entsprechender geistiger Einstellung auf Wasser, verschiedene Metalle oder Erdspalten reagieren. Die Rute ist dabei der „Zeiger". Welche Eigenschaft den Radiästheten mit der Wünschelrute Verborgenes in der Erdrinde aufspüren läßt, das zu erforschen ist heute u. a. das Ziel und die Aufgabe der modernen Parapsychologie und Paraphysik.

Im Märzpark neben der Stadthalle verzeichnete Dité seinen jüngsten Erfolg: nur wenige Schritte von der Stadthalle entfernt spürte er einen Brunnen auf, der bald die beiden Becken des neuen Stadthallenbades füllen sollte. Sie fassen vier Millionen Liter. Fachleute waren der Meinung: in dieser Gegend gibt es kein Wasser. Dité suchte und rechnete. Dann bezeichnete er den Standort der Bohrstelle und sogar die Tiefe der Quelle: 265 Meter.

Die Autowaschanlage stand still, als in der Tiefparkgarage Am Hof in der Wiener Innenstadt das Wasser knapp wurde. Nur sechs Meter darunter wurde Emanuel Dité „fündig": er stieß auf ein Wasserloch, das pro Sekunde fünf Liter liefert. Seither ist die Waschanlage wieder in Betrieb.

Oder: Der Rutengänger Dité steht vor einem gespaltenen Grabkreuz auf dem Baumgartner Friedhof. Daß hier ein Blitz einschlagen würde, hatte Dité schon lange vorausgesagt. Bei einem Grabbesuch hatte er registriert, daß an dieser Stelle zwei Grundwasserläufe sich in verschiedenen Tiefen kreuzen. Solche Überschneidungen ziehen Blitze an. Der Himmel bestätigte mittlerweile, daß der Mann mit der Wünschelrute recht hatte.

(*Bunte*, Wien, 9. März 1972).

Rute und Pendel hinter dem Eisernen Vorhang

(Dr. Nikolaj Sotschewanow)

Dr. Nikolaj Sotschewanow ist ein Leningrader Geologe und Mineraloge und selbst ein erfahrener Rutengänger. Im Sommer 1968 leitete er eine geologische Expedition in die transbaikalische und nordkirgisische Region nahe der russisch-chinesischen Grenze. Sotschewanow fungierte selbst als einer der „Operatoren" (Rutengänger). Hat ein breiter, mächtiger Strom, eine Masse gewaltig dahinbrausender Energie, eine größere Auswirkung auf die Sensibilität unseres Körpers als ein kleiner Fluß? Reagiert – wenn wir in einem Flugzeug zerklüftetes Gelände überfliegen – ein Teil von uns immer noch auf die Größe von Flüssen und Bächen, die Tiefe von Erzlagern und mißt sie?

Sotschewanows Tagebuch der Expedition enthält einige Hinweise. „Wir überflogen den Fluß Chu. Der ‚Indikator' (die Wünschelrute) zeigte das übliche Profil einer nassen Region. Der Fluß ließ trotz der gewaltigen Wassermasse und der Schnelligkeit der Strömung den ‚Indikator' nicht besonders ausschlagen. Nur in der Nähe der Ufer auf beiden Seiten war die Kraft stark genug, um die Rute zum Drehen zu bringen. Augenscheinlich war die Reibung des Wassers am Ufer eine Ursache dieses Freiwerdens von Energie. Das Wasser scheint den Menschen nicht dort am stärksten zu beeinflussen, wo eine riesige Wassermenge schnell dahinströmt, sondern dort, wo das Wasser eine große Masse Boden sättigt und langsamer entlang kleinerer Kapillaren dahinfließt."

Auch zu der Frage „Senden tief in der Erde abgelagerte Mineralien eine Art Strahlung aus, für die wir empfänglich sind?" nahm Sotschewanow Stellung:

„Erzlager beeinflussen die Wünschelrute mindestens ebenso stark wie Wasser", sagt er. „Bei der Überquerung eines Flusses macht der Indikator vielleicht zwei Drehungen und bei der Überquerung eines Baches eine. Über einem Bleilager tief unter der Erdoberfläche rotiert die Rute jedoch achtzehnmal. Achtzehn Umdrehungen auf einem knapp zehn Meter langen Weg! Natürlich geschah das über einem sehr dicken Erzlager. Aber unsere Operatoren spürten auch nur acht Zentimeter dicke Erzlager in über 150 Metern Tiefe auf."

Die aus dem Boden aufsteigende Energie kann so stark sein, daß sie die Rute manchmal aus den Händen des Operators reißt. Solange er sie festhält, schwingt sie in Kreisen.

Sotschewanow beschloß, die traditionelle russische Y-förmige Rute „in Pension zu schicken" und eine neue zu schaffen, die leichter rotierte. Seiner Meinung nach gab die Zahl der Umdrehungen einen guten Hinweis auf die Kraft, die er messen wollte. Er ließ eine Rute aus Stahl anfertigen. Anders als die hölzerne kann die stählerne Rute zu jeder Jahreszeit und zu einer beliebigen Anzahl von Tests verwendet werden.

Ausgerechnet im materialistisch orientierten Osten erforscht die Wissenschaft mit Hilfe von Millionenetats der Regierungen seit mehr als einem Jahrzehnt neue menschliche Energieformen. Mit modernsten Methoden werden unbekannte Kräfte des Geistes und der Seele untersucht und erprobt und in der Medizin, Biologie und Schulausbildung bereits mit Erfolg eingesetzt. Im Osten werden tatsächlich Forschungen betrieben, die im Westen kein Mensch für möglich hielt.

(*RGS*, Nr. 116).

Wuchsstörungen bei Bäumen durch geopathischen Einfluß?

(Arthur J. Aegger)

Sicher sind Ihnen auch schon Bäume aufgefallen, die schlecht gedeihen, verkümmern, von oben bis unten verkrebst sind oder deren Stämme merkwürdig schraubenartige Windungen aufweisen. Oftmals stehen vollkommen normal entwickelte, kerngesunde Bäume derselben Sorte nur wenige Meter voneinander entfernt. Es ist in diesem Fall nicht verwunderlich, wenn sich ein Radiästhet fragt: Bestehen wohl Zusammenhänge zwischen diesen Wuchsstörungen und geopathischen Reizzonen?

Ein Hinweis darauf, daß Reizzonen das Pflanzenwachstum beeinflussen, geht schon aus den entsprechenden in der Schweiz und in der Bundesrepublik Deutschland durchgeführten Versuchen hervor. Der Gedanke an solche Zusammenhänge liegt also nahe. Aber wie ist dieser Zusammenhang nachzuweisen? Sagen Sie jetzt bitte nicht: Man nehme Pendel oder Rute und suche das Gelände einfach ab! Das habe ich nicht in einigen, nein, in Hunderten von Fällen gemacht. Immer war das Ergebnis das gleiche: Bäume, die auf Reizzonen stehen, werden in ihrem Wachstum gestört, oft so sehr, daß sie eingehen. Zieht sich nahe an einem Baum eine „Hauptreaktionslinie" vorbei, so zeigt der Stamm schraubenartig gedrehtes Wachstum, nach meinen Beobachtungen wohl immer (in der Fließrichtung) von der Hauptreaktionslinie weg.

Die „Hauptreaktionslinie" innerhalb einer Reizzone wird durch die Verbindungslinie der Stellen bestimmt, an denen im Verlauf einer Reizzone bei Untersuchung in quer zur Reizzone gelegten Parallelen jeweils die stärkste Rutenreaktion auftritt. Insbesondere durch zahlreiche Untersuchungen und Veröffentlichungen von Dr. Deibel, München, ist diese Bezeichnung zu einem Begriff geworden.

Wie aber unser Problem angehen? Vor allen Dingen sind zuerst alle anderen Ursachen einer Wuchsstörung in Betracht zu ziehen. Zu nennen sind hier: ungenügende oder falsche Pflege bei Obstbäumen, mangelnde Düngung, Schädlingsbefall usw. In einigen Fällen mag mitsprechen, daß es sich um eine Baumsorte handelt, die klimamäßig in der betreffenden Gegend ohnehin schlecht gedeiht. Alle diese Teilfragen sind verhältnismäßig leicht zu klären. Damit scheiden bereits eine Reihe wachstumsgestörter Bäume für die weitere Untersuchung aus. Viel schwieriger ist aber schon die Frage der Mitwirkung von Bodenbakterien. Bekanntlich breiten sich um das Wurzelwerk eines Baumes ganz bestimmte Bakterienarten aus. Durch deren Wirken werden bestimmte für den Baum wichtige Mineralien erst erschlossen. Manchmal entwickeln sich aber auch Bakterien, die für den Baum äußerst schädliche Gifte ausscheiden. Hier entsteht bereits die nächste sehr wesentliche Frage: Vermehren sich etwa bestimmte, dem Baum schädliche Arten von Bodenbakterien auf den Reizzonen besser und ist somit Kümmerwuchs des Baumes die Folge hievon? Daß dies theoretisch möglich wäre, besagen schon Versuche, die mit anderen Bakterienarten, zum Beispiel Rotlaufbazillen, angestellt wurden und eine stärkere Vermehrung dieser Bakterien auf den Reizzonen gezeigt haben. Leider sind derartige Versuche nicht einfach auszuführen. Neben dem nötigen Fachwissen erfordern sie eine kostspielige Einrichtung und viel, viel Zeit.

Ist bei Kümmerwuchs also vornehmlich die Frage der Bodenbakterien zu klären, so kann bei Drehwuchs nur eine unmittelbare, von der Reizzone ausgehende Kraftwirkung diesem Phänomen zugrunde liegen. Dr. Deibel war es möglich, durch genaueste radiästhetische Untersuchungen an zahlreichen Blitzeinschlagstellen Drehmomente nachzuweisen, und DDr. Wüst konnte hierfür bereits eine physikalische Erklärung anbieten.

Aus diesen Gründen dürften also Untersuchungen über den Zusammenhang zwischen Drehwuchs und Reizzonen ein dankbares Forschungsgebiet sein.

Auch hier steht und fällt die Frage jedoch mit der Möglichkeit, Reizzonen objektiv nachzuweisen. Die Rutenmutung kann wohl Anhaltspunkte liefern, aber ein objektiver „Beweis“ gilt erst dann als erbracht, wenn die der Reizzone zugrunde liegende Anomalie im Untergrund durch Bohrung erschlossen wird oder zumindest geophysikalische Meßergebnisse die Richtigkeit der Rutenmutung bestätigen, so: Messungen der Bodenleitfähigkeit (Dr. Petschke), Messungen der luftelektrischen Feldstärke (Doktor Ing. Lehmann, Dr. Reiter), auch Messungen des erdmagnetischen Feldes usw. Die ersten zwei Verfahren sind zum Teil recht kompliziert; auch sind die Meßgeräte sehr kostspielig, so daß diese Verfahren den Fachwissenschaftlern vorbehalten bleiben müssen.

Zum Ermitteln der luftelektrischen Feldstärke ist seit kurzer Zeit ein neues Meßgerät im Handel, das die früher sehr komplizierte Meßtechnik auf diesem Gebiet weitgehend vereinfacht. Meine Erfahrungen mit diesem Instrument sind allerdings noch zu kurz, als daß ich bereits im Rahmen dieser Arbeit auf dieses Meßverfahren eingehen könnte. Leider können mit diesen Meßverfahren nicht auf allen (von Radiästheten gefundenen) Reizzonen Störungen objektiv nachgewiesen werden; es kommt auch vor, daß die Meßergebnisse noch innerhalb der Meßfehlergrenzen liegen, also wissenschaftlich noch keine Beweiskraft besitzen. Dazu ist noch folgendes zu berücksichtigen: Das magnetische und elektrische Feld ist ebenfalls Schwankungen unterworfen (atmosphärische Störungen usw.), weshalb man empfehlen muß, mit zwei Meßgeräten zu arbeiten. Eines davon bleibt auf neutralem Gebiet stehen, zeigt also immer den jeweiligen Neutralwert an, während mit dem anderen die Messung in üblicher Weise quer zur Reizzone vorgenommen wird. Verfügt man nur über ein Meßgerät, empfiehlt es sich, die ganze Meßstrecke an verschiedenen Tagen wiederholt zu vermessen, um größtmögliche Sicherheit zu gewährleisten. Ein Beispiel aus der Praxis:

Anfang Juli fiel mir nahe der Straße von I. nach S. ein Baum mit starkem Drehwuchs auf. Bei näherer Betrachtung zeigte sich folgendes Bild: drei Bäume stehen in einer Richtung. Der erste vollkommen normal gewachsen, der zweite mit außerordentlich starkem Drehwuchs, der dritte mit leichtem Drehwuchs nach der entgegengesetzten Seite. Durch Rutenmutung stellte ich fest, daß sich diese zwei Bäume auf einer Reizzone befinden. Nahe dem zweiten Baum zieht sich die sehr starke Hauptreaktionslinie vorbei.

Zwei Tage später führte ich eine entsprechende Messung mit dem Horizontalvariometer durch: deutlich war eine Störung des magnetischen Feldes über der Reizzone nachzuweisen. Drei Wochen später wurde die Messung von mir wiederholt, das Ergebnis war genau dasselbe. Nach weiteren sechs Wochen wiederholte ich die Messung noch einmal. Auch diesmal mit demselben Ergebnis. Obwohl zeitlich durch mehrere Wochen getrennt und bei verschiedenen Wetterlagen vermessen, betrug die maximale Abweichung der drei Meßkurven untereinander noch nicht einen halben Grad.

Folgerung: Auf Grund dreier, zeitlich mehrere Wochen getrennter Vermessungen war deutlich eine Störzone an der betreffenden Stelle auszumachen. Ein Zusammenhang zwischen Drehwuchs und Reizzone liegt somit in diesem Fall im Bereich des Möglichen.

(*Livre des Rapports,* 1956).

Schutz gegen Erdstrahlen?

(Wolf Egger)

Oft wird an den Radiästheten die Frage gestellt: „Glauben Sie, daß Blei abschirmt?“ „Ist Aluminium ein Schutz gegen die sogenannten Erdstrahlen?“ Oder: „Unter meinem Bett befindet sich eine Bleifolie, es ist also abgeschirmt“, und letzthin meinte ein alter Mann: „Ich habe ein Kistchen alte Nägel unter das Bett gestellt, mir kann nichts passieren.“

Es ist Zeit, daß über dieses Problem einmal geschrieben wird. Keines dieser Mittel hat eine strahlenmildernde Wirkung. Im Gegenteil! Versuche mit Pflanzen zeigen, daß diese beiden Metalle lebenszerstörend wirken. Außerdem ist das Blei ein Zerfallsprodukt, daher ein Strahler und dazu ein sehr lebensfeindlicher.

Nehmen Sie eine Zimmerpflanze und stellen Sie diese auf einen naturrichtigen Platz, Strahlensucher also bestrahlt, Flüchter strahlungsfrei. Wenn Sie Rute oder Pendel von oben her oder von der Seite der Pflanze langsam annähern, erhalten Sie an deren Auragrenze einen Ausschlag. Ist die Pflanze vital, werden Sie die Aura schon mindestens einen halben Meter über der obersten Blattspitze muten. Legen Sie eine Bleifolie unter den Blumentopf und die Aura wird, wenn sie nicht ganz schwindet, viel kleiner geworden sein. Dasselbe erlebt man mit Aluminium.

Diese beiden Metalle wirken also auf die Pflanze lebensfeindlich. Auch durch Eisen wird die Aura stark verkleinert. Daher wirkt Eisen auch ungünstig auf die eisenfeindlichen Menschen.

Nun zum „Strahlenschutz“ dieser Metalle. Kennzeichnen Sie in Ihrer Wohnung eine Wasserführung durch Papierstreifen oder Kreidestriche. Legen Sie auf die so bestrahlte Fläche eine Blei- oder Aluminiumfolie bzw. ein Stück Eisenblech. Wenn Sie über diesen Metallflächen Ausschläge erhalten, kann auch von einer Schutzwirkung keine Rede sein. Sie bringen mit diesen Metallen nur einen weiteren Feind in Ihre nahe Umwelt. Anders ist es, wenn Sie einen Sack mit Stroh über die Wasserführung legen. Da hört der Rutenausschlag über dem Stroh auf. Hier kann man, wenn schon nicht von Abschirmung, so doch von einer stark strahlenmildernden Wirkung sprechen. Wenn Sie also vor und nach dem Sack entlang der Wasserführung einen Ausschlag erhalten und über dem Sack nicht, scheint mir dies wohl ein gelungener Versuch zu sein.

Ob nun Blei ein Strahlenschutz gegen Röntgenstrahlen ist? Jeder Arzt, der eine Bleischürze trägt, kann dies selbst leicht kontrollieren. Er braucht nur einen Geigerzähler hinter der Bleichschürze einzuschalten. Wahrscheinlich wird der Geigerzähler hinter der Bleischürze genauso ticken wie vor derselben. Der Geigerzähler ist leider viel zu wenig in Verwendung. Jeder Arzt müßte einen solchen haben, um die lebensfeindlichen Einflüsse von Armbanduhren, zu Sekundärstrahlern gewordenen, stets mitgetragenen Schlüsseln, Taschenmessern und sonstigen Metallgegenständen, die der Patient in der Tasche trägt, zu prüfen.

Der Geigerzähler würde vielen Betroffenen beweisen, wie problematisch die Bleischürze werden kann, denn der unbestechliche Geigerzähler beweist es ja. Es mag sein, daß neue Schürzen schützen, aber wenn eine gewisse Sättigung erreicht ist, wird die Sache eben problematisch.

Ich bin aber schon auf Kreise gestoßen, die nicht einmal an den Geigenzähler glauben. Bei solchen Leuten ist Hopfen und Malz verloren. Nach einer Mitteilung aus der Schweiz ist ein Ausschlag von 18 bis 20 Impulsen pro Minute natürlich, daher unschädlich. (Normale Radioaktivität der Atmosphäre.) Bei etwa 150 Impulsen ist derzeit die Warngrenze. Ich darf aber auch daran erinnern, daß die Toleranzdosis schon oft herabgesetzt wurde. Sie ist auch relativ.

Dem Sensiblen kann eine Beschleunigung von 18 auf 30 Impulse bereits Schaden bringen, wo der robustere Mensch noch vielleicht unberührt bleibt. Recht hat meines Erachtens nur Professor Dr. Johannes Ude, der einmal gesagt hat: „Harmlos an der Radioaktivität ist nur der Nullwert.“ Ein goldenes Wort, leider wird es nicht beachtet.

(RGS, Nr. 119).

„Elektrische Felder" beherrschen uns

(Walter Lammert)

Unter einem elektrischen Feld ist zu verstehen, daß jeder elektrisch geladene Körper von einem Raum, einem „Feld", umgeben ist, in dem auf andere elektrisch geladene Körper zeitlich gleichmäßige mechanische Kräfte ausgeübt werden. Die Erde ist eine riesige elektrisch geladene Kugel. Sie bedingt in ihrer Umgebung ein elektrisches Feld, einen sogenannten Machtbereich. Das elektrische Feld paßt sich in Erdnähe der Erdoberfläche an. In Tälern und Mulden ist das elektrische Feld niedriger, auf Bergen und Hochflächen höher. Linien gleicher Feldstärke verlaufen auf ebener Fläche parallel zum Erdboden. Die Feldstärke beträgt in den Niederungen zum Beispiel 120 Volt je Meter Höhenunterschied, auf Hochebenen und über den Bergen 200 Volt und mehr je nach Metern Höhenunterschied. Das elektrische Feld wirkt auf alle in seinem Machtbereich befindlichen elektrisch geladenen Teilchen, also auf Elektronen und Ionen. Nur die Ionen haben für das Lebewesen eine größere Bedeutung, da sowohl der uns umgebende Luftraum wie auch der Körper selbst einen bestimmten Anteil Ionen enthält. Die Kraftwirkung ist gleichlaufend der elektrischen Feldstärke. In einem höheren elektrischen Feld ist die Kraftwirkung auf die Ionen also größer, d. h. es werden mehr Ionen beeinflußt bzw. zur Abwanderung gebracht. Diese Wanderung hat eine natürliche Spaltung von körpereigenen und körperfremden Molekülen zur Folge. Jedem Abbau folgt aber, solange der Organismus lebt, ein Wiederaufbau, eine Neuproduktion. An die Stelle der alten, abgebauten treten junge Moleküle, die frisch erzeugt in den Kreislauf abgegeben werden. Körperfremde Moleküle wie Gifte, Bakterien, Viren usw. unterliegen dem gleichen Abbau durch das elektrische Feld, aber es fehlt ihnen die Möglichkeit einer organischen Neuproduktion, was ihrer Vernichtung gleichkommt.

Aus diesen Gründen ist es begreiflich, daß der Mensch in einem hohen elektrischen Feld die günstigsten Lebensbedingungen findet, obschon Kraftfelder grundsätzlich nicht mit unseren Sinnen wahrgenommen werden können. In jedem Fall wird jedoch der Ablauf der Lebensvorgänge durch elektrische Felder beeinflußt. Dieser Vorgang ist unabhängig von der Tätigkeit und der Nahrungsaufnahme und nur durch das Vorhandensein des elektrischen Feldes bedingt. Wird das elektrische Feld gleich Null, so hört dieser Vorgang auf, was zur Folge hat, daß der Stoffwechsel nach kurzer Zeit zum Erliegen kommt. Praktische Versuche haben das Auftreten von Schweißausbrüchen, Herzklopfen und Schwindelgefühlen bereits nach wenigen Minuten angezeigt. Plötzliche Änderungen der wirksamen elektrischen Feldstärke verursachen kurze Reflexe, die man zum Beispiel am Augennerv am leichtesten wahrnehmen kann. Es genügen schon sehr schwache Feldstärkeänderungen, die übrigens auch als die Ursache des Rutenausschlages und der Gewitterfühligkeit erkannt wurden. Wechselfelder, die den Körper treffen, stören die Ionenwanderung im Körper in jedem Fall, sie wirken kreislaufschädigend. Entstehungsherde solcher Wellen sind Gewitter, radioaktive Strahlung sowie verschiedene Herde im Kosmos. Man hat derartige Wellen schon künstlich erzeugt, um ihre Wirkung zu erproben. Dabei zeigte sich, daß bei Versuchspersonen Kopfschmerzen, Atembeschwerden, Unlustgefühl, Schlappheit, Kreislaufstörungen und schließlich Leberschäden auftreten. Man sieht deshalb heute davon ab, solche Versuche am menschlichen Körper durchzuführen.

Die Feldstärken in der Nähe der Erdoberfläche sind vielen, zum Teil noch ungeklärten periodischen Schwankungen unterworfen. Im Tagesablauf haben wir zwischen ein bis vier Uhr morgens die tiefsten Werte. Es läßt sich nachweisen, daß in dieser Zeit die häufigsten Krisen und Todesfälle auftreten. Ein Höhepunkt liegt in den Vormittagsstunden, der Mensch ist dann am leistungsfähigsten. Nach 12 Uhr ist ein zweiter, schwächerer Tiefpunkt vorhanden, wir merken ihn an der Mittagsmüdigkeit. Den höchsten Tageswert erreichen wir in den Abendstunden zwischen 18 und 20 Uhr. Die Feldstärkenwerte liegen im allgemeinen im Winter höher, dadurch fällt in dieser

Jahreszeit bei vielen Menschen die Mittagsmüdigkeit fort. Die bisherigen Beobachtungen zeigen auch eine Feldstärkenerhöhung bei Vollmond. Nach Vollmond nimmt die Feldstärke wieder ab und erreicht bei Neumond ihren tiefsten Wert. Mondeinflüsse in Gestalt stärkerer Lebenskraft, geringerer Beschwerden, Schlaflosigkeit und dergleichen finden hierdurch eine überzeugende Deutung. Die höchsten Feldstärken treten im allgemeinen im Januar auf, im Juli/August haben wir die tiefsten Werte. Die erhöhte Lufttemperatur im Sommer bedeutet durch die erhöhte Leitfähigkeit eine Herabsetzung der Feldstärke, auch wird sie durch Luftfeuchtigkeit beeinflußt.

Den zweiten überaus wichtigen, aber mit den Sinnen nicht wahrnehmbaren Klimafaktor stellen die radioaktiven Strahlen dar. 60 bis 70 Prozent dieser Strahlung sind auf Erdstrahlung und der Rest auf kosmische oder Höhenstrahlung zurückzuführen. Da man unter diesen Strahlen vor kurzem auch Neutronenstrahlen nachgewiesen hat, die mit der Tiefe des Erdinnern zunehmen, sieht man darin den Beweis dafür, daß die Erdstrahlung ihre Ursache in dem noch atomgasähnlichen Erdkern hat. Mit der Höhe über dem Boden nimmt die radioaktive Strahlung bis etwa 1500 Meter ab, um dann wieder zuzunehmen, da nun die von oben kommende kosmische Strahlung überwiegt. Durch radioaktive Strahlung werden wahllos Moleküle ionisiert oder sogar zerstört. Eine derartige mechanische Zerstörung von Molekülen in unserem Körper kann unser Wohlbefinden nicht heben, denn der Körper wird durch die Abfallprodukte erheblich belastet. Die Statistiken zeigen, daß dort, wo die radioaktive Strahlung am geringsten ist, das beste Wohlbefinden und die geringste Krankheitsbereitschaft herrscht, zum Beispiel auf Ozeanen oder auf Hochflächen bis 2000 Meter Höhe. Einige Forscher sind der Ansicht, daß auf die radioaktive Strahlung der Alterungsprozeß der Lebewesen zurückzuführen ist. In jedem Fall muß der Körper die zerstörten Moleküle entfernen und durch neue ersetzen. Daher bedeutet eine radioaktive Bestrahlung immer dann eine Gefahr für den Organismus, wenn der Kreislauf nicht in der Lage ist, die zerstörten Moleküle abzutransportieren. So entstehen „Herde“ bzw.

Eiweißgifte, die eine stete Belastung darstellen und zu Ursachen vieler Krankheiten werden können.

In der Nähe des Erdbodens unterliegt die Strahlung stärkeren Schwankungen. Alle Stoffe des Erdreichs sind radioaktiv, die geringste Radioaktivität haben Sandboden und offenes Wasser, das Meer. Unterirdische Wasseradern können stark radioaktiv sein, man spricht in ihrer Verbindung von „Reizstreifen" an der Erdoberfläche. Über solchen einwandfrei nachweisbaren Reizstreifen ist die zerstörende radioaktive Strahlung stärker als normal. Da die Strahlen auch den Luftraum stärker ionisieren, wird über diesem Gebiet die elektrische Leitfähigkeit der Luft erhöht, wobei eine Herabsetzung der elektrischen Feldstärke verbunden ist. Damit sind zwei ungünstige Vorbedingungen für das Wohlbefinden der Lebewesen gegeben. Zu der verstärkten Zerstörung von Körpermolekülen durch die radioaktive Strahlung kommt durch das schwächere elektrische Feld ein verminderter Austausch bzw. verminderter natürlicher Abbau der Moleküle hinzu. Es ist einleuchtend, daß dadurch eine Krankheitsbereitschaft des Körpers hier aus doppeltem Grund stark in Erscheinung tritt.

Radioaktive Strahlen zerstören Moleküle und Atome. So werden auch Moleküle zerstört, die im normalen Lebensablauf ohne radioaktive Strahlung auf sehr lange Zeit, vielleicht dauernd, erhalten bleiben. Radioaktive Strahlung führt zum Beispiel zu Sterilität. Auch das Altern führt man – wie schon erwähnt – darauf zurück. Es werden unter Umständen mehr Moleküle zerstört, als der Körper fortschaffen und neu schaffen kann. Ein wirksamer Schutz gegen diese schädlichen Einflüsse ist schwierig, wenn nicht unmöglich. Wichtig ist es, radioaktive Wasseradern und Gegenden zu meiden. Die „Reizstreifen" festzustellen, bedeutet die wichtigste Aufgabe. Es ist durchaus möglich, daß Häuser gerade über solchen gefährlichen Reizstreifen stehen und damit die unheimlichen, zahlreichen Krankheits- und Todesfälle in diesen Häusern eine natürliche Erklärung finden. Die Untersuchung der Körperfunktionen hat ergeben, daß der Mensch dort am gesündesten und leistungsfähigsten ist, wo die radioaktive Strahlung am schwächsten ist, zum Beispiel in Höhenlagen, nahe von Wasserflächen, in Gebieten mit Sandboden. Da über solchen Gebieten auch die elektrische Feldstärke am höchsten und biologisch am bekömmlichsten ist, ist hier ein Leben in doppelter Hinsicht gesund. Von den Großstädten hat zum Beispiel Berlin die höchste Feldstärke, die geringste radioaktive Strahlung und damit die gesündesten Lebensbedingungen. Man darf das wohl auf eine sandige Umgebung zurückführen.

Krebs tritt in überzufälligem Maß über radioaktiven Zonen auf. Eine „Abschirmung" ist praktisch unmöglich, oder man müßte sich nach oben und unten durch dicke Bleidecken schützen. Damit würde aber dem Körper das so wichtige elektrische Feld fehlen. Wir sind also angewiesen, strahlenaktiven Untergrund zu meiden oder die trotzdem noch unvermeidliche schädliche Wirkung durch ein möglichst hohes elektrisches Feld auszugleichen, wie das Verhalten der Tiere zeigt. Nicht nur im Innern von Körpern aller Art, sondern auch in Häusern herrschen gegenüber dem Freien sehr verminderte Feldstärken. Die Feldstärke im Innern eines Hauses ist von der Art des verwendeten Baumaterials abhängig. Sie ist am höchsten – also am günstigsten – in Holzbauten, am niedrigsten in Eisenbeton- bzw. Metallbauten. Unsere Vorfahren wußten, daß das Leben im Freien am gesündesten ist, wenn sie dabei auch wohl kaum an das elektrische Kraftfeld gedacht haben. Sie legten kranke Kinder auf das Dach ihrer Hütten oder brachten sie auf einen Berg – „Heilberge" der Germanen –, weil dort die Heilungsaussichten am besten waren. Es erinnern daran noch Redewendungen wie „über dem Berg sein" oder „auf der Höhe sein". Jeder Baustoff hat leider neben dem wertvollen Dienst, den er uns leistet, die Eigenschaft, das wichtige elektrische Feld der Natur zu vermindern. Im Baustoff bricht die elektrische Feldstärke mehr oder weniger zusammen. Eine Beobachtung der Landwirtschaft zeigt, daß seit Beginn der Viehstallbauten in Eisenbeton, ungefähr seit 1910, Rindvieh, Schweine und Geflügel eine erhebliche Zunahme an Krankheiten zeigen.

Dort, wo diese geheimnisvolle Kraft Null oder gleich Null ist, zum Beispiel in Erdhöhlen, sind weder Menschen noch andere höhere Lebewesen vorhanden. Ähnliche Verhältnisse finden wir zum Beispiel auch in Hochgebirgen wie Anden oder Himalaja. Hier herrschen manchmal höhere Temperaturen als in Polargegenden, trotzdem existieren keine Lebewesen, während in den Polargegenden unter scheinbar gleichen Bedingungen Leben vorhanden ist. Man könnte einwenden, in großen Höhen sei zuwenig Sauerstoff vorhanden. Dem stehen jedoch viele Versuche und vor allem Erfahrungen der Anden- und Himalaja-Forscher entgegen, die bis in höchste Höhen ohne Sauerstoffgerät gewandert sind. Der Einfluß sauerstoffarmer Luft kann durch schnelleres Atmen ausgeglichen werden. Ähnliche Erscheinungen, bei denen die elektrische Feldstärke nahe Null ist, haben wir in Bergwerken unter der Erde, in U-Booten und in eisenbetonierten Festungsbauten. Hier fühlt der Mensch sich stets schlaff, müde und appetitlos. Wenn wir uns längere Zeit in einem Eisenbetongebäude aufhalten, so sind sowohl die radioaktive Strahlung wie auch das elektrische Feld vermindert. Das erstere ist günstig, letzteres ungünstig. Der ungünstige Faktor in Form verminderter Feldstärke wiegt aber vor. Wir werden müde, unlustig und bei längerem Aufenthalt anfällig gegen die verschiedensten Beschwerden und Infektionskrankheiten. Ähnliche Beobachtungen machten Bergsteiger in den Anden Südamerikas und im Himalaja: wenn sie in gleicher Höhenlage, also bei gleichbleibenden klimatischen Bedingungen, zwischen zwei Berge kamen, wurden Mensch und Tier „bergkrank" und fielen vor Schwäche um. Die verminderte elektrische Feldstärke war die Ursache.

Statistiken, Beobachtungen und Berichte weisen nach, daß über Gebieten mit hohem elektrischem Feld – also Erhebungen, Sand und Meer – Seuchen und Infektionskrankheiten sehr selten sind. Hierunter fallen sogar die Hochebenen in den tropischen Gebieten. Dort, zum Beispiel in Südafrika und Abessinien, sind die gefürchteten Tropenkrankheiten nicht zu finden, sie treten nur in Flußtälern und Niederungen auf. In Mitteleuropa sind die Schwäbische Alb und Württemberg-Hohenzollern die Gegenden mit der geringsten Zahl von Infektionskrankheiten, man findet hier zum größten Teil Hochebenen. Die in den Alpenländern bekannte Föhnkrankheit tritt vorwiegend in Niederungen und Tälern auf. Selbst von der in den Alpenländern häufigen Kropfkrankheit ist bekannt, daß sie sich ihre Opfer in Tälern und Niederungen sucht. Ähnlich sind die Beobachtungen bei Grippeepidemien. Sie „überspringen" Höhenlagen.

Man kann also beweisen, daß die elektrische Feldstärke das Wohlbefinden des Menschen, seine Leistung und sein Lebensalter mehr beeinflußt als jeder andere vorhandene Faktor der Umwelt. Die Abschaltung des zivilisierten Menschen vom natürlichen elektrischen Feld durch beinahe ununterbrochenen Aufenthalt in geschlossenen Räumen, der ständige Einfluß drahtloser Sender kann nur durch Anwendung künstlicher elektrischer Felder aufgehoben bzw. wettgemacht werden. Auf diesem Weg liegt noch eine wichtige Möglichkeit, dem unaufhaltsamen Fortschreiten der Kreislaufstörungen und allen damit zusammenhängenden bedrohlichen Folgen Einhalt zu gebieten.

(*RGS*, Nr. 126).

Wichtige Anschriften

Kirchner & Wilhelm: Herstellerfirma für Pendel und Wünschelruten, D-7000, Stuttgart 1, Heusteigstraße 70 a

RGS: Zeitschrift der Schweizerischen Gesellschaft für Radiästhesie, Geopathie und Strahlenbiologie, Präsident: J. Engeli, CH-9004 St. Gallen, Postfach
(Der Verlag liefert diverse Literatur und Pendeltafeln)

SGG: Schweizerische Gesellschaft für Geoklimatik, Präsident: E. Laub, CH-4950 Huttwil, Eriswilstraße 37 b, Postfach 38

VRP: Verband für Ruten- und Pendelkunde e. V., D-8000 München 71, Kirchbachweg 16

Forschungskreis für Geobiologie e. V., Dr. Ernst Hartmann, D-6930 Ebersbach, Adolf-Knecht-Straße 25

Zentrum für Radiästhesie im Herold Verlag Dr. Wetzel, Kirchbachweg 16, 8000 München 71

ÖVRP: Österreichischer Verband für Ruten- und Pendelkunde, A-1070 Wien 7, Neustiftgasse 5/7

Literaturhinweise

Dr. Frank Arnau: Kunst der Fälscher – Fälscher der Kunst. Econ-Verlag, Düsseldorf–Wien 1969.

Prof. Karl Bähr: Der dynamische Kreis. Oswald Mutze Verlag, Dresden 1862–68

Dr. James Bedford/Dr. Walt Kensington: Das Delpasse-Experiment. Econ-Verlag, Düsseldorf–Wien 1975.

Prof. Dr. Moritz Benedict: Leitfaden der Rutenlehre. Urban & Schwarzenberg Verlag, Berlin–Wien 1916.

Prof. Dr. Moritz Benedict: Ruten- und Pendellehre. Hartlebens Verlag, Wien 1917.

Hedy Brusius: Edelsteine bringen Glück. Ariston Verlag, Genf 1975.

Candi: Radiästhetische Studien – Briefe an Tschü. Verlag RGS, St. Gallen.

Sanitätsrat Dr. med. E. Clasen: Die Pendel-Diagnose. Max Altmann Verlag, Leipzig 1936.

Karl von Eckartshausen: Die Wünschelrute, Nachdruck der Ausgabe von 1788. Prana Verlag, Pfullingen o. J.

Maria Frauzem: Radiästhesie. R. Eisenschmidt Verlagsbuchhandlung, Wiesbaden–Biebrich 1953.

Dr. med. Ulrich Erwin Hasler: Ihr geistiges Kapital. Ariston Verlag, Genf 1975.

Hans Hommel: Irisdiagnose leichtgemacht. Ariston Verlag, Genf 1975.

Alexander Hondorff: Der Pendel enthüllt das Verborgene. I. Karrenbauer Verlag, München o. J.

Dr. med. Georg Jakob: Das medizinische Pendelbuch. Turm Verlag, Bietigheim 1973.

Friedrich Kallenberg: Offenbarungen des siderischen Pendels. Josef Huber Verlag, Diessen vor München 1913.

Graf Karl von Klinckowstroem: Neues von der Wünschelrute. Fr. Zillessen Verlagsbuchhandlung, Berlin 1919.

Herbert L. König: Unsichtbare Umwelt. Heinz Moos Verlag, München 1975.

Prof. Leopold Oelenheinz: Der Wünschelring. Max Altmann Verlag, Leipzig 1920.

Dr. med. Otto Prokop (Hrsg.): Wünschelrute, Erdstrahlen und Wissenschaft. Ferdinand Enke Verlag, Stuttgart 1955.

Freiherr Dr. Karl von Reichenbach: Die odische Lohe und einige Bewegungserscheinungen als neuentdeckte Formen des odischen Prinzips in der Natur. Max Altmann Verlag, Leipzig o. J.

RGS, Zeitschrift für Radiästhesie, Geopathie und Strahlenbiologie, St. Gallen: diverse Nummern, jeweils zitiert.

Dr. med. Georg Rothe: Die Wünschelrute. Diederichs Verlag, Jena 1910.

Dr. rer. nat. Milan Ryzl: ASW – Phänomene außersinnlicher Wahrnehmung, Ariston Verlag, Genf 1973.

Dr. rer. nat. Milan Ryzl: ASW-Training zur Entwicklung des sechsten Sinns. Ariston Verlag, Genf 1975.

Dr. rer. nat. Milan Ryzl: Parapsychologie. Ariston Verlag, 4. Auflage, Genf 1976.

Jules Silver: Numerologie. Ariston Verlag, Genf 1976.

Dr. Walter Stark: Marah – Die Bibel weist modernster Wissenschaft den Weg. Ariston Verlag, Genf 1975.

Paul Uccusic: Psi-Resümee – eine Bestandsaufnahme der neuesten Forschungen jenseits von Materie, Raum und Zeit. Ariston Verlag, Genf 1975.

Prof. Dr. med. Adam Voll: Die Wünschelrute und der siderische Pendel. Max Altmann Verlag, Leipzig 1910.

Prof. Dr. Johannes Walther: Das Rätsel der Wünschelrute. Herold Verlag, München 1954.

Dr. H. H. Wendte: Die Erdstrahlengefahr. Verlag für kriminalistische Fachliteratur, Hamburg 1956.

Dr. Franz Wetzel: Kleine Rutenfibel. Herold Verlag, 4. Aufl., München 1953.

Johann Gottfried Zeidler: Pantomysterium. Rengerischer Buchladen und Verlag, Halle 1700.

N. N.: Pendel-Magie, Magische Briefe Nr. 5. Verlag der Freunde, Wolfenbüttel 1926.